www.ingramcontent.com/pod-product-compliance
Lightning Source LLC
Chambersburg PA
CBHW080543230426
43663CB00015B/2694
9780999132586

رخنه شیطان

(تفسیری نو و متفاوت از کتاب مقدس)

استفان افشار

Title: The breach of the devil; A new and different interpretation of the Bible
Author: Stefan Afshar
Publisher: Forbidden Books
ISBN: 9780999132586

Copyrights © 2022
All Rights Reserved for the Author.
No part of this book may be reprinted or reproduced utilized in any electronic, mechanical or other means now known or here after invented, including photocopying and recording or any information storage or retrieval system, without permission in writing from the author.

«زیرا برخی کسان که محکومیتشان از دیرباز رقم خورده،مخفیانه در میان شما رخنه کرده اند.

اینان خدانشناسانی هستند که فیض خدای ما را به جواز انجام کارهای خلاف اخلاق بدل می کنند و عیسی مسیح،یگانه سرور و خداوند ما را انکار می نمایند»

(رساله یهودا- فصل ۱)

Lenovo

ای پدری که در آسمانی نامت مقدس باد....

انجیل؛ داستان محبت خداوند نسبت به همه مردم جهان است

فهرست مطالب شماره صفحه

مقدمه	۹
مقدمه نویسنده	۱۱
فصل اول : آفرینش	۱۲
فصل دوم : کروبیان	۱۷
فصل سوم : آفرینش آدم (فرزند)	۲۲
فصل چهارم: آفرینش حوا (اولین داستان عاشقانه عالم)	۳۰
فصل پنجم: فرشته ستاره صبح (شیطان)	۳۲
فصل ششم : سقوط انسان	۳۷
فصل هفتم : گناه آدم (پسرگمشده)	۴۵
فصل هشتم: هابیل و قائن	۵۲
فصل نهم : طوفان نوح	۵۶
فصل دهم : ابرام (ابراهیم)	۵۹
فصل یازدهم : یعقوب	۶۶
فصل دوازدهم : موسی	۷۲
فصل سیزدهم : ده فرمان	۸۰
فصل چهاردهم : قوم بنی اسرائیل	۸۳
فصل پانزدهم: ۶۱۳ شریعت	۸۷
فصل شانزدهم : مسیح کیست ؟	۱۰۳
فصل هفدهم : عیسی مسیح	۱۰۹
فصل هجدهم : شروع رابطه جدید با خداوند	۱۲۲
فصل نوزدهم : مفاهیم مسیحیت	۱۳۰
بخش اول : تثلیث	۱۳۱
بخش دوم : تعمید	۱۳۵
بخش سوم : روح القدس	۱۳۷
بخش چهارم : نان و شراب	۱۴۱

5

۱۴۳	فصل بیستم : بر روی صلیب رفتن عیسی مسیح
۱۴۹	فصل بیست و یکم : ثمرات روح القدس
۱۵۴	فصل بیست و دوم : وسوسه های عیسی مسیح
۱۵۷	فصل بیست و سوم : موعظه سرکوه
۱۶۴	فصل بیست و چهارم : دعای نجات
۱۶۴	بخش اول : کاهن اعظم
۱۶۵	بخش دوم: آموزش دعا
۱۶۶	بخش سوم: شکرگذاری
۱۶۸	فصل بیست و پنجم : از شخصیت های کتاب مقدس
۱۶۹	بخش اول: یحیی تعمیددهنده
۱۷۲	بخش دوم: ایوب
۱۷۶	بخش سوم: یونس
۱۸۰	بخش چهارم: پولس
۱۸۴	فصل بیست و ششم: سئوالات متداول در باب مسیحیت
۱۸۹	فصل بیست و هفتم : انجیل های چهارگانه
۱۹۰	فصل بیست و هشتم : هر آنچه لازم است که بدانیم
۱۹۵	فصل بیست و نهم : چکیده مطالب کتاب
۲۰۷	فصل سی ام : مثال های زیبای کتاب مقدس
۲۱۵	فصل سی و یکم: سخنان زیبای عیسی مسیح
۲۱۸	فصل سی و دوم: رخنه شیطان
۲۲۰	اخبار و وقایع
۲۲۶	ضمائم
۲۲۷	جامعه
۲۴۰	رومیان
۲۶۱	انجیل متی

مسیحیت؛ دینی که باید از نو شناخت

مسیح؛ عیسی ناصری که باید از نو شناخت

«هر کس که می خواهد به سوی خدا بیاید ، باید ایمان داشته باشد که خدا هست و به آنانی که با دلی پاک در جستجوی او هستند پاداش می دهد » (عبرانیان۶:۱۱)

« پس امروز به خاطر آرید و فراموش نکنید که خداوند ، هم خدای آسمان ها و هم خدای زمین است و هیچ خدایی غیر از او وجود ندارد...» (تثنیه۴:۳۹)

«انسان هر چه بیشتر حکمت می آموزد محزونتر می شود و هر چه بیشتر دانش می اندوزد،غمگینتر می گردد.» . (جامعه۱:۱۸)

مقدمه

زمانی که شیطان وارد این جهان شد قسم خورد که حکومت را از انسان گرفته و انسان ها را از خدای واقعی دور کند. در این مسیر طولانی؛ انسان بارها به خدا نزدیک و بارها دور شده است.

گاه پیامبران و برگزیدگانی روی کره زمین آمده اند که انسان را به سمت خدای واقعی هدایت کرده اند،اما آنکس که بر این کره خاکی حکومت می کند شیطان است و انسانی را که در پی عشق آسمانی خود به هر کورسوی امیدی چنگ می زند؛ اسیر دستان فریبکار شیطانی است که دشمن قسم خورده اوست که حسادتی در جان اوست از عشق خدا و انسان (از عشق فرزند و پدر)

در این مسیر؛خداوند عیسی مسیح را به عنوان الگو به ما معرفی می کند و نشان داد که تحت هر شرایطی و با هر فریبی از سمت شیطان این انسان است که در نهایت انتخاب می کند که خدا را برگزیند یا شیطان را ،که روح القدس را دریافت کند یا اسیر روح زمینی و شیطانی شود ،که پدری آسمانی داشته باشد یا اسیر دستان شیطان و ظواهر دنیوی شود.

عیسی مسیح در این راه پر فراز و نشیب هشداری به ما می دهد که همیشه آنرا بدانیم و نسبت به آن آگاه باشیم :و آن "معلمان دروغینی" هستند ؛ کسانی که شیطان آنها را بازیچه دستان خود قرار داده و در وجود آنها رخنه کرده است تا انسان مسیر واقعی را گم کرده در نهایت در بیراهه ها سرگردان و در عالم هستی و از معشوق واقعی دور باشد.تا بواسطه جهل و ناآگاهی انسان ، شیطان بتواند بر حکومت و فریب های خود در این دنیا ادامه دهد و بر روح و جان انسان ها تسلط داشته باشد .

* فصل بندی کتاب تا حدودی بر اساس همان سیرداستانی کتاب مقدس ، چیدمان و مرتب شده است تا بتواند ذهن خواننده را آماده و به درستی رهنمون کند.و بخش هایی از کتاب مقدس متناسب با موضوع هر بخش و فصل – به منظور دسترسی راحت خواننده –به متن کتاب افزوده شده است

بخش هایی از کتاب مقدس که برای مسیحیان و سایر افراد پرسشگر، جای ابهام و سئوال بوده در این کتاب به اختصار توضیح و تفسیر شده است ، آنچه را که هر ذهن پرسشگری با خواندن کتاب مقدس در پی یافتن آن است

در این کتاب به سادگی توضیح داده شده و هر آنچه را که برای هدایت به سمت یک مسیحیت واقعی لازم است را در مجالی کوتاه اما مفید و گویا بیان داشته ایم .

هدف از تحریر این کتاب آن است که بدانیم چه خرافات و مسایلی که به غلط به دین مسیحیت وارد شده و برآن شدیم که تا آنجا که در توان و علم و سوادمان می گنجد این ناسره ها را از ساحت این دین هدایتگر و اخلاق مدار دور کنیم و روح مقدس انسانی مان را به روح القدس آسمانی نزدیک و از حیلت های شیطان و خرافاتی که این معلمین دروغین وارد دین کرده اند آگاه شویم و دوری جوییم. باشد که در مسیر رشد خود کمک حال یکدیگر باشیم و پدر آسمانی خود را بازجوییم .

٭ در این کتاب بر آن شدیم که هر آنچه را که یک مسیحی واقعی در مسیر رشد خود به آن نیاز دارد با زبانی ساده و روان آموزش دهیم و مفاهیم مسیحیت و سئوالاتی که در ذهن هر پرسشگری ایجاد می شود در این مجمل ، مختصر و ساده و مفید بیان و پاسخ داده شود؛ باشد که راهگشا و رهنمون راه مسیحیان واقعی گردد. هدف از این کتاب و منظور از این مطالعات کمک به کسانی است که به خدا روی آورده و ایمان دارند که او وجود دارد.

مقدمه نویسنده

* امروزه وقتی به مردمان ساده دلی که صادقانه در کلیساها در پی خداوند هستند و می خواهند خداوند خود را به تمامی جان و دل ستایش کنند می نگریم، ایمانی را در آنها می بینیم که در اعماق وجودشان نقش بسته و نهادینه شده است. ایمانی که به وجود خداوند گواهی می‌دهد، به اینکه خداوند بوده هست و خواهد بود.

* اما افسوس که این مردمان خداپرست ساده دل، به واسطه همین ایمانشان ، سرسپرده مطلق کلیسا شده‌اند، کلیسا هایی که حتی اجازه هیچ گونه پرسشگری را درباره خداوند نمی‌دهند و با هر فرد خدا جوی مشتاق شناخت حق، به بدترین شکل ممکن رفتار میکنند و با اتهام بی ایمانی به کتاب مقدس ، او را از جمع کلیسا اخراج میکنند(و این فقط به این دلیل است که در اصل این شیطان است که در کلیساها پرستش می‌شود) و این از زمانی شروع شد که شیطان در نقش معلمین دروغین در کلیسا رخنه کرد و کم کم تبدیل به خدای خدایان شد تا به آرزوی دیرینه اش – که این است همچون خداوند مورد پرستش قرار گیرد و فرزند خدا خوانده شود- جامه عمل بپوشاند.

* با رخنه شیطان در کلیسا، گویی کتاب مقدس عاری از هرگونه مفاهیم الهی شده و دیگر پاسخگوی هیچ ذهن پویای و پرسشگری نیست، قرن هاست که سایه فلسفه های کلیسایی- که برآمده از بطن شیطان است- بر کتاب مقدس سنگینی میکنند و هر کس که طبق این آموزه های شیطانی کتاب مقدس را می‌خواند، بجای نزدیکی و ایمان به خداوند به تمسخر آن می‌پردازد و با نیش و کنایه می‌گویند: این کتاب و مطالبش حتی در حد داستان و قصه های کودکانه نیز نمی باشد و یک کودک نیز میتواند کتاب مقدس را به چالش بکشد.

(مطالبی مانند اینکه :تنها با یک خون بی نهایت ارزشمند یک خداوند میشود گناهان بشر را پاک کرد و بخشید، خلقت شش روزه جهان ،آدم و حوا، میوه ممنوعه، طوفان نوح و کشتی خدا با یعقوب و مغلوب شدن خدا، و سرانجام خدای پدر که خالق گناه است عاجز و ناتوان از بخشش گناهان بشر چاره ای جز قربانی کردن فرزند خویش یعنی خدای پسر ندارد و مطالبی از این دست....

* آیا واقعاً کتاب مقدس تهی از هرگونه فکر و تفکر عقلانی است و هر فرد خدا جوی مشتاق شناخت حقیقت را ، از خود نا امید می‌کند؟ به راستی که اینگونه نیست، و تنها چاره کار، کشیدن خط بطلان بر سلطه فلسفه شیطانی است که در کلیساها سایه افکنده و باید از نو خواند و سعی بر درک صحیح کتاب مقدس داشت.

استفان افشار

فصل اول : آفرینش

۱. «در ابتدا، خدا آسمان ها و زمین را آفرید

۲. و زمین تهی و بایر بود و تاریکی بر روی لجه و روح خدا سطح آبها را فرو گرفت

۳. و خدا گفت : روشنایی بشود؛ و روشنایی شد

۴. و خدا روشنایی را دید که نیکوست و خدا روشنایی را از تاریکی جدا ساخت

۵. و خدا روشنایی را روز نامید و تاریکی را شب نامید و شام بود و صبح بود ، روز اول

۶. و خدا گفت:فلکی باشد در میان آب ها و آب ها را از آب ها جدا کند

۷. و خدا فلک را بساخت و آب های زیرفلک را از آبهای بالای فلک جدا کرد و چنین شد

۸. و خدا فلک را آسمان نامید و شام بود و صبح بود، روز دوم

۹. و خدا گفت: آب های زیر آسمان در یکجا جمع شود و خشکی ظاهر گردد وچنین شد

۱۰. و خدا خشکی را زمین نامید و اجتماع آب ها را دریا نامید و خدا دید که نیکوست

۱۱. و خدا گفت: زمین نباتات برویاند، علفی که تخم بیاورد و درخت میوه ای که موافق جنس خود میوه آورد که تخمش در آن باشد بر روی زمین . و چنین شد

۱۲. و زمین نباتات را رویانید، علفی که موافق جنس خود تخم آورد و درخت میوه داری که تخمش در آن موافق جنس خود باشد. و خدا دید که نیکوست

۱۳. و شام بود و صبح بود .روز سوم

۱۴.و خدا گفت : نیرها در فلک آسمان باشند تا روز را از شب جدا کنند و برای آیات و زمان ها و روزها و سال ها باشند.

۱۵.و نیرها در فلک آسمان باشند تا بر زمین روشنایی دهند و چنین شد

و....

۲۶.و خدا گفت : آدم را به صورت ما و موافق شبیه ما بسازیم تا بر ماهیان دریا و پرندگان آسمان و بهایم و بر تمامی زمین و همه حشراتی که بر زمین می خزند حکومت نماید

۳۱. و خدا هر چه ساخته بود دید و همانا بسیار نیکو بود و شام بود و صبح بود ، روز ششم.»

۳۲.به این ترتیب آسمان ها و زمین و هر چه در آنها بود تکمیل گردید

۳۳.با فرارسیدن روز هفتم،خدا کار آفرینش را تمام کرده ، دست از کار کشید

۳۴.خدا روز هفتم را برکت داده آن را را مقدس اعلام فرمود زیرا روزی بود که خدا پس از پایان کار آفرینش آرام گرفت.

۳۵.به این ترتیب آسمان ها و زمین آفریده شد.

(پیدایش یک)

توضیحات :

* یک سوم از مردم جهان مسیحی هستند؛ یعنی یک سوم از مردم جهان خدا پرست هستند و تقریبا کتاب مقدس را مطالعه کرده اند، در وهله ی اول کسی که مسیحی باشد ،معتقد است که خداوند وجود دارد و این جهان را آفریده است، پس ما باید خداوند و آفرینش را ابتدا با قلب و سپس عقل و منطق درک کرده و بشناسیم.

* خداوند هم برای درک انسان سه هزار سال پیش به ساده ترین و قابل فهم ترین شکل ممکن نحوه آفرینش را توضیح می دهد و در همان ابتدای کتاب مقدس آمده است که در آغاز هیچ چیزی وجود نداشت: « - من گفتم و انجام شد؛زمین تاریک و بی شکل بود خداوند فرمود روشنایی بشود و روشنایی شد»

(مثال۱: مانند یک پدربزرگ که پزشک و جراح مغز است و می خواهد به ساده ترین شکل ممکن مغز و عملکرد آن را برای نوه های خود توضیح دهد و همانطور که یک پدربزرگ نمی تواند مغز را به صورت منطقی و علمی برای کودک توضیح دهد زیرا کودک قادر به درک و فهم این موضوع نخواهد بود پس به ساده ترین روش؛ مغز و عملکرد آن را برای کودک توضیح می دهد.)

(مثال۲: یا مانند کودکی که از پدر خود در مورد نحوه روشنایی لامپ و نور می پرسد و پدر برای اینکه کودک موضوع را درک کرده و بفهمد توضیح می دهد که؛ کلید را زدم و لامپ روشن شد.)

* الان از نظر علمی هم می گویند که این کره خاکی حدودا ۵ میلیارد سال قدمت دارد یعنی وجود نداشته وشکل گرفته است و مراحل گوناگونی طی شد تا زمین به حالت کنونی شکل گرفته است.

* پس با این تفاسیر وقتی قلب و عقل ما هم گواهی می دهد که خداوندی هست که جهان را خلق کرده و آفریده است و این خداوند به قدری عظیم است که خالق این جهان هستی و هزاران کهکشان می باشد ، پس درک چنین خدایی ماورای ذهن و تصور ماست؛بنابراین در کتاب مقدس خداوند به ساده ترین شکل، آفرینش را برای ما توضیح می دهد که ما آن را بفهمیم و درک کنیم و ساده ترین شکل این است که می گوید: خداوند گفت و انجام شد.

مطالب تکمیلی فصل اول :

۱.آیاتی که گفته شده ما توان درک خداوند را نداریم :

«این چیزها را با مثل ها به شما گفتم. ولی وقتی می رسد که دیگر به این کار احتیاج نخواهد بود و همه چیز را به روشنی درباره پدرم خدا به شما خواهم گفت.»(انجیل یوحنا۱۶:۲۵)

«سپس به ایشان گفت: اگر منظور این مثل را درک نکردید ، مثل های دیگر را که خواهم گفت ، چگونه خواهید فهمید؟ »(انجیل مرقس ۴:۱۳)

«او پیام خدا را تا آنجا که مردم می توانستند بفهمند، به صورت داستان و با مثل های بسیار برای ایشان بیان می فرمود.»(انجیل مرقس ۴:۳۳)

«من انبیای خود را فرستادم تا با رویاها و مثل های زیاد ، شما را از خواب غفلت بیدار کنند».(ترجمه تفسیری،هوشع۱۲، آیه ۱۰)

«من درباره کارهایی که خداوند بر دوش انسان ها نهاده است تا انجام دهد، اندیشیدم و دیدم که خداوند برای هر کاری زمان مناسبی مقرر کرده است همچنین ، او در دل انسان اشتیاق به درک ابدیت را نهاده است ، اما انسان قادر نیست کار خدا را از ابتدا تا انتها درک کند».(ترجمه تفسیری، جامعه۳، آیه ۱۰و۱۱)

«در تلاش شبانه روزی خود برای کسب حکمت و دانستن اموری که در دنیا اتفاق می افتد؛ به این نتیجه رسیدم که انسان قادر نیست آنچه را که خداوند در زیر این آسمان به عمل می آورد، درک کند. هر چه بیشتر تلاش کند کمتر درک خواهد کرد.حتی حکیمان نیز بیهوده ادعا می کنند که قادر به درک آن هستند».(ترجمه تفسیری ، جامعه۸، آیه ۱۶ و ۱۷)

فصل دوم : کروبیان

«همچنین یادآوری می کنم که خدا فرشتگانی را که زمانی پاک و مقدس بودند، ولی خود را به گناه آلوده ساختند، در تاریکی مطلق محبوس فرموده تا روز داوری فرا برسد».(ترجمه تفسیری،رساله یهودا۱، آیه ۶)

«او به فرشتگان خود دستور می دهد تا به هر راهی که بروی،از تو حمایت و محافظت کنند».(ترجمه تفسیری،مزامیر۹۱، آیه۱۱)

«ای همه فرشتگان توانا که گوش به فرمان خداوند هستید تا دستوراتش را اجرا نمایید ، او را ستایش کنید،ای همه نیروهای آسمانی،ای خدمتگزاران خداوند او را سپاس گویید».(ترجمه تفسیری،مزامیر۱۰۳، آیه۲۰ و ۲۱)

«خدا درباره فرشتگان می فرماید: همچون باد، به سرعت پیغام می برند ، وچون شعله های آتش،با شور و حرارت خدمت می کنند».(ترجمه تفسیری،رساله عبرانیان۱، آیه ۷)

«حتی فرشتگان آسمان نیز در نظر خدا پاک نیستند»(ایوب۴:۱۸)

«خدا حتی به فرشتگان خود نیز اعتماد ندارد! در نظر او حتی آسمان ها نیز پاک نیستند».(ایوب۱۵:۱۵)

توضیحات : فرشتگان خدمتگزار خداوند هستند

* خداوند قبل از اینکه کره زمین را بیافریند، کروبیان (یعنی فرشتگان) را آفرید.

* در واقع فرشتگان خدمتگزاران خداوند بودند و خداوند زمانی که فرشتگان را آفرید ، به آنها این حق انتخاب را داد که خود تصمیم بگیرند که آیا می خواهند در خدمت خداوند باشند یا نه؟! و اگر نمی خواستند که خدمت کنند باید از درگاه خداوند بیرون می رفتند، و خداوند آنها را همیشه " پسران من " خطاب می کرد و هیچ زمانی آنها را به صورت فردی و انفرادی " پسر من " خطاب نمی کرد و همیشه از کلمه " پسران من " برای خطاب قرار دادن فرشتگان استفاده می کرد.

* اما خداوند لذتی را که باید از یک پسر واقعی می برد از فرشتگان نمی برد، زیرا هیچوقت یک خدمتگزار، همانند فرزند نمی شود و خدا قصد دارد که پسر خلق کند - یک خلقت عالی و بینظر - کسی که واقعا برای خدا فرزند باشد. (در واقع پسر یک اصطلاح است ، آدم زمانی که آفریده شد هیچ جنسیتی نداشت ، فرشتگان هم جنسیت نداشتند . خداوند تنها برای حیوانات جنسیت قائل شد)

* وخداوند فرمانروای تمام عالم هستی است و می خواهد پسر و فرزندش هم شبیه خود باشد؛خداوند خالق است پس آدم را هم شبیه خود آفرید، ما انسان ها هم شبیه خداوند خالق هستیم زیرا خداوند به ما چیزی را عنایت کرده که به هیچ موجودی نداده است چیزی که فقط مختص خداوند است و آن عقل و حکمت است .

خداوند به واسطه همین عقل و حکمت است که توانسته خالق باشد پس به انسان ها هم عقل و حکمت داد.(در امثال سلیمان آمده است که :حکمت داشته باش زیرا من قبل از تو همراه خداوند بودم؛ تمام پادشاهان جهان به واسطه داشتن حکمت است که توانسته اند حاکم باشند وحکومت کنند)

خداوند هم خود حاکم است و می خواهد که پسر و فرزندش هم حاکم بر این کره خاکی - و تمام موجوداتی که آفریده – باشد و به واسطه همین عقل و حکمت است که ما انسان ها بر همه موجودات و جهان خاکی تسلط داریم.

مطالب تکمیلی فصل دوم :
___

۱.آیات کامل درباره حکمت

«من حکمتم و از زیرکی و دانایی و بصیرت برخوردار می باشم.

- اگر کسی خداترس باشد، از بدی نفرت خواهد داشت.من از غرور و تکبر، رفتار و گفتار نادرست متنفرم.

- من هدایت می کنم و فهم و بصیرت می بخشم

- به نیروی من پادشاهان سلطنت می کنند و قضات به عدل و انصاف قضاوت می نمایند.

- تمام رهبران و بزرگان جهان به کمک من حکمرانی می کنند.

- من کسانی را که مرا دوست دارند، دوست دارم.آنانی که در جستجوی من باشند مرا خواهند یافت.

- ثروت و حرمت،اموال و موفقیت در اختیار من است.

- بخشش های من از طلای ناب و نقره خالص بهتر است.

- راههای من عدل و حق است.

- ثروت حقیقی از آن کسانی است که مرا دوست دارند، زیرا من خزانه های ایشان را پر می سازم.

- خداوند در ابتدا، قبل از آفرینش عالم هستی، مرا با خود داشت.

- از ازل، پیش از به وجود آمدن جهان من به وجود آمدم.

- قبل از پیدایش اقیانوس ها و چشمه های پرآب.

- قبل از آنکه کوهها و تپه ها به وجود آیند.

- قبل از آنکه خدا زمین و صحراها و حتی خاک را بیافریند من به وجود آمدم.

- وقتی خدا آسمان را استوار ساخت و افق را بر سطح آب ها کشید من آنجا بودم

- وقتی ابرها را در آسمان گسترانید و چشمه ها را از اعماق جاری نمود.

- وقتی حدود دریاها را تعیین کرد تا آبها از آن تجاوز نکنند و وقتی اساس زمین را بنیاد نهاد

- من نزد او معمار بودم موجب شادی همیشگی بودم و در حضورش شادی می کردم

- دنیا و انسان هایی که او آفریده بود مایه خوشی من بودند.

- پس ای جوانان به من گوش دهید، زیرا همه کسانی که از دستورات من پیروی می کنند، سعادتمندند.

- به نصیحت من گوش کنید، عاقل باشید و نصیحت مرا رد نکنید.

- خوشا بحال کسی که به من گوش دهد و هر روز جلو در خانه من انتظار مرا بکشد.

- زیرا هر که مرا بیابد حیات را یافته و خداوند را خشنود ساخته است.

- اما کسی که مرا از دست بدهد به جانش لطمه می زند، آنانی که از من متنفر باشند، مرگ را دوست دارند.»

(ترجمه تفسیری، امثال سلیمان ، فصل ۸ ، آیات۱۲ تا ۳۶)

فصل سوم : آفرینش آدم (فرزند)

«۷.خداوند خدا پس آدم را از خاک زمین بسرشت و در بینی وی روح حیات دمید و آدم نفس زنده شد.

۸.و خداوند خدا باغی در عدن به طرف مشرق غرس نمود و آن آدم را که سرشته بود در آنجا گذاشت

۹.و خداوند خدا هر درخت خوشنما و خوش خوراک را از زمین رویانید و درخت حیاط را در وسط باغ و درخت معرفت نیک و بد را .

۱۰. و نهری از عدن بیرون آمد تا باغ را سیراب کند و از آنجا منقسم گشته چهار شعبه شد.

۱۱.نام اول فیشون است که تمام زمین حویله را که در آنجا طلاست احاطه می کند.

و....

۱۵.پس خداوند خدا آدم را گرفت و او را در باغ عدن گذاشت تا کار آن بکند و آن را محافظت نماید.

(پیدایش۲)

توضیحات :

* خداوند می خواهد پسر (فرزند) داشته باشد ؛ برای اینکه همه عشق و محبت پدرانه ی خود را به فرزندش بدهد؛زیرا خداوند فرشتگان را فرزند نمی دانست، فرشتگان خدمتکار بودند و وظایفی داشتند و می بایست طبق وظیفه خود عمل کنند و اگر به وظایف خود عمل نمی کردند از درگاه خداوند بیرون می شدند. اما بین خدا و انسان محبت و عشق وجود دارد و آدم شبیه خداوند خالق و حاکم آفریده شد پس باید در جایی ساکن باشد که آنجا حاکم شود و خداوند این کره خاکی را برای انسان خلق کرد.

* آیا آدم به صورت نوزاد خلق شد ؟خیر ؛ آدم مانند یک انسانِ کامل و بالغ آفریده شد، زمانی که آدم چشم گشود خداوند به او عقل و حکمت داد اما آدم هیچ درک و شناختی از خداوند و محیط اطراف خود وجهان نداشت. حافظه آدم پاک بود بدون هیچ شناخت و آگاهی از جهان و خدا بود.

(مثال : مانند فردی که از کما برگشته و حافظه اش را از دست داده است و هیچ شناختی از آدم های اطراف خود ندارد و مدتی طول می کشد تا بتواند پدر واقعی خود و محیط اطرافش را بشناسد، و هیچ کس را نمی شناسد اما یک نفر نزد او آمده و ادعا می کند که من پدر تو هستم و برای اینکه آن پسر به شناخت صددرصد و کاملی از پدر خود برسد پروسه و مدت زمانی طول خواهد کشید) آدم هم زمانی که چشم گشود : خداوندی بود که ادعا می کرد که پدر و خالق اوست و دستورالعمل ها و بایدها و نبایدها و محدودیت هایی را برای آدم در نظر گرفت.

* خداوند به آدم می گوید؛ من همه چیز را برای تو آفریدم و همه عشق و محبت من برای توست ولی باید به حرف ها و دستورات و توصیه های من گوش داده و از من اطاعت کنی و به بایدها و نبایدهایی که تعیین کردم عمل کنی.

(مثال : فرزندان چه زمانی از والدین خود شاکی می شوند؟ زمانی که پدر و مادر و والدین برای فرزندان خود محدودیت ایجاد می کنند که کجا بروند کجا نروند، باید و نباید برای فرزند خود تعیین می کنند در این مواقع است که فرزند شاکی و عصبانی می شود و می خواهد از والدین خود جدا شده و برای خود زندگی کند چون آزادی را دوست دارد و می خواهد رها باشد وهمه چیز را تجربه کند).

آدم هم وقتی چشم گشود - بدون هیچ شناختی - با محدودیت هایی که خداوند برای او تعیین کرده بود مواجه شد و با خدایی روبرو شد که ادعا می کرد که پدر و خالق اوست.

* اما موضوع این است خداوند می خواهد پدر باشد و پسر و فرزند داشته باشد و خداوند با این چالش ها و محدودیت ها می خواهد از رابطه پدر – فرزندی لذت ببرد.خداوند هم ما انسان ها را شبیه کودکانی می بیند و مانند یک پدر ،از کنجکاوی ما لذت می برد و همانطور که یک کودک هم قادر به شناخت خیلی از مسایل و دنیای پیرامون خود نیست ما انسان ها هم قادر به درک و شناخت کل عالم نیستیم.

نکته اول: ما از کجا می دانیم که خداوند می خواهد پدر باشد ؟: از کتاب مقدس ؛ چون عیسی مسیح در کتاب مقدس می گوید: ای پدری که در آسمانی نامت مقدس باد...

نکته دوم : رابطه پدر- فرزندی ساده ترین مثال و توضیحی است که ما می توانیم با آن رابطه آدم(انسان) و خداوند را درک کنیم ، خداوند می خواهد با ساده ترین شکل ممکن خودش را برای ما معرفی کند و این رابطه ساده ترین مثالی است که برای همه ما ملموس ، محسوس و قابل درک است؛ رابطه پدر- فرزندی رابطه ایست که در تمام دوران ها مفهوم پدر و فرزند ، یک معنا و مفهوم داشته است و همیشه و برای همه انسان ها در همه دوران ها قابل درک و فهم بوده است.

نکته سوم : عیسی مسیح می فرماید : ما قدرت درک خداوند را نداریم ، و با مثال ها ما را راهنمایی می کند.

مطالب تکمیلی فصل سوم :

۱. نمونه ای از محدودیت هایی که خداوند برای آدم در نظر گرفت :

اینکه چه چیزی بخورد و چه چیز نخورد:

- پس خداوند انسان را شبیه خود آفرید. او انسان را زن و مرد خلق کرد

- وایشان را برکت داده ، فرمود:بارور و زیاد شوید، زمین را پر سازید بر آن تسلط یابید و بر ماهیان دریا و پرندگان آسمان و همه حیوانات فرمانروایی کنید

- تمام گیاهان دانه دار و میوه های درختان را برای خوراک به شما دادم .

- وهمه علف های سبز را به حیوانات و پرندگان و خزندگان بخشیدم.»

(ترجمه تفسیری، پیدایش یک ، آیات ۲۷ تا ۳۰)

۲.ما به عنوان فرزند خلق شده ایم :

«گویا به کلی از یاد برده اید که کلام خدا برای تشویق شما فرزندان خدا، چه می گوید. کلام خدا می فرماید: پسرم ، هرگاه خداوند تو را تنبیه کند ، دلگیر نشو و هرگاه اشتباهات تو را خاطر نشان سازد ، دلسرد نشو

- زیرا اگر تو را تأدیب می کند به این علت است که دوستت دارد و اگر تو را تنبیه می نماید به این دلیل است که فرزند او هستی

- کدام پسر است که پدرش او را تنبیه نکند؟ در واقع خدا همان رفتاری را با شما می کند که هر پدر مهربانی با فرزندش می کند پس ، بگذارید خدا شما را تأدیب نماید.

- اما اگر خدا هرگز شما را تأدیب و تنبیه نکند، معلوم می شود که اصلا فرزند او نیستید زیرا هر پدری فرزندش را تنبیه می کند.

- ما در این دنیا به پدرانمان که ما را تنبیه می کنند، احترام می گذاریم؛ پس چقدر بیشتر باید به تأدیب پدر روحانی مان خدا ، تن در دهیم تا حیات واقعی را بیابیم .

(رساله عبرانیان - فصل۱۲ ، ایات ۵ تا ۹)

۳.عیسی مسیح که تجسمی از خداوند است و کلام او ، کلام خداوند است و توجه او به کودکان به ما یادآوری می کند که خداوند ما را به چشم کودکان خردسال می بیند:

«عیسی فرمود: بگذارید کودکان نزد من آیند و مانع ایشان نشوید.زیرا فقط کسانی که مانند این کودکان باشند از برکات ملکوت خداوند برخوردار خواهند شد».(ترجمه تفسیری، متی۱۹ ، آیه۱۴)

«روزی چند زن، فرزندان خود را نزد عیسی آوردند تا بر سر ایشان دست بگذارد و برکتشان دهد،اما شاگردان عیسی وقتی این را دیدند مادران را سرزنش کردند و مانع ایشان شدند.

- اما عیسی کودکان را نزد خود فراخواند و به شاگردان فرمود: بگذارید بچه های کوچک نزد من بیایند،و هرگز مانع آنان نشوید.زیرا فقط کسانی می توانند از برکات ملکوت خدا بهره مند گردند که همچون این بچه های کوچک ، دلی بی آلایش و زودباور داشته باشند و هر که ایمانی چون ایمان این بچه ها نداشته باشد هرگز از برکت ملکوت خدا بهره ای نخواهد برد.» (ترجمه تفسیری،لوقا۱۸ ، آیات ۱۵ تا ۱۷)

فصل چهارم: آفرینش حوا (اولین داستان عاشقانه عالم)

«۱۶. وخداوند خدا آدم را امر فرموده گفت : از همه درختان بی ممانعت بخور.

۱۷.اما از درخت معرفت نیک و بد زنهار نخوری، زیرا روزی که از آن خوردی ، هر آینه خواهی مرد

۱۸.و خداوند خدا گفت : خوب نیست که آدم تنها باشد پس برایش معاونی موافق وی بسازم

۱۹.وخداوند خدا هر حیوان صحرا و هر پرنده آسمان را از زمین سرشت و نزد آدم آورد تا ببیند که چه نام خواهد نهاد و آنچه آدم هر ذی حیات را خواند ، همان نام او شد.

۲۰.پس آدم همه بهایم و پرندگان آسمان و همه حیوانات صحرا را نام نهاد لیکن برای آدم معاونی موافق وی یافت نشد.

۲۱.و خداوند خدا،خوابی گران بر آدم مستولی گردانید تا بخفت ، و یکی از دنده هایش را گرفت و گوشت در جایش پر کرد.

۲۲.و خداوند خدا ، آن دنده را که از آدم گرفته بود زنی بنا کرد و وی را به نزد آدم آورد.

۲۳.و آدم گفت : همانا اینست استخوانی از استخوان هایم و گوشتی از گوشتم ، از این سبب "نسا" نامیده شود زیرا که از انسان گرفته شد.

۲۴.از این سبب مرد پدر و مادر خود را ترک کرده ، با زن خویش خواهد پیوست و یک تن خواهند بود

۲۵.و آدم و زنش هر دو برهنه بودند و خجلت نداشتند.

(پیدایش ۲ : ۱۶- ۲۵)

توضیحات :

* خداوند به آدم محبت و عشق و توجه نشان می دهد اما آدم شاکی و ناراحت است چون خداوند برای او محدودیت هایی تعیین کرده و بین پدر و پسر فاصله افتاده است چون پسر محدودیت ها را دوست ندارد.

خداوند هم به آدم فرمود: اکنون که از من شاکی هستی و می خواهی آزاد باشی برو و در میان موجودات دیگر (حیوانات) برای خود یاور و معاون و همدم پیدا کن.

آدم در میان همه موجودات گشت اما هیچ همدم و یاوری نیافت که او را خوشحال کند، خداوند هم برای اینکه فرزندش نهایت لذت و عشق را تجربه کند حوا را از وجودِ خود آدم آفرید.

خداوند فرمود : من یکی را شبیه خودت از وجود خودت برایت خلق خواهم کرد

چرا خداوند از خود آدم ، انسان دیگری را خلق کرد ؟ به این دلیل که ما انسان ها موجوداتی خودشیفته و عاشق خودمان هستیم و فقط خود را دوست داریم

خداوند هم برای اینکه این موضوع را توضیح دهد در کتاب مقدس می فرماید : خداوند آدم را به خواب برد او را بیهوش کرد و استخوانی از وی برداشت و حوا را ساخت (پروسه ای همانند؛ شبیه سازی سلولی در آزمایشگاههای کنونی – که الان برای ما قابل درک است- اما برای انسان سه هزار سال پیش توضیح دادن این موضوع و درک آن آسان نبود)

<u>زمانی که آدم بیدار شد حس عجیبی داشت انگار یک بخشی از وجودش کم شده و گمشده است و زمانی که حوا را دید آن بخش و نیمه گمشده خود را یافت (اولین داستان عاشقانه عالم)</u>

مطالب تکمیلی فصل چهارم :

۱.توضیح در مورد شبیه سازی(سلولی)

در سال۱۹۹۶ برای اولین بار یک گوسفند در آزمایشگاه موسسه روسلین در اسکاتلند شبیه سازی شد.در آن زمان برای ایجاد گوسفند- به نام دالی – از یک سلول زنده که از پستان یک گوسفند دیگر گرفته شده بود ، استفاده شد.این اولین مورد شبیه سازی یک جانور پستاندار بود از آن زمان تا کنون بارها انواع پستانداران از جمله ،خوک ، گاو و اسب در نقاط مختلف جهان شبیه سازی شدند.

برای شبیه سازی یک جانور، دی ان ای از هسته سلولی آن جانور به سلول تخمک یک حیوان دیگر منتقل می شود.قبلا دی ان ای این تخمک برداشته شده است به این ترتیب، تخمک جدید به صورت نطفه جانور دهنده ی دی ان ای، رشد می کند و نوزاد متولد شده به همان جانور شبیه است.

از سال ۱۹۹۶ تا کنون حیوانات بسیاری از جمله گربه ، خرگوش ، اسب ، میمون ، خوک ، بز و گاو شبیه سازی شده اند.در سال ۲۰۱۸ نیز چینی ها دو میمون را در آزمایشگاه شبیه سازی کردند

محققان ایرانی نخستین گوساله شبیه سازی شده را در خاورمیانه تولید کرده اند این گوساله نر که بنیانا نام دارد در یک موسسه دامپروری در اصفهان به دنیا آمد.

نخستین گوسفند شبیه سازی شده در سال۲۰۰۶ به نام رویانا در ایران متولد شد و نخستین بز شبیه سازی شده نیز به نام حنا در همان سال متولد شد.

فصل پنجم: ستاره صبح (شیطان)

«- ای ستاره درخشان صبح؛ چگونه از آسمان افتادی

- ای که بر قوم های جهان مسلط بودی چگونه بر زمین افکنده شدی

- در دل خود می گفتی تا به آسمان بالا خواهم رفت و تخت سلطنتم را بالای ستارگان خدا خواهم نهاد

- و بر قله ی کوهی در شمال که خدایان در آن اجتماع می کنند جلوس خواهم کرد به بالای ابرها خواهم رفت و مانند خدای متعال خواهم شد

- اما تو به دنیای مردگان که در قعر زمین است سرنگون شدی

- اینک وقتی مردگان تو را می بینند به تو خیره شده می پرسند آیا این همان کسی است که زمین و قدرت های جهان را می لرزاند

- آیا این همان کسی است که دنیا را ویران می کرد و شهرها را از بین می برد و بر اسیران خود رحم نمی کرد(پیشگویی زمانی است که شیطان به جهنم رفته و اینگونه مورد خطاب قرار می گیرد)

(اشعیا ۱۴: ۱۲- ۱۶)

توضیحات:

* خداوند با وجود اینکه همه عشق و محبت خود را به آدم می دهد اما آدم همه توجهش به حواست؛ واینجاست که فرشتگان هم شاکی می شوند وآفرینش خداوند را زیرسئوال می برند : که کسی را به عنوان پسر خلق کردی و جانشین خود قرار دادی که نه تنها از تو اطاعت نمی کند بلکه همه حواس و توجهش هم به انسان دیگری است که برایش آفریدی و ما را که سال ها در خدمتت هستیم هیچ گاه " پسرم " خطاب نکرده ای.

* فرشتگان حسادت می کنند و می گویند: چرا خداوند آدم را پسر و جانشین خود خلق کرده که هیچ حرف شنوی و توجهی به خداوند ندارد.

- فرشتگان خدمتگزار بودند ؛ انسان فرزند و جانشین و وارث خداوند

- فرشتگان در حال انجام وظیفه ؛ آدم خالق وحاکم

شیطان(مار)در صحرا ساکن بود؛آدم در باغ عدن

پس فرشتگان به مقام وجایگاه انسان حسادت می کنند، و در میان فرشتگان یک نفر هست که به " __ستاره صبح__ " معروف است و لقب وی ستاره صبح می شود و این لقب به سبب مقام بالایی است که این فرشته داشته ، به وی داده شد، که نهایتا این لقب از وی گرفته می شود. و او همان شیطان است.

* شیطان به آدم حسات کرد؛ چون کسی که شبیه خداوند بود؛ آدم بود و کسی که قرار بود مانند خداوند پرستش شود؛ آدم بود و کسی که قرار بود مانند خداوند حکومت کند آدم بود .اما شیطان می خواهد که مثل خداوند باشد و جایگاه آدم را بگیرد و حاکم بر روی زمین شود.

وفرشته ستاره صبح(شیطان) و عده ای دیگر از فرشتگان که با وی همراه شدند تصمیم می گیرند که آدم را از چشم خداوند بیاندازند، تا خداوند از آفرینش خود پشیمان شود و مقام آدم را از او بگیرد و به شیطان بدهد.

* سوال : آیا شیطان توانست بر روی زمین حاکم شود ؟

بله ؛ الان شیطان است که بر روی کره زمین حکومت می کند و بر ما تسلط کامل دارد.

عیسی مسیح می فرماید : خواست تو همانگونه که در آسمان هاست بر زمین اجرا شود؛ یعنی الان خواست خداوند بر روی زمین اجرا نمی شود چون خواست شیطان است که اجرا می شود.

در وسوسه های عیسی مسیح ، شیطان می گوید : تمام این دنیا به من داده شده از من پیروی کن تا به دنیا دست یابی...

توضیحات تکمیلی فصل پنجم:

۱.آیات مربوط به حکومت شیطان بر روی زمین

«بعد ابلیس او را به بالای کوهی برد و در یک چشم برهم زدن تمام ممالک دنیا را به او نشان داد

- و گفت :«تمامی اختیارات این قلمرو و همه شکوه و جلال آن را به تو خواهم بخشید ، زیرا در اختیار من است و من می توانم آن را به هر که بخواهم ببخشم

- اگر تو مرا سجده کنی ، صاحب همه آن خواهی شد.

- عیسی به او پاسخ داد : « در کتاب مقدس نوشته شده است: تو باید خداوند، خدای خود را سجده کنی و فقط او را خدمت نمایی»

(ترجمه مژده ، انجیل لوقا۴ ، آیات ۵ تا ۸)

فصل ششم : سقوط انسان

۱.«ومار از همه حیوانات صحرا که خداوند ساخته بود هشیارتر بود و به زن گفت : آیا خدا حقیقتا گفته است که از همه درختان باغ نخورید ؟

۲.زن به مار گفت : از میوه درختان باغ می خوریم

۳.لیکن از میوه درختی که در وسط باغ است خدا گفت از آن مخورید و آن را لمس مکنید، مبادا بمیرید .

۴.مار به زن گفت : هر آینه نخواهید مرد

۵.بلکه خدا می داند در روزی که از آن بخورید چشمان شما باز شود و مانند خدا عارف نیک و بد خواهید بود

۶.و چون زن دید که آن درخت برای خوراک نیکوست و به نظر درختی دلپذیر و دانش افزا ، پس از میوه اش گرفته بخورد و به شوهر خود نیز داد و او خورد.

۷.آنگاه چشمان هر دو ایشان باز شد و فهمیدند عریانند ، پس برگ های انجیر به هم دوخته سترها برای خویش ساختند.

۸.و آواز خداوند را شنیدند که در هنگام وزیدن نسیم بهار در باغ می خرامید و آدم و زنش خویشتن را از حضور خدا در میان درختان باغ پنهان کردند.

۹.و خداوند آدم را ندا در داد و گفت : کجا هستی ؟

۱۰.گفت : چون آوازت را در باغ شنیدم ترسان گشتم زیرا که عریانم پس خود را پنهان کردم

۱۱.گفت : که تو را آگاهانید که عریانی ؟ آیا از آن درختی که تو را قدغن کردم که از آن نخوری ، خوردی ؟

۱۲.آدم گفت : این زن که قرین من ساختی وی از میوه درخت به من داد که خوردم.

۱۳.پس خداوند به زن گفت : این چه کار است که کردی ؟ زن گفت : مار مرا اغوا نمود که خوردم

۱۴.پس خداوند به مار گفت : چونکه این کار کردی ، از جمیع بهایم و از همه حیوانات صحرا ملعون تر هستی بر شکمت راه خواهی رفت و تمام ایام عمرت خاک خواهی خورد.

۱۵.و دشمنی در میان تو و زن ، و در میان نسل تو و نسل وی می گذارم ، او سر تو را خواهد کوبید و تو پاشنه ی وی را خواهی کوبید.

۱۶.و به زن گفت : درد حمل تو را بسیار افزون گردانم و با درد فرزندان خواهی زایید و اشتیاق تو به شوهرت خواهد بود و او بر تو حکمرانی خواهد کرد.

۱۷.و به آدم گفت : چونکه سخن زوجه ات را شنیدی و از آن درخت خوردی که امر فرموده گفتم از آن نخوری پس به سبب تو زمین ملعون شد و تمام ایام عمرت از آن با رنج خواهی خورد.

۱۸.خار وخس نیز برایت خواهد رویانید و سبزه های صحرا را خواهی خورد.

۱۹.و به عرق پیشانیت نان خواهی خورد تا زمانی که به خاک برگردی که از آن گرفته شدی زیرا که تو خاک هستی و به خاک باز خواهی گشت

۲۰.و آدم زن خود را حوا نام نهاد زیرا که او مادر جمیع زندگان است

۲۱.و خداوند لباس ها برای آدم و زنش از پوست بساخت و ایشان را پوشانید.

۲۲.و خداوند گفت : همانا انسان مثل یکی از ما شده است که عارف نیک و بد گردیده اینک مبادا دست خود را دراز کند و از درخت حیات نیز گرفته بخورد و تا ابد زنده ماند.

۲۳.پس خداوند او را از باغ عدن بیرون کرد تا کار زمینی را که از آن گرفته شده بود ، بکند

۲۴.پس آدم را بیرون کرد و به طرف شرقی باغ عدن کروبیان را مسکن داد و شمشیر آتشباری را که به هر سو گردش می کرد تا طریق درخت حیات را محافظت کند.

(پیدایش۳)

توضیحات :

* شیطان برای اینکه بتواند حکومت را از آدم پس بگیرد ،تصمیم می گیرد آدم را از چشم خداوند بیاندازد و به خداوند ثابت کند که در خلقت خود اشتباه کرده است

از طرفی خداوند هم به آدم و حوا فرموده که اگر خطا و اشتباه کنند، من از اشتباهتان نمی گذرم و اگر خطا کنید خواهید مرد ،شیطان می داند که خداوند هیچ گاه حرف خود را پس نخواهد گرفت، پس شیطان می خواهد کاری کند که آدم خطا کند و از چشم خداوند بیافتد و حکومتی را که به آدم داده پس بگیرد و به شیطان بدهد

* خداوند به آدم و حوا گفته است : که از میوه هر درختی می توانید بخورید به جز درختی که در وسط باغ است؛که از آن نمی توانید بخورید.

در اینجا سئوالی که مطرح می شود این است: چه میوه ای بود و چرا آدم و حوا نباید از آن می خوردند ؟

خداوند به آدم و حوا فرموده که من شما را شبیه خودم آفریدم باید در شأن خداوند باشید پس خود را از تمام موجودات و حیوانات جدا کن چون تو حاکم هستی و من تو را برای حکومت کردن آفریدم که پسر و وارث من باشی و خود را از نفسانیات(شهوت) جدا کنید و باید مانند خدا مقدس باشید برای اینکه در شأن و اندازه خداوند باشید.اما اگر خود را در حد و اندازه حیوانات پایین بیاوری دیگر در شأن من (خداوند) نیستی و فرزند من نخواهی بود

و از سوی دیگر؛ خداوند برای اینکه آدم احساس تنهایی و ناراحتی نکند حوا را برای او آفرید پس حوا و آدم هر دو در شأن خداوند بودند و به آنها فرمود خود را از حیوانات جدا کنید و شما را زن وشوهر قرار دادم که با هم عشق بازی و محبت کنید.

* و اینجاست که شیطان وارد ماجرا می شود؛ شیطان مار را تسخیر می کند و در قالب مار به سراغ حوا می آید و حوا را فریب داده به او می گوید : خداوند می خواهد شما لذت نبرید چرا خود را از این لذت محروم کرده اید ،اگر سمت این لذت بروید هیچ اتفاقی نمی افتد فقط خداوند می خواهد شما را از این لذت محروم کند

حوا پاسخ می دهد : ما همه نوع لذاتی را داریم فقط همین است که خدا فرموده این در شأن شما نیست و نباید آن را انجام دهید و اگر این کار را بکنید خواهید مرد.

شیطان می گوید : آیا مطمئنید ؟

و همین حرف شیطان، شک را به دل حوا می اندازد (همان شکی که هنوز هم در وجود ما انسان هاست نسبت به خداوند؛ شک سرآغاز هر گناهیست حتی اگر حوا آن کار را انجام نمی داد باز هم گناهکار بود ؛ زیرا عیسی مسیح فرموده : اگر به گناه فکر کنی برابر با انجام همان گناه است و حوا هم شک کرد)

خداوند هم به آنها گفته بود : که من شما را آفریدم باید در شأن من باشید و برای ارتباط با من باید خود را از هوای نفس و اعمال حیوانی جدا کنید و مثل خدا پاک و مقدس باشید.

٭ اما شیطان در قالب مار به سراغ حوا آمد و وی را فریفت و آن چه را که خدا گفته بود انجام ندهید را انجام داد

٭ حوا سه گناه انجام داد :

۱- به گناه فکر کرد

۲- حکم خداوند را شکست و به آدم خیانت کرد و با مار وارد رابطه شد

۳- آدم را هم وسوسه کرد که آن گناه را انجام بدهد

٭ آدم و حوا برای اینکه کار خود را از خدا مخفی کنند خود را می پوشانند یعنی خود را از خدا مخفی و پنهان می کنند.

و در اینجا آدم بین دوراهی انتخاب قرار می گیرد که خدا را انتخاب کند یا حوا را؛ ولی از آنجایی که عاشق حواست و می خواهد او را خوشحال کند، تصمیم می گیرد که به گونه ای با خدا صحبت کند که خداوند را محکوم و مقصر جلوه دهد.

خدا از آدم می پرسد: چرا اینکار را انجام دادی مگر من نگفته بودم که به آن درخت نزدیک نشوید

آدم می گوید: این زن که یار من ساختی از آن میوه به من داد من هم از آن خوردم.

در واقع خدا را محکوم می کند که تو خودت این زن را به من دادی . یا خود به این علم و آگاهی داشتی که این اتفاق می افتد پس نباید من را مواخذه کنی یا اینکه نمی دانستی و حوا را آفریدی پس من هم بی گناهم چون تو که خداوند و خالق هستی نمی دانستی چگونه انتظار داشتی من از عاقبت کار آگاه باشم.

* خداوند دیگر با آدم وارد بحث نشد و به سراغ حوا رفته از وی می پرسد : این چه کاری بود که انجام دادی ؟

حوا می گوید: مار مرا فریب داد

و اینجا خدا به مار می گوید : به سبب اینکار از تمام حیوانات اهلی و وحشی ملعون تر خواهی بود و بر روی شکمت خواهی خزید و خاک خواهی خورد و عاقبت بین تو و زن و نسل تو و نسل زن دشمنی خواهد بود (یعنی خداوند نتیجه این کار را به زمان می سپرد و به مار و زن - شیطان و حوا - می گوید که در آینده نتیجه کار خود را خواهید دید).

(مثال :خداوند هم مثل پدری است که پسرش روبرویش ایستاده و از پدر طلبکار است . پدر هم به او می گوید نمی خواهم به زور و تهدید تو را متوجه اشتباهت کنم هر وقت بزرگ شدی و تجربه کردی و سرت به سنگ خورد متوجه می شوی و برخواهی گشت یعنی به فرزند خود زمان و فرصت می دهد که خود درک و تجربه کند. و اینجا هم خدا به آدم و حوا زمان می دهد که خود متوجه شوند)

نکته اول : داستان میوه یک داستان تمثیلی است و این بزرگترین راز و معمای کتاب مقدس است. کتاب مقدس به صورت تمثیلی و معمایی بیان شده است ؛ در واقع موضوع میوه و درخت؛ یک تمثیل هستند که این موضوع را به صورت تمثیل و نماد توضیح دادند چون در کتاب مقدس امکان بیان آن به صورت صریح وجود نداشت.(رابطه حوا با مار و خیانت حوا به آدم)

نکته دوم : همه این اتفاقات طبق برنامه و خواست خداوند است.آدم و حوا باید پروسه ای را پشت سر می گذاشتند و خداوند هم این زمان و فرصت را به آنها داد که تجزیه و تحلیل کنند و به شناخت برسند و خدا هم به وسیله انبیاء انسان را کمک و راهنمایی می کند.چون ما انسان ها باید با تجربه و آموزش و آزمون و خطا یاد بگیریم تا به درک و شناخت خدا و جهان برسیم

نکته سوم : همه این اتفاقات بر روی زمین افتاده است . بهشت و جهنم وجود داشت اما همه اینها در روی خشکی(زمین) اتفاق افتاد . در آغاز انسان در بهشت نبود و آدم از همان ابتدا روی کره زمین بوده و اصلا کره زمین برای آدم آفریده شد که بر روی آن حکومت کند

نکته چهارم : نسل مار همان افعی زادگان هستند و نسل زن هم عیسی مسیح می باشد

نکته پنجم: عیسی مسیح با مثال در کتاب مقدس برای ما توضیح می دهد:

«که ملکوت آسمان خمیر مایه ای ماند که زنی آن را گرفته در سه پیمانه آرد پنهان می کند ... همه این معانی را عیسی با آن گروه مثل ها گفت و...»(متی ۱۳:۳۳- ۳۴)

(خمیرمایه ، مایه تخمیر شده گندیده ای است که به تنهایی خاصیتی ندارد ولی اگر با درصد خاصی به آرد اضافه شود تبدیل به نان با کیفیتی می شود و اگر این مخمر نباشد نان بی کیفیت خواهد شد)

یعنی؛ شیطان هم در واقع به این منظور خلق شده است و حکم خمیرمایه را دارد برای اینکه فرزند(آدم) به چالش کشیده شود و تجربه کند و به شناخت برسد وبرای این نیاز به محرک دارد و آن محرک شیطان است که ما را به تحرک و چالش وا می دارد .ولی برای شیطان حد و مرزی مشخص شده و تا یک حدی بر ما تسط دارد

نکته ششم: و خداوند از زمان خلقت برای همه چیز طرح و برنامه ریزی دارد.

توضیحات و آیات تکمیلی فصل ششم:

۱.رابطه جنسی با حیوانات با حوا شروع شد و تا الان ادامه دارد و خواهد داشت.و خداوند از این رابطه بیزار است چون که آدم ها با این رابطه جنسی خود را از جایگاه آدمیت به حیوانی پایین می آورند.

- لعنت بر آن کسی که با حیوانی رابطه جنسی داشته باشد. همه مردم بگویند:"آمین"

(ترجمه مژده، تثنیه۲۷ ، آیه ۲۱)

- لعنت بر آن کسی که از احکام و قوانین خداوند اطاعت نکند. همه مردم بگویند: "آمین"

(ترجمه مژده ، تثنیه ۲۷ ، آیه ۲۶)

۲.آیات مربوط به نسل مار و افعی زادگان :

- اما یحیی چون بسیاری از فریسیان و صدوقیان را دید که به آنجا که او تعمید می داد می آمدند ، به آنان گفت : « ای افعی زادگان! چه کسی به شما هشدار داد تا از غضبی که در پیش است بگریزید؟ (انجیل متی ۷:۳)

- ای افعی زادگان، شما که بدسیرت هستید ، چگونه می توانید سخن نیکو بگویید ؟ زیرا زبان از آنچه دل از آن لبریز است، سخن می گوید. (انجیل متی۳۴:۱۲)

- ای ماران ، ای افعی زادگان! چگونه از مجازات جهنم خواهید گریخت ؟ (انجیل متی:۳۳:۲۳)

- یحیی خطاب به جماعتی که برای تعمید گرفتن نزد او می آمدند ، می گفت: ای افعی زادگان، چه کسی به شما هشدار داد تا از غضبی که در پیش است بگریزید؟ (انجیل لوقا۷:۳)

فصل هفتم : گناه آدم (پسر گمشده)

«- باز گفت؛ شخصی را دو پسر بود.

- روزی پسر کوچک به پدر خود گفت : ای پدر اموالی را که باید به من برسد را به من بده پس او ثروت خود را بر این دو تقسیم کرد

- و چندی نگذشت که آن پسر کوچکتر آنچه داشت جمع کرده به سرزمینی دور کوچ کرد و به عیاشی ، ثروت خود را تلف نمود.

- و چون تمام را صرف نموده بود ، قحطی سخت در آن دیار حاصل شد و او به محتاج شدن شروع کرد

- پس رفته خود را به یکی از اهل آن ملک پیوست تا گراز بانی کند

- آرزو داشت که شکم خودرا با غذای خوکان سیر کند و هیچ کس او را چیزی نمی داد

- آخر به خود آمده ، گفت چقدر از مزدوران پدرم نان فراوان دارند و من از گرسنگی هلاک می شوم

- برخاسته نزد پدر خود می روم و بدو خواهم گفت ای پدر به آسمان و به حضور تو گناه کرده ام

- و دیگر شایسته آن نیستم که پسر تو خوانده شوم مرا چون یکی از مزدوران خود بگیر

- برخاسته و به سوی پدر خود رفت اما هنوز دور بود که پدرش او را دیده ترحم نمود و دوان دوان آمده او را در آغوش خود کشیده ، بوسید

- پسر وی را گفت ، ای پدر به آسمان و به حضور تو گناه کرده ام و بعد از این لایق آن نیستم که پسر تو خوانده شوم

- لیکن پدر به غلامان خود گفت جامه بهترین را از خانه آورده بدو بپوشانید و انگشتری بر دستش کنید و نعلین بر پاهایش

- وگوساله پرواری را آورده و ذبح کنید تا بخوریم و شادی نماییم

- زیرا که این پسر من مرده بود زنده گردید و گم شده بود یافت شد ، پس شادی کردن شروع نمودند

- اما پسر بزرگ در مزرعه بود چون آمده نزدیک به خانه رسید صدای ساز و رقص شنید

- پس یکی از نوکران خود را طلبیده پرسید این چیست ؟

- به وی عرض کرد ، برادرت آمده و پدرت گوساله پرواری ذبح نموده زیرا که او را صحیح بازیافت

- ولی او خشم نموده نخواست به خانه درآید تا پدرش بیرون آمده به او التماس نمود

- اما او در جواب پدر خود گفت اینک سالها است که من خدمت تو کرده ام و هرگز از حکم تو تجاوز نورزیده و هرگز بزغاله ای به من ندادی تا با دوستان خود شادی کنم

- لیکن چون این پسرت آمد که دولت تو را با عیاشی تلف کرده است برای او گوساله پرواری ذبح کردی

- او وی را گفت ، ای فرزند تو همیشه با من هستی و آنچه از آن من است ، مال توست

- ولی می بایست شادمانی کرد و مسرور شد زیرا که این برادر تو مرده بود ، زنده گشت و گم شده بود یافت گردید .

(لوقا۱۱:۱۵تا۳۲)

توضیحات :

* آیا خداوند آدم را از حضور خود بیرون راند ؟ خیر

خداوند تمام سعی خود را کرد که آدم توبه کند و مانند پدری که تمام تلاشش را می کند که پسری را که قهر کرده را با تهدید برگرداند؛ اما فایده نداشت چون پسر تصمیم خود را گرفته بود

آیا طلب عفو وبخشش از طرف آدم می بینید ؟ خیر ؛ برای اینکه آدم حق را با خودش می داند و خدا را هم محکوم می کند ؛- که تو خود این زن را یار من ساختی - ، و آدم به این دلیل که حق را با خودش می داند طلبکار هم هست.

* پس آدم و حوا تصمیم می گیرند که از حضور خدا بیرون روند چون اصلا خود را گناهکار نمی دانند؛خداوند آدم را تهدید می کند : که آدم عذرخواهی کند ولی آدم خود را محق و طلبکار می داند - ما انسان ها هم همیشه خدا را محکوم می کنیم و از خداوند طلبکاریم- خداوند تمام تلاشش را می کند که آدم وحوا از حضور خداوند نروند اما آدم تصمیم خود را گرفته است.

* خداوند آدم و حوا را آفرید که در کنار هم باشند و فقط در صورت خیانت است که می توانند از هم جدا شوند اما زمانی که حوا خیانت کرد و آدم می بایست از حوا جدا شود؛ولی او حوا را پذیرفت و حتی قائن را که ثمره این خیانت بود را هم پذیرفت و رودروی خدا هم قرار گرفت و از عشقش دفاع کرد و آدم زن خود را حوا نامید یعنی زندگی؛ زیرا او می بایست مادر همه زندگان شود

<u>در مسیحیت بزرگترین حکم این است : که خدا را با تمام جان و قلبت دوست بدار؛اما آدم حوا را دوست داشت و این شد گناه آدم</u>

آیات و توضیحات تکمیلی فصل هفتم :

۱.آیات گناه آدم (چون آدم عشق و جان خود را بخاطر حوا داد)

«سپس خداوند به آدم فرمود: چون گفته زنت را پذیرفتی و میوه آن درختی خوردی که به تو گفته بودم از آن نخوری ، زمین زیر لعنت قرار خواهد گرفت و تو تمام ایام عمرت با رنج و زحمت از آن کسب معاش خواهی کرد.

- از زمین خار و خاشاک برایت خواهد رویید و گیاهان صحرا را خواهی خورد

- تا آخر عمر به عرق پیشانی ات نان خواهی خورد و سرانجام به همان خاکی باز خواهی گشت که از آن گرفته شدی ، زیرا تو از خاک سرشته شدی و به خاک هم برخواهی گشت.»

(ترجمه تفسیری، پیدایش۳، آیات۱۷ تا ۱۹)

۲.زمانی که آدم و حوا از حضور خداوند بیرون آمدند و تصمیم گرفتند که همه چیز را تجربه کنند تا بفهمند چه چیز خوب و چه چیزی بد است و هر چیزی را که فکر می کردند خوب است و زیبا ؛تجربه می کردند و هر کاری را که دوست داشتند و برایشان جذابیت داشت را انجام دادند . اما هر کاری که انجام می دادند فقط همان لحظه برایشان جذابیت داشت و بعد تکراری و خسته کننده می شد.

سرانجام آدم و حوا پی بردند که اشتباه کردند و این لذات ارزش این را نداشت که از حضور خداوند بیرون بروند و همیشه حسرت حضور خداوند را داشتند. (چون خداوند در وجود همه انسان ها وجدان را نهاده است ، پس آدم و حوا هم پی به اشتباه خود بردند و به این نتیجه رسیدند که اشتباه کردند)

۳.آیات مربوط به وجدان:

- خدا شخص گناهکار را،هر که باشد،مجازات خواهد کرد.به عنوان مثال،مردم وحشی و از همه جا بی خبر که در جنگل ها زندگی می کنند اگر مرتکب گناه شوند،خدا مجازاتشان خواهد کرد،چون ایشان با اینکه هیچگاه کتاب آسمانی و احکام نوشته شده خدا را نخوانده اند،اما در عمق وجدانشان،خوب را از بد تشخیص می دهند.

- پس در حقیقت احکام خدا در وجدانشان نوشته شده است و به همین دلیل،وقتی کاری نیک انجام می دهند وجدانشان آرام می گیرد و هرگاه عمل بدی مرتکب می شوند،وجدانشان ایشان را سرزنش می کند.

(ترجمه تفسیری : رومیان،فصل ۲،آیات ۱۲ و ۱۳)

۴.«اینها سخنان پسر داوود است که در اورشلیم سلطنت میکرد و به«حکیم» معروف بود

بیهودگی است! بیهودگی است! زندگی، سراسر بیهودگی است

آدمی از تمامی زحماتی که در زیر آسمان میکشد چه نفعی عایدش میشود؟

نسلها یکی پس از دیگری میآیند و میروند، ولی دنیا همچنان باقی است

آفتاب طلوع میکند و غروب میکند و باز با شتاب به جایی باز میگردد که باید از آن طلوع کند

باد به طرف جنوب میوزد، و از آنجا به طرف شمال دور میزند. میوزد و میوزد و باز به جای اول خود باز میگردد

آب رودخانه ها به دریا میریزد، اما دریا هرگز پر نمیشود. آبها دوباره به رودخانهها باز میگردند و باز روانه دریا میشوند

همه چیز خسته کننده است. آنقدر خسته کننده که زبان از وصف آن قاصر است. نه چشم از دیدن سیر میشود و نه گوش از شنیدن

آنچه بوده باز هم خواهد بود، و آنچه شده باز هم خواهد شد. زیر آسمان هیچ چیز تازهای وجود ندارد

آیا چیزی هست که دربارهاش بتوان گفت: «این تازه است»؟ همه چیز پیش از ما، از گذشتههای دور وجود داشته است

یادی از گذشتگان نیست. آیندگان نیز از ما یاد نخواهند کرد

من که«حکیم» هستم، در اورشلیم بر اسرائیل سلطنت میکردم

با حکمت خود، سخت به مطالعه و تحقیق درباره هر چه در زیر آسمان انجام میشود پرداختم. این چه کار سخت و پرزحمتی است که خدا به عهده انسان گذاشته است

هر چه را که زیر آسمان انجام میشود دیده ام. همه چیز بیهوده است، درست مانند دویدن به دنبال باد

کج را نمیتوان راست کرد و چیزی را که نیست نمیتوان به شمار آورد

با خود فکر کردم: «من از همه پادشاهانی که پیش از من در اورشلیم بودهاند، حکیمتر هستم و حکمت و دانش بسیار کسب کرده ام

در صدد برآمدم فرق بین حکمت و حماقت، و دانش و جهالت را بفهمم؛ ولی دریافتم که این نیز مانند دویدن به دنبال باد، کار بیهودهای است

انسان هر چه بیشتر حکمت میآموزد محزونتر میشود و هر چه بیشتر دانش میاندوزد، غمگینتر میگردد»

(جامعه ۱: تا۱۸)

فصل هشتم: هابیل و قائن

«۱. و آدم، زن خود حوا را بشناخت و او حامله شده، قائن را زایید و گفت: «مردی از یهوه حاصل نمود»

۲. و بار دیگر برادر او هابیل را زایید و هابیل گله بان بود و قائن کشاورز بود

۳. بعد از مرور ایام، قرار شد که قائن هدیه ای از محصول زمین برای خداوند آورد

۴. و هابیل نیز از نخست زادگان گله خویش هدیه ای آورد و خداوند هابیل و هدیه او را پذیرفت

۵. اما قائن و هدیه او را قبول نکرد پس خشم قائن به شدت افروخته شده سر خود را به زیر افکند

۶. آنگاه خداوند به قائن گفت: چرا خشمناک شدی؟ و چرا سر خود را بزیر افکندی؟

۷. اگر نیکویی می کردی آیا مقبول نمی شدی؟ و اگر نیکویی نکردی، گناه در کمین است و اشتیاق تو دارد، اما تو بر وی مسلط شو

۸. و قائن با برادر خود هابیل سخن گفت، وچون در صحرا بودند قائن بر برادر خود هابیل برخاسته، او را کشت

۹. پس خداوند به قائن گفت: برادر هابیل کجاست؟ گفت: نمی دانم مگر پاسبان برادر هستم؟

۱۰. گفت: چه کرده ای؟ خون برادرت از زمین نزد من فریاد بر می آورد.

۱۱. و اکنون تو ملعون هستی از زمینی که دهان خود را باز کرد تا خون برادرت را از دستت فرو برد

۱۲. هرگاه کار زمین کنی، همانا قوت خود را دیگر به تو ندهد و پریشان و آواره در جهان خواهی بود

۱۳. قائن به خداوند گفت: عقوبتم از تحملم زیادتر است

۱۴. اینک مرا امروز بر روی زمین مطرود ساختی و از روی تو پنهان خواهم بود و پریشان و آواره در جهان خواهم بود و واقع می شود هر که مرا یابد، مرا خواهد کشت»

(پیدایش ۴:۱- ۱۴)

_____

توضیحات :

* حوا از آدم حامله شد پسری زاییده، آنگاه حوا گفت: به کمک خداوند مردی حاصل نمودم پس نام او را قائن - یعنی حاصل شده - گذاشت(چون از خیانت فرزندی به وجود آمده بود می گوید به کمک خداوند)

اما چرا می گوید به کمک خداوند، چه نیازی به کمک خداوند است ؟ در واقع اینها هم معما و تمثیل است، حوا از مار (شیطان) باردار شده بود. حوا خیانت کرد ثمره خیانت حوا (ارتباط با مار یا شیطان) پسری بود به نام قائن، آدم هم قائن را به فرزندی قبول کرد.

* حوا بار دیگر حامله شد و پسری زایید به نام هابیل

* و اکنون زمان طولانی سپری شده و هابیل و قائن تصمیم می گیرند که با هدایایی به حضور خدا رفته و از خداوند طلب بخشش کنند و بگویند خدایا پدر و مادر ما اشتباه کردند، گناه ما چیست؟! پس ما را بپذیر و ما می خواهیم در حضور تو باشیم؛ و تصمیم می گیرند برای خداوند هدایایی ببرند؛ پس هر کس بهترین چیزی را که دارد برای خدا می برد.

* زمانی که هابیل و قائن به حضور خداوند می روند:

ذهن هابیل پر از نیکویی است : که چقدر خوب وباشکوه است که به حضور خداوند می روم و پر از محبت خدا خواهم شد.

اما از آنجایی که قائن پسر شیطان است و افکار شیطانی دارد با خود فکر می کند : به حضور خداوند بروم و حکومت را که آدم از دست داد پس بگیرم و به عیش و عشرت وحکومت و ظلم وفساد بپردازم (در واقع در افکار قائن هر چیزی بود جزء نیکویی و از آنجایی که فکر هر گناهی برابر با انجام آن است پس قائن هم افکار شیطانی داشت و گناهکار بود)

* در انجیل یوحنا، فصل ۴۴/۸ آمده است که :

«شما فرزندان پدر خود ابلیس هستید؛ آرزوهای پدر خود را به عمل می آورید او از اول قاتل بود و از راستی بی خبر است از آن جهت که در او راستی نیست هرگاه به دروغ سخن می گوید از ذات خود می گوید زیرا دروغگو و پدر دروغگویان است »

✻ همچنین در رساله اول یوحنا آمده است: که فرق بین فرزندان خدا و فرزندان ابلیس این است که فرزند شیطان، نیکوئی نمی کند و خواهر و برادر خود را دوست ندارد.

قائن هم ثمره گناه حوا است که در اصل پسر شیطان است و آرزوی پدر خود را به عمل آورد ؛ قائن هم برادر خود را کشت اگر برادر خود را دوست داشت او را نمی کشت زیرا وی فرزند ابلیس است و اولین قتل را قائن انجام داد

✻ خداوند از قائن پرسید چرا خشمگین شده ای و سرت را به زیر افکنده ای اگر درست عمل می کردی مقبول نمیشدی ؟ اما چون چنین نکردی گناه در کمین توست و می خواهد بر تو مسلط شود اما تو بر آن چیره شو.

✻ خداوند به قائن هشدار می دهد که تو قصد کشتن هابیل را داری پس بر این گناه چیره شو ، اما قائن از شیطان حرف شنوی دارد زیرا پسر شیطان است

✻ چرا شیطان قائن را مجبور می کند هابیل را بکشد ؟

چون هر کس از پدر خود حرف شنوی دارد و شیطان هم نمی خواهد حکومتی را که با سختی به دست آورده و با فریب از دست آدم درآورده را از دست بدهد و وقتی می بیند که هابیل دل خداوند را به دست آورده و خداوند قصد دارد که هدیه هابیل را قبول کند؛ پس ممکن است حکومت را دوباره به آدم بر گرداند، در نتیجه تصمیم می گیرد هابیل را به قتل برساند.

نکته اول : خداوند به قائن هشدار می دهد اما چرا جلوی او را نمی گیرد ؟ چون همه اینها طبق طرح و برنامه خداست

نکته دوم : خداوند نمی خواهد که خونی ریخته شود حتی خون بدترین انسان ها

فصل نهم : طوفان نوح

« در این زمان که تعداد انسان ها روی زمین زیاد می شد ، پسران خدا مجذوب دختران زیباروی انسان ها شدندو هر کدام را که پسندیدند برای خودبه زنی گرفتند

- آنگاه خداوند فرمود :روح من همیشه در انسان باقی نخواهد ماند،زیرا او موجودیست فانی و نفسانی. پس صد و بیست سال به او فرصت می دهم تا خود را اطلاح کند

- پس از آنکه پسران خدا و دختران انسان ها با هم وصلت نمودند،مردانی غول آسا از آنان به وجود آمدندایانان دلاوران معروف دوران قدیم بودند.

- هنگامی که خداوند دید مردم غرق در گناهند و دایما به سوی زشتی ها و پلیدی ها می روند، از آفرینش انسان متأسف و محزون شد

- و خداوند گفت : انسان را که آفریده ام از روی زمین محو سازم ، حتی حیوانات و خزندگان وپرندگان هوا را از بین می برم، زیرا از آفریدن آنها متأسف شدم

- اما نوح مورد لطف خدا قرار گرفت

- و این است پیدایش نوح ، نوح مردی عادل بود ، و در عصر خود کامل و نوح با خدا راه می رفت

- و نوح سه پسر آورد : سام و حام و یافث

- و زمین نیز به نظر خدا فاسد گردیده و زمین از ظلم پر شده بود

- و خدا زمین را دید که اینک فاسد شده است ، زیرا که تمامی بشر راه خود را بر زمین فاسد کرده بودند

- و خدا به نوح گفت : انتهای تمامی بشر به حضورم رسیده است زیرا که زمین به سبب ایشان پر از ظلم شده است و اینک من ایشان را با زمین هلاک خواهم ساخت

و...

- زیرا اینک من طوفان آب را بر زمین می آورم تا هر جسدی را که روح حیات در آن باشد ، از زیر آسمان هلاک گردانم و هر چه بر زمین است خواهد مرد.

(پیدایش ۶:۴- ۲۱)

توضیحات :

* زمانی که شیطان از حضور خداوند بیرون آمد، یک سوم فرشتگان هم با او همراه شدند. شیطان به آنها گفت: چرا می خواهید خدمت خدایی را بکنید که در حد یک پسر هم شما را قبول ندارد، از من پیروی کنید و هر کار و عملی که دوست دارید انجام دهید.

* پس یک سوم از فرشتگان هم خدمت نکردند و طرف شیطان را گرفتند و از حضور خداوند بیرون آمدند ولی آنها کارهایی انجام دادند که نباید انجام می دادند و به سرنوشت بدی دچار شدند.

* تعدادی از این فرشتگان بر روی کره خاکی سرگردان هستند و باعث درد و عذاب و بیماری هستند (عیسی مسیح هنگام شفا دادن بیمارها می گوید : ای ارواح ناپاک خارج شوید؛منظور از ارواح ناپاک همین فرشتگان سرگردان هستند)

* این فرشتگان جنسیتی نداشتند در واقع نه زن بودند نه مرد، اما برای اینکه لذت جنسی را تجربه کنند، بدن های انسانی را تسخیر کردند و با دختران آدمیان وارد رابطه شدند؛ پس از این رابطه فرزندانی بوجود آمدند که مردانی غول آسا بودند ، ایشان جبارانی بودند که خداوند برای از بین بردن آنها و ظلم و ستمی که می کردند ، طوفان نوح را فرستاد

<u>نکته اول</u> : چیزی که برخلاف میل خداوند باشد و از آن رضایت نداشته باشد؛ نتیجه و پیامد آن هم بد وناهنجار خواهد بود پس نسلی به وجود آمد که به شرارت روی آوردند.

نکته دوم : در واقع یک نسلی بود که جزو طرح و برنامه خداوند نبود و به جز شیطان بقیه فرشتگان اجازه نداشتند وارد این برنامه و بازی شوند

* اما آن یک سوم از فرشتگان پا را فراتر گذاشتند و خداوند هم جلوی آنها را گرفت . طوفان نوح را فرستاد و نسل آنها را از بین برد.

فصل دهم : ابرام (ابراهیم)

«۱.و چون ابرام نود و نه ساله بود ، خداوند بر ابرام ظاهر شده گفت : من هستم خدای قادر مطلق پیش روی من بخرام و کامل شو

۲.و عهد خویش را در میان خود و تو خواهم بست و تو را بسیار بسیار کثیر خواهم گردانید

۳.آنگاه ابرام به روی افتاد و خدا به وی خطاب کرده ، گفت :

۴.اما اینک عهد من با توست و تو پدر امت های بسیاری خواهی بود

۵. و نام تو بعد از این ابرام خوانده نشود بلکه نام تو ابراهیم خواهد بود زیرا که تو پدر امت های بسیار گردانیدن

۶. و تو را بسیار بارور نمایم و امت ها از تو پدید آورم و پادشاهان از تو به وجود آیند

۷.و عهد خویش را در میان خود و تو ، و نسل بعد از تو استوار گردانم که نسلا بعد نسل عهد جاودانی باشد تا تو را و بعد از تو نسل تو را خدا باشم..

(پیدایش ۱۷)

«۱.و خداوند به ابرام گفت : از سرزمین خود ، و از مولد خویش و از خانه پدر خود به سوی زمینی که به تو نشان دهم بیرون شو

۲.و از تو امتی عظیم پیدا کنم و تو را برکت دهم و نام تو را بزرگ سازم و تو برکت خواهی بود

۳. و برکت دهم به آنانی که تو را مبارک خوانند ، لعنت کنم به آنکه تو را ملعون خواند و از تو جمیع قبایل جهان برکت خواهند یافت

۴.پس ابرام چنانکه خداوند بدو فرموده بود روانه شد و لوط همراه وی رفت و ابرام هفتاد و پنج ساله بود هنگامی که از حران بیرون آمد

۵.و ابرام زن خود سارای و برادرزاده ی خود لوط وهمه اموال اندوخته خود را با اشخاصی که درحران پیدا کرده بودند برداشته به عزیمت کنعان بیرون شدند و به زمین کنعان داخل شدند

۶.و ابرام در زمین می گشت و خداوند بر ابرام ظاهر شده گفت : به نسل تو این سرزمین را می بخشم و در آنجا مذبحی برای خداوند که بر وی ظاهر شد بنا نمود و...

۱۰.و قحطی در آن زمین شد و ابرام به مصر فرود آمد تا در آنجا به سر برد زیرا که قحط در زمین شدت گرفت

۱۱.و چون به نزدیک به ورود به مصر شد به زن خود سارای گفت : اینک می دانم که تو زن نیکومنظری هستی

۱۲.همانا چون اهل مصر تو را ببیند ، گویند : این زوجه اوست ، پس مرا بکشند و تو را زنده نگاه دارند

۱۳. پس بگو که تو خواهر من هستی تا به خاطر تو برای من خیریت شود و جانم به سبب تو زنده ماند

۱۴.و به مجرد ورود ابرام به مصر ، اهل مصر آن زن را دیدند که بسیار خوش منظر است

۱۵.و امرای فرعون او را دیدند و او را در حضور فرعون ستودند پس وی را به خانه فرعون درآوردند

۱۶.و بخاطر وی با ابرام احسان نمودند و او را صاحب میش ها و گاو ها و غلامان و کنیزان و شتران شد

۱۷.و خداوند فرعون و اهل خانه او را به سبب سارای ، زوجه ابرام به بلایای سخت مبتلا ساخت

۱۸.و فرعون ابرام را خوانده گفت : این چیست که به من کردی ؟ چرا مرا خبر ندادی که او زوجه توست ؟

۱۹.چرا گفتی : او خواهر منست ، که او را به زنی گرفتم ؟ و الان اینک زوجه تو ، او را برداشته روانه شو

۲۰.آنگاه فرعون در خصوص وی کسان خود را امر فرمود تا او را زوجه اش و تمام مایملکش روانه نمودند.

(پیدایش۱۲)

توضیحات:

* شیطان زمانی که متوجه شد فرزندان خداوند؛ مدام نزد خدا رفته و طلب بخشش می کنند و سرانجام ممکن است یک نفر موفق بشود و دل خداوند را به دست بیاورد و خداوند حکومت را به آدم (انسان) برگرداند

* پس شیطان از اینکه حکومتش را از دست بدهد ترسید و با خود اندیشید که اگر با کشتن هابیل موفق شد حکومت را موقتا از آدم پس بگیرد، اما در آینده ممکن است هزاران نفر مثل هابیل پیدا شوند و دل خدا را به دست آورده و خدا آنها را ببخشد. پس شیطان دنبال راهی بود که جلوی این کار را گرفته و مانع این شود که انسان ها بتوانند به حضور خدا راه یابند و طلب بخشش کنند.

* و شیطان گفت: حالا که آدمیان به هیچ وجه مرا پرستش نمی کنند و هر چقدر تلاش کنم آدمیان مرا پرستش نخواهند کرد و فقط در تلاش هستند که به نزد خدا رفته و از خداوند طلب مغفرت کنند و دل خداوند را به دست آورند؛ پس من آنقدر خدا و خدایان مختلف درست خواهم کرد و آنقدر دین های مختلف خواهم آورد که هیچوقت موفق نشوید خدای واقعی را پیدا کنید و خدای واقعی در میان این حجم از خدایان گم خواهد شد.

* پس شیطان آنقدر دین های مختلف آورد که همه خدای واقعی را گم کردند. مردم می خواهند به هر قیمتی که شده به خداوند واقعی برسند و شیطان هم همیشه با فریب دادن انسان، انسان ها را از پرستش خدای واقعی دور می کند؛ در نتیجه شیطان به هدف خود رسید و خدای واقعی گم شد و همه غیرمستقیم شیطان را پرستش می کنند بدون آنکه متوجه این موضوع باشند.

* مردم برای عبادت خدایانی که شیطان آورده بود؛ باید وارد رابطه جنسی می شدند و در معابد با فاحشه ها رابطه برقرار می کردند. در واقع از طریق فحشا خدایان پرستش میشدند(و این موضوع فقط در گذشته نبوده الان هم در بسیاری از معابد در هند و کره و ژاپن و بعضی از کشورهای دیگر هم مرسوم است و در شرق معابد آلت پرستی وجود دارد که آلت تناسلی را پرستش می کنند)

* در حزقیال فصل ۱۶ آمده است که:

«پس اینک ای روسپی ای اورشلیم سخن خداوند را بشنو

خداوند متعال می فرماید: تو خود را برهنه کردی و چون فاحشه ای خودت را در اختیار عاشقانت و همه بت هایم قرار دادی و فرزندان خود را کشتی و قربانی بت ها کردی

دخترانت را وادار به فاحشه ساختن در پرستشگاه بی حرمت و بی عصمت نساز»

* شیطان هم تا توانست خدایان مختلفی آورد و عبادت این خدایان هم اکثرا به صورت فحشا بود.

* * و اما:شیطان وارد دومین مرحله فریب انسان شد؛ وقتی پی برد که انسان ها دوست دارند برای خدا هدیه ببرند:

پس انسان ها را فریفت که ای انسان؛ خداوند هدیه هابیل را که قربانی کردن و خون ریختن بود را پذیرفت پس شما هم باید بهترین دارایی خود را قربانی کنید. و بی ارزش ترین هدیه و قربانی، ریختن خون بقیه انسان هاست. و بالاترین و باارزش ترین هدیه، قربانی کردن فرزندانتان می باشد پس خون فرزندان خود را بریزید و برای خدا قربانی کنید.

* انسان ها هم فریب خوردند و فکر کردند که با قربانی کردن فرزندان خود نهایت پرستش و محبت خود را به خداوند نشان می دهند (الان هم این قربانی کردن به شکل های دیگری وجود دارد ؛مانند مادرانی که فرزندانش را بخاطر عقاید دینی مختلف به میادین جنگ و نبرد می فرستند و می گویند فرزندم در راه خدا کشته شد)

* اوج این ماجرا(قربانی کردن فرزندان)؛ در بابل قدیم در زمان الهه ای به نام ایشتار ؛معرف به بت بعل بود:

نحوه عبادت و پرستش بت بعل اینگونه بود که : در یک روز خاص صدها نفر در یک مکان جمع شده و با رقص و آواز و صدای شیپور و دهل، کودکان را درون آتش می انداختند و فرزندان خود را برای الهه ایشتار قربانی می کردند، در واقع سروصداهایی که ایجاد می شد برای این بود که صدای فریاد و جیغ کودکان به گوش کسی نرسد و مانع قربانی کردن نشوند

* و اینجاست که خدا وارد می شود:

فصل بعدی برنامه خداوند آغاز می شود ؛خداوند طرح و برنامه ای دارد که مرحله به مرحله اجرا می شود در واقع یک مرحله وقفه اتفاق می افتاد و مرحله بعد است که خدا دست به کار می شود

* در این ماجرا شیطان برنامه های شیطانی خود را به اوج خود رساند : یعنی فریب دادن انسان به گونه ای که فرزندان خود را قربانی می کردند.

❋ خداوند شخصی را به نام ابرام (ابراهیم) انتخاب می کند :ابراهیم از فرزندان شیت است ، و شیث هم به جای هابیل به آدم و حوا داده شد (ابراهیم نمونه عهد قدیم عیسای مسیح است)ابراهیم هم مانند عیسی مسیح تحت هیچ شرایطی شک نکرد و همواره به خداوند اعتماد کامل داشت وهر کاری که خداوند به ابراهیم گفت بدون هیچ اما و اگری پذیرفت و انجام داد و اینگونه مقام ابراهیم نزد خداوند بالا رفت ابراهیم بواسطه کارهای خوب و نیک نبود که مقام بالای داشت بلکه به واسطه اعتمادش به خداوند بود که به چنین جایگاهی رسید، خداوند هر چیزی به ابراهیم گفت بدون شک قبول کرد.

❋ سئوالی که مطرح می شود : چرا ابراهیم به خدا اعتماد کامل دارد ؟

چون خداوند اینگونه می خواهد، چون خدا می خواهد ابراهیم اینگونه باشد ، خدا می خواهد افرادی باشد که با آنها برای ما مثال بزنند . خدا می خواست چنین باشد و خداوند اعتماد را در قلب ابراهیم نهاد . ابراهیم هم خطاکار بود و اشتباه می کرد؛ - مانند داستان حضورش در مصر و اینکه همسر خود را خواهر خود عنوان کرد و نزد فرعون انکار کرد که همسر اوست.- اما خداوند اعتماد را در وجود ابراهیم قرار داد.

(نکته ای که وجود دارد این است که : در آن زمان هنوز شریعت و حکمی از جانب خداوند وجود نداشت و هنوز مباحث محرم و نامحرم مطرح نبودند هنوز هیچ دستور شفاهی یا کتبی از جانب خداوند صادر نشده بود در واقع ابراهیم و ساره هم خواهر و برادر بودند و هم زن و شوهر و هیچ حکمی وجود نداشت و هر کس مطابق میل خودش زندگی می کرد، و۶۱۳ دستوری که احکام شریعت هستند و از جانب خداوند برای زندگی ما صادر شدند ۵۰۰ سال بعد از ابراهیم این احکام از جانب خداوند برای موسی داده شد.

❋ و خداوند از زمان ابراهیم و با ابراهیم کار خود را شروع کرد...

آیات تکمیلی فصل دهم :

ابراهیم و نجات او :

«حال ببینیم خدا جد ما ابراهیم را بر چه اساسی بی گناه به حساب آورد، آیا بخاطر اعمال نیک او و انجام تشریفات مذهبی بود ، یا بخاطر ایمانش؟ اگر بخاطر اعمال نیکش بود ، پس جا داشت که بخود ببالد.

- اما از دیدگاه خدا ، ابراهیم هیچ علتی برای بالیدن نداشت

- زیرا کتاب آسمانی ما می فرماید : ابراهیم به خدا ایمان آورد به همین دلیل خدا از خطایای او چشم پوشید و او را « بی گناه » به شمار آورد.

- اما آیا اعمال نیک ابراهیم در نجات او و هیچگونه تاثیری نداشت ؟ نه! به این دلیل که نجات و رستگاری ، هدیه خداوند است ، اگر کسی می توانست نجات و آمرزش گناهان خود را با انجام کارهای خوب به دست آورد، نجات هدیه نمی بود.

- اما نجات هدیه خداوند است و به کسانی عطا می شود که برای به دست آوردن آن ، به اعمال نیک خود تکیه نمی کنند. بلی ، خدا در صورتی گناهکاران را بی گناه به حساب می آورد که به عیسی مسیح ایمان بیاورند.

- داود نبی، در بیان همین حقیقت، شادی یک شخص گناهکار را توصیف می کند که بدون آنکه لایق باشد ، خدا او را « بی گناه » اعلام می دارد.

- حضرت داوود می گوید: خوشا به حال کسی که خدا گناهانش را بخشیده و از خطایای او چشم پوشیده باشد.

- چه سعادتی که خداوند دیگر گناهی علیه او بحساب نیاورد». (ترجمه تفسیری - رومیان :فصل ۴ ، آیات ۱ تا ۸)

فصل یازدهم : یعقوب

«- و چون اسحاق ، از برکت دادن به یعقوب فارغ شد ، به مجرد بیرون رفتن یعقوب از حضور پدر خود اسحاق ، که برادرش عیسو از شکار باز آمد.

- و او نیز خورشی ساخت و نزد پدر خود آورده ، به پدر خود گفت : پدر من، برخیزد و از شکار پسر خود بخورد تا جانت مرا برکت دهد.

- پدرش اسحاق به وی گفت : تو کیستی ؟ گفت : من پسر نخستین تو ، عیسو هستم

- آنگاه لرزه ای شدید بر یعقوب مستولی شده ، گفت : «پس آن که بود که نخجیری صید کرده برایم آورد و قبل از آمدن تو از همه خوردم و او را برکت دادم و فی الواقع او مبارک خواهد بود

- عیسو چون سخنان پدر خود را شنید نعره ای عظیم و بی نهایت تلخ برآورده و به پدر خود گفت : ای پدرم به من نیز برکت بده

- گفت : برادرت به حیله آمد و برکت تو را گرفت

- گفت : نام او را به خوبی یعقوب نهادند، زیرا که دو مرتبه مرا از پا در آورد ، اول نخست زادگی مرا گرفت و اکنون برکت مرا گرفته است ، پس گفت : آیا برای من نیز برکتی نگاه نداشتی ؟

- اسحاق در جواب عیسو گفت : اینک او را بر تو سرور ساختم و همه برادرانش را غلامان او گردانیدن و غله و شیره را رزق او دادم پس الان ای پسر من برای تو چه کنم ؟

(پیدایش ۲۷: ۳۰- ۳۹)

«- و شبانگاه یعقوب برخاست و دو زوجه و دو کنیز و یازده پسر خویش را برداشته ایشان را از معبر یبوق عبور داد

- و ایشان را برداشت و از آن نهر عبور داد و تمام مایملک خود را نیز عبور داد

- و یعقوب تنها ماند و مردی با وی تا طلوع فجر کشتی می گرفت

- و چون او دید که بر وی غلبه نمی یابد کف ران یعقوب را لمس کرد و کف ران یعقوب در کشتی گرفتن فشرده شد

- پس گفت : مرا رها کن زیرا که فجر می شکافد ، گفت تا مرا برکت ندهی تو را رها نکنم

- به وی گفت : نام تو چیست ؟ گفت : یعقوب

- گفت : از این پس نام تو یعقوب خوانده نشود بلکه اسرائیل ، زیرا که با خدا کشتی گرفتی و پیروزی یافتی

- و یعقوب از او سئوال کرده گفت : مرا از نام خود آگاه ساز ، گفت : چرا اسم مرا می پرسی ؟ و او را در آنجا برکت داد

- و یعقوب آن مکان را " فنیئیل " نامیده گفت " زیرا خدا رو روبرو دیدم و جانم رستگار شد.

(پیدایش ۳۲: ۲۲- ۳۰)

توضیحات :

❋ اسحاق(فرزند ابراهیم)؛ دو پسر داشت به نام های : عیسو و یعقوب

خداوند از عیسو متنفر بود به این دلیل که عیسو برخلاف راه و روشی که خداوند به ابراهیم داده بود ؛ عمل می کرد و خداوند یعقوب را هم دوست نمی داشت (یعقوب به معنای : حیله گر و فریبکار است).هر دو از نظر خداوند ناشایست بودند به این دلیل که یکی نهایت هرزگی بود و دیگری نهایت فریب و حیله گری بود.

❋ در آن زمان ارث فقط به پسر بزرگ می رسید یعنی ارث بین فرزندان تقسیم نمی شد و کل دارایی پدر به پسر بزرگتر تعلق داشت ودر واقع جایگاه پدر را داشت و تمام دارایی به او می رسید و تمام فرزندان و پسران کوچکتر تحت نظر پسر بزرگتر بودند؛ اما یعقوب با حیله وفریفتن اسحاق(پدرش) ارث نخست زادگی را از عیسو گرفت و با یک کاسه آش عدس پدرش را فریب داد.

❋ خداوند می گوید : یعقوب لیاقت ندارد یعقوب برای من جایگاهی ندارد اما من با اینکه لیاقتش را نداشت او را انتخاب کردم (در واقع هیچکس لیاقت خداوند را ندارد) و با اینکه ناشایست بود مورد لطف و فیض خداوند قرار گرفت؛اما ابراهیم لیاقت داشت چون به خداوند اعتماد کامل داشت و هیچ شکی نداشت.

❋ یعقوب پدر قوم بنی اسرائیل شد پس خداوند یعقوب را انتخاب کرد؛ پس یعقوب پدر قوم بنی اسرائیل شد و لقب یعقوب ، اسرائیل شد و فرزندان و نسل یعقوب بنی اسرائیل نامیده شدند.

❋ خداوند هم می فرماید : من یعقوب را انتخاب کردم نه به این دلیل که لیاقت داشت بلکه خداوند باید یک نفر را انتخاب می کرد و هیچ انسانی وجود نداشت که پاک و منزه باشد ولایق خداوند باشد و همه یکسان و گناهکار هستند؛ یعقوب هم انتخاب شد چون ملاک انتخاب، خوب بودن و لیاقت داشتن نبود؛ بلکه ملاک انتخاب؛ فیض و لطف خداوند بود و یعقوب مورد لطف و فیض خداوند قرار گرفت.<u>یعقوب ۱۲ پسر (فرزند) داشت که نسل این۱۲ فرزند قوم بنی اسرائیل نام گرفتند.</u>

ماجرای کشتی گرفتن یعقوب با خداوند:

❋ یعقوب با خدا کشتی گرفته و خدا را بر زمین زد و به زور از خدا برکت گرفت یعنی چه ؟

(مثال : کودکی که متولد می شود از نوزادی تا ۳- ۴ سالگی سن بازی و تفریح کودک است در این سن پدر با فرزند خود بازی می کند با او کشتی می گیرد و پسر بروی شانه پدر رفته و با او بازی می کند.

اما معمولا از سن ۷ سالگی دوره آموزش و یادگیری و مدرسه رفتن فرزند شروع می شود در این سن پدر، برای اینکه کودک درس های خود را یاد بگیرید بیشتر نسبت به قبل سخت گیری می کند و سعی می کند با جدیت بیشتری با فرزند خود برخورد کند تا فرزند درس های خود را به درستی بیاموزد)

* در واقع از زمان ابراهیم تا زمان موسی هم دوره تفریح و بازی است؛ یعنی همان دوره ای است که یعقوب می تواند با خدا کشتی بگیرد و خداوند نسبت به فرزند خود مهربان و سهل گیر است و اجازه می دهد پسر هم پیروز شود در واقع خداوند از پدر بودن لذت می برد.

* پس زمان ابراهیم زمان یک سالگی قوم بنی اسرائیل است

* زمان یعقوب زمان سه سالگی قوم بنی اسرائیل است (سیصد سال قبل از موسی) که خداوند در قالب یک پدر مهربان است که از کشتی گرفتن و بازی کردن با فرزندش لذت می برد.

* و زمان موسی هفت سالگی قوم بنی اسرائیل است و خدا با دادن ده فرمان و ۶۱۳ شریعت دوره آموزشی را شروع کرد ودر واقع از زمان حضرت موسی دوره ی آموزشی قوم بنی اسرائیل آغاز می شود و در همین مقطع است که خداوند ۶۱۳ شریعت و احکام خود را برای موسی می فرستند و دوره ی سخت گیری و تنبیهات و امر و نهی و محدودیت ها آغاز می شود.

آیات تکمیلی فصل یازدهم :

عیسو و یعقوب

- ولی من سرزمین عیسو را تماما غارت خواهم کرد مخفیگاه هایش را نیز آشکار خواهم ساخت تا جایی برای پنهان شدن باقی نماند . فرزندان ، برادران و همسایگان او همه نابود خواهند شد خودش نیز از بین خواهد رفت(ارمیا ۴۹:۱۰)

- ولی شما می گویید: توچگونه ما را دوست داشته ای ؟ خداوند می فرماید : من جد شما یعقوب را محبت نمودم هر چند لایق محبت نبود و به این ترتیب نشان دادم که شما را دوست دارم، ولی عیسو را که برادرش بود رد کردم و سرزمین کوهستانی او را ویران نمودم و آن را جای شغال های بیابان ساختم.» (ملاکی :۱:۳)

- شاید ادومی ها که فرزندان عیسو هستند بگویند: ما بر می گردیم و سرزمین ویران خود را دوباره آباد می کنیم . ولی خداوند قادر متعال می گوید : اگر آن را آباد کنند من دوباره ویرانش خواهم کرد . سرزمین آنها «سرزمین شرارت » خوانده خواهد شد و مردمشان به « قومی که خداوند آنها را هرگز نمی بخشد » مشهور خواهند گردید.(ملاکی ۱:۴)

- در کتاب آسمانی در این باره اینگونه آمده است : من اراده کرده ام که یعقوب را برکت دهم و نه عیسو را .

(رومیان ۹:۱۱)

فصل دوازدهم : موسی

« و فرشته ی خداوند در شعله آتش از میان بوته ای بر وی ظاهر شد و چون او نگریست اینک آن بوته به آتش شعله ور است اما نمی سوزد

- وموسی گفت : اکنون بدان طرف شوم و این امر غریب را ببینم که بوته چرا سوخته نمی شود ؟

- چون خداوند دید که برای دیدن مایل بدان سو می شود خدا از میان بوته به وی ندا در داد و گفت : ای موسی ای موسی ... گفت : لبیک

- گفت : بدین جا نزدیک میا ، نعلین خود را از پاهایت بیرون کن ، زیرا مکانی که در آن ایستاده ای زمین مقدس است

- و گفت من هستم خدای پدرت خدای ابراهیم و خدای اسحاق و خدای یعقوب ، آنگاه موسی روی خود را پوشانید زیرا که ترسید که به خدا بنگرد

- و خداوند گفت : همانا مصیبت قوم خود را که در مصرند دیدم و استغاثه ایشان را از دست سرکاران ایشان شنیدم زیرا غم های ایشان را می دانم

- و نزول کردم تا ایشان را از دست مصریان خلاصی دهم و ایشان را از آن زمین به زمین نیکو و وسیع برآورم به زمینی که به شیر و شهد جاریست

- و اینک نیاز به کمک بنی اسرائیل نزد من رسیده است و ظلمی را نیز که مصریان بر ایشان می کنند دیده ام

- پس اکنون بیا تا تو را نزد فرعون بفرستم تا قوم من ، بنی اسرائیل را از مصر بیرون آوری

- موسی به خدا گفت : من کیستم که نزد فرعون بروم و بنی اسرائیل را از مصر بیرون آورم

- گفت: البته با تو خواهم بود و علامتی که من تو را فرستاده ام این باشد که که چون قوم را از مصر بیرون آوردی خدا را بر این کوه عبادت خواهید کرد

- موسی به خدا گفت : اینک چون من نزد بنی اسرائیل برسم و بدیشان گویم خدای پدران شما مرا نزد شما فرستاده است و از من بپرسند نام او چیست بدیشان چه گویم ؟

- خداوند به موسی گفت : هستم آنکه هستم.

(خروج ۳: ۲- ۱۵)

توضیحات :

* زمانی که یعقوب و فرزندانش در مصر بودند یوسف بزرگ مصر بود؛ و وزیر دربار مصر بود و بنی اسرائیل در بهترین شرایط زندگی می کردند؛ اما در زمانی که موسی ظهور کرد ، حدود چهارصد سال از زمان یوسف گذشته است و اکنون قوم بنی اسرائیل در جایگاه برده قرار گرفتند.

به این دلیل مصری ها وقتی که پی بردند هر روز بر تعداد قوم بنی اسرائیل افزوده شده و اگر جلوگیری نکنند تعدادشان از مصری ها هم بیشتر خواهد شد پس آنها را برده کردند که هم نیروی کار باشند و هم تحت کنترل مصری ها باشند.

* خداوند به ابراهیم و فرزندان ابراهیم وعده سرزمین موعود – سرزمین موعود بهترین نقطه جغرافیایی است جایی که پر از امکانات و فراوانی است و برای قوم بنی اسرائیل فلسطین سرزمین موعود است بهترین جای این کره خاکی را خداوند به قوم وعده داده – را داده است و وعده داده که خدای ابراهیم همواره پشت و پناه شماست.

اما اکنون قوم بنی اسرائیل اسیر و برده شدند و حالا زمانیست که خداوند باید به وعده خود وفا کند؛ پس برای اینکه قوم را از دست مصریان و فرعون نجات بدهد نیاز به یک رهبر داشت پس موسی را انتخاب کرد و موسی اولین پیامبر قوم بنی اسرائیل شد.

* زمان که موسی انتخاب می شود ۴۵۰ سال از زمان یعقوب گذشته است و اینجا هم خداوند یک دوره وقفه ایجاد می کند و بعد وارد مرحله بعد می شود

(ابتدا آفرینش زمین و آسمان- وقفه- گناه و سوقط انسان – وقفه و استراحت – ابراهیم و یعقوب – وقفه .... و اکنون زمان موسی)

* خداوند فصل بعدی را با موسی آغاز می کند

(ناگهان خداوند چون شعله آتش از میان بوته ای بر او ظاهر شد موسی دید که بوته شعله ور است ولی نمی سوزد به این ترتیب خداوند همان کسی را به مصر بازگرداند که قوم بنی اسرائیل او را رد کرده و گفته بودند چه کسی تو را حاکم و داور ما ساخته ، خداوند توسط فرشته ای که در آتش ظاهر شد موسی را فرستاد تا هم حاکم ایشان باشد و هم نجات دهنده ایشان)

* آیا موسی بهترین بنده ای است که خداوند می تواند انتخاب کند ؟ خیر؛ موسی قاتل بود و یک نفر را کشته بود اما او هم مورد لطف خداوند قرار گرفت

موسی هم جزو این برنامه خداوند است و این مراحل باید طی شوند . اکنون ۴۰۰ سال گذشته و فرزندان یعقوب به صدها هزار نفر تبدیل شدند، ولی برای اینکه از اسارات مصریان رها شوند به درگاه خدا روی می آورند : که خدایا تو به فرزندان ابراهیم وعده رهایی و سرزمین موعود را دادی و اکنون باید به وعده خود عمل کنی و خداوند موسی را انتخاب کرد که قوم را از دست مصریان نجات دهد (موسی بسیار برای خداوند عزیز بود خدا با موسی راه می رفت حتی زمانی که موسی مرد خداوند خود او را دفن کرد.)

* موسی از طرف خداوند مامور می شود که نزد فرعون رود، زمانی که موسی برای نجات قوم بنی اسرائیل به نزد فرعون رفت و از او خواست که قوم بنی اسرائیل را آزاد کند فرعون نپذیرفت (البته خداوند می فرماید من نخواستم که فرعون زود راضی شود چون من قلب فرعون را سخت کردم)

* خداوند برای اینکه قدرت خود را به قوم بنی اسرائیل نشان دهد هر بار که فرعون از آزاد شدن قوم بنی اسرائیل سرباز می زند خداوند یک بلای عظیم بر سر مصریان نازل می کند تا جایی که نخست زادگان مصری و حتی نخست زادگان حیوانات آنها را می کشد

و فرعون می گوید : این چه خدای بچه کشی است که حتی کودکان را می کشد و رحم نمی کند و می گوید بگذارید این قوم بروند که خدایشان حتی به بچه ها و کودکان هم رحم نمی کند .

* اما خدا در اینجا با کسی تعارف ندارد و خدا می خواهد قدرت خود را به همه و خصوصا قوم بنی اسرائیل نشان بدهد

(پس دنبال مهربانی خداوند و خداوند منطقی در عهد قدیم نباشید؛ خداوند با کسی تعارف ندارد یا فرزند خداوند هستید که سرشار از محبت خدا خواهی شد یا نیستید که سراسر تباهی و سیاهی است.

خداوند می گوید من غیر از فرزندانم به کسی رحم نمی کنم . قوم بنی اسرائیل هم فرزندان من هستند من جز این قوم به هیچکس رحم نمی کنم.)

* اکنون قوم بنی اسرائیل از اسارت آزاد شدند اما راضی نیستند؛ زیرا این خدا ، خدایی نیست که تصور می کردند چون این خدا تعارف ندارد رحم نمی کند و از این خدا ترسیده اند و می خواهند از دست این خدا رها شوند و فرار کنند.

اما تازه شروع شده است.

* قوم بنی اسرائیل رفیدیم را ترک گفتند و درست سه ماه پس از خروجشان از مصر به بیابان سینا رسیدندو در مقابل کوه سینا اردو زدند

* سرزمین موعود که همان فلسطین است؛ وبرای رسیدن به سرزمین موعود ،قوم باید از یک بیابان وسیع می گذشتند به- نام بیابان سینا

قوم بنی اسرائیل وارد بیابان سینا شدند و مدام بهانه می گیرند که ما را تشنه و گرسنه در بیابان سرگردان کردی و چرا ما را از مصر بیرون آوردی- در صورتی که فکر نمی کنند که خدایی که دریا را شکافت و فرعون را غرق ساخت قادر است که در وسط بیابان هم برای آنها آب فراهم کند-

اما با این بهانه گیری ها می خواهند به خدا نشان دهند که او را نمی خواهند و منظورشان این است که خدایا اشتباه کردی ما را از مصر بیرون آوردی

* خداوند به موسی می فرماید :قوم را بر بالای کوه سینا بیاور می خواهم با قوم موسی ملاقات کنم، اما خداوند به صورت ابر سیاه و رعد و برق ظاهر می شود برای اینکه قدرت خود را به قوم بنی اسرائیل نشان دهد و همه اینها بهانه است خداوند دنبال چیز دیگریست...

اما قوم حاضر نیست بالای کوه رفته و موسی به تنهایی بر بالای کوه می رود که با خدا ملاقات و صحبت کند؛ اما در طی این زمانی که موسی در بالای کوه است. قوم برای اینکه نشان دهند خدایی که اینقدر بی رحم و ترسناک است را نمی خواهند؛ گوساله ای طلایی ساخته و او را پرستش می کنند و در واقع به هر قیمتی شده می خواهند از این خدا فرار کنند.

* موسی زمانی که از بالای کوه - با ده فرمان - بر میگردد متوجه میشود قوم خدای دیگری را پرستش می کنند عصبانی شده لوح را می شکند اما باز خداوند موسی را می بخشد چون موسی را دوست دارد ودوباره لوح های سنگی را می نویسد و به موسی می دهد.

* موسی قوم را تهدید می کند که اگر توبه نکنید خدا همه شما را خواهد کشت یا توبه کنید یا همگی کشته خواهید شد؛ قوم بنی اسرائیل هم که پی بردند این خدا تعارف و رحم ندارد به زور توبه می کنند و موسی دوباره ده فرمان را از خدا دریافت و نزد قوم بر می گردد.

* خداوند می گوید : اکنون که قوم به دیدن من نیامدند من خود در بین قوم ساکن خواهم شد (اینها همه بهانه هستند خداوند می خواهد در بین قوم باشد و با قوم در رفت و آمد باشد) پس برای من با مشخصات خاص خیمه بساز، من به دیدن قوم بنی اسرائیل می آیم، و خدا در آن خیمه ساکن می شود خدا می گوید من با شما می مانم و تحت هر شرایطی از شما محافظت می کنم زیرا شما فرزندان من هستید.

* و اینجا خداوند احکام شریعت را به قوم بنی اسرائیل می دهد(باید و نبایدها - امر و نهی- نحوه عبادت ها و قربانی کردن ها و...)

* سرانجام قوم بعد از گذشتن از بیابان سینا به سرزمین موعود می رسند.

خداوند می گوید : من این سرزمین را به شما دادم حالا شمشیر به دست بگیرید و ساکنان آن را بکشید و بیرون کنید و نترسید چون من پیشاپیش شما هستم و برای شما می جنگم تا همه کنعانیان و فلسطینیان کشته شوند (آیا خدا می خواهد نسل کشی کند؟؟؟)

* موسی قوم بنی اسرائیل را از مصر بیرون آورد؛ اما قوم بنی اسرائیل که از خداوند می ترسیدند و به خدا اعتماد نداشتند پس وارد جنگ نمی شوند، چون همه تحت سلطه شیطان بودند و به خدا شک داشتند و اینجاست که خداوند از قوم ناراحت شده و سرزمین موعود به آنها داده نمی شود و می گوید حق ورود به این سرزمین را ندارید و قوم را ۴۰ سال در بیابان سرگردان می مانند و خدا در یک خیمه در بین قوم ساکن است، در واقع خداوند طرح و برنامه دارد و در این ۴۰ سال زمان تعلیم قوم بنی اسرائیل است ۴۰ سال لازم بود که شریعت را به آنها آموزش دهد

و طی این ۴۰ سال خداوند به قوم بنی اسرائیل روزی و غذا می داد. قوم دانه ها و گیاهانی که در بیابان بودند مانند گندم که آنها را جمع می کردند و آسیاب می کردند و خدا به آنها نان می داد

نکته اول :در واقع خداوند می خواهد سرزمینی را بسازد که فقط قوم بنی اسرائیل در آن ساکن باشند

نکته دوم : اما همه اینها یک پروسه ای است که از زمان آدم تا زمان مسیح ادامه می یابد و کم کم همه مراحل طی می شوند و یک مسیر و داستانی طی می شود که همه تحت اراده و خواست خداوند است

و نکته سوم : خداوند فقط به فرزندانش محبت دارد مانند مادری که مهر و محبت دارد اما فقط نسبت به فرزندان خود، خدا می گوید : یا تو فرزند خدا هستی و این را قبول داری یا نداری که فرزند خدا نیستید و محبتی وجود ندارد

نکته چهارم :پس ۴۰ سال لازم بود که قوم بنی اسرائیل تعلیم دیده و شریعت را کامل دریافت کنند.

آیات تکمیلی فصل دوازدهم :

آیات مربوط به غذا دادن در بیابان :

«نان من و بلدرچین :- قوم اسرائیل از ایلیم کوچ کردند و به صحرای سین که بین ایلیم و کوه سینا بود رفتند. روزی که به آنجا رسیدند روز پانزدهم ماه دوم بعد از خروج ایشان از مصر بود

- در آنجا بنی اسرائیل باز از موسی و هارون گله کرده

- گفتند : ای کاش در مصر می ماندیم و همانجا خداوند ما را می کشت. آنجا در کنار دیگ های گوشت می نشستیم و هر قدر می خواستیم می خوردیم ، اما حالا در این بیابان سوزان که شما، ما را به آن کشانیده اید بزودی از گرسنگی خواهیم مرد.

- آنگاه خداوند به موسی فرمود: حال از آسمان برای ایشان نان می فرستم . هر کس بخواهد می تواند بیرون برود و هر روز نان خود را برای همان روز جمع کند به این وسیله آنها را آزمایش می کنیم تا ببینیم آیا از دستورات ما پیروی می کنند یا نه »

(خروج فصل ۱۶)

فصل سیزدهم: ده فرمان

«۱. و خدا تکلم فرمود و همه این کلمات را بگفت :

۲.من خداوند خدای تو هستم همان خدایی که تو را از اسارت و بندگی مصر آزاد کرد

۳.تو را خدایان دیگر غیر از من نباشد.

۴.هیچگونه بتی را به شکل حیوان یا ماهی یا پرنده برای خود درست نکن

۵. در برابر آنها زانو نزن و آنها را پرستش نکن ؛ زیرا من که خداوند خدای تو می باشم خدای غیوری هستم و کسانی را که با من دشمنی کنند را مجازات می کنم

۶.و تا هزار نسل بر آنانی که مرا دوست دارند و احکام را نگاه دارند رحمت می کنم.

۷.نام خداوند خدای را به باطل مبر ، زیرا خداوند کسی را که اسم او را به باطل ببرد بی گناه نخواهد شمرد

۸.روز سبت (شنبه) را یاد کن تا آن را تقدیس نمایی

۹.شش روز مشغول باش و همه کارهای خود را بجا آور

۱۰.اما روز هفتمین ، روز خدای توست در آن هیچ کار مکن

۱۱.زیرا که در شش روز خداوند آسمان و زمین و دریا و آنچه را که در آنهاست بساخت ، و در روز هفتم آرام گرفت

۱۲.به پدر و مادر خود احترام بگذار

۱۳.قتل مکن

۱۴.زنا مکن

۱۵.دزدی مکن

۱۶.بر همسایه خود شهادت دروغ مده

۱۷.و به همسایه خود و اموال او طمع مکن

۱۸.و قوم بنی اسرائیل چون رعد و برق و زبانه های آتش و کوه را که پر از دود بود دیدند ترسیدند و بر خود لرزیدند و از دور بایستادند

۱۹. وبه موسی گفتند : تو با ما سخن بگو و خواهم شنید ، اما خدا به ما نگوید ، مبادا بمیریم

۲۰. موسی به قوم گفت : مترسید زیرا خداوند پیش روی شماست که گناه نکنید

۲۲. و خداوند به موسی گفت : به بنی اسرائیل چنین بگو خدایان نقره و طلا برای خود مسازید

و......

(خروج ۲۰: ۱- ۲۲)

توضیحات :

زمانی که موسی بر بالای کوه سینا برای ملاقات با خداوند رفت ، احکام شریعت را که یهوه بر دو لوح سنگی نگاشته بود از خداوند دریافت کرد ؛ خداوند ۶۱۳ فرمان (شریعت) را بر لوح به موسی داد؛ این فرمان ها محور شریعت یهود است و تمام احکام شریعت ریشه در همین فرمان ها دارند.

فصل چهاردهم: قوم بنی اسرائیل

* ابراهیم پدر بزرگ یعقوب است و یعقوب پدر یوسف و پدر قوم بنی اسرائیل است و قوم بنی اسرائیل از نسل ۱۲ فرزند یعقوب هستند که ۴۰۰ سال در مصر بودند و توسط موسی از مصر بیرون آورده شدند.

* ۴۰ سال در بیابان سرگردان بودند و به دلیل سرپیچی از دستورات خداوند چهل سال در بیابان سرگردان بودند؛ در واقع این هم جزو طرح و برنامه خداوند است که چهل لازم بود که شریعت را به بنی اسرائیل آموزش دهد و چهل سال لازم بود که قوم بنی اسرائیل احکام و شریعت را یاد بگیرند .پس زمانی لازم بود که شریعتی که توسط خداوند به موسی داده شد را به قوم تعلیم دهد و شریعت را کامل دریافت کنند

* و آموزش قوم با آمدن ۶۱۳ شریعت توسط موسی آغاز شد که یکی از احکام قربانی نکردن فرزندان بود و حدود۸۰۰ سال طول کشید تا قوم بنی اسرائیل از قربانی کردن فرزندان خود دست بکشند.

* ۱۵۰۰ سال از زمان ابراهیم تا زمان عیسی مسیح، قوم تحت آموزش بودند که دیگر کسی به سمت بت برستی و قربانی کردن فرزندان برنگردد.پس یک پروسه ی ۱۵۰۰ ساله برای تعلیم قوم طی شد.

* قوم بنی اسرائیل هشتصد- نهصد سال درگیر مخالفت با خداوند هستند و یک پروسه طولانی از توبه – سرکشی را پشت سر گذاشتند.

* خداوند در زمان عهد عتیق (قوم بنی اسرائیل) ایشان را به وسیله ستونی از ابر در روز و ستونی آتش در شب هدایت می کرد یعنی خداوند به شکل ابر و آتش ظاهر می شد.

* چرا خداوند در ستون ابر و آتش و رعد و برق و صاعقه خود را نشان می دهد ؟چون در آن زمان مردم باید که یک چیز ماورالطبیعه می دیدند که بپذیرند و ایمان بیاورند و خداوند به شکلی خود را نمایان می کند که قابل پذیرش باشد . خداوند خود را به شکلی ترسناک نمودار می کرد که بپذیرند و اطاعت کنند.

* از زمان ابراهیم که پدر جد قوم بنی اسرائیل است تا زمان ظهور عیسی ۱۵۰۰ سال زمان لازم بود تا این قوم به آمادگی برسند تا خداوند بتواند خود را به آن شکلی که هست معرفی کند.اما در زمان قوم بنی اسرائیل باید حتما چیز عجیب و ترسناکی باشد تا بپذیرند و قبول کنند

* از دیگر ویژگی های عهد قدیم این بود که خدایی را که خون و قربانی کردن نمی خواست را خدا نمی دانستند و قربانی کردن و خون ریختن برای خداوند جزو عقاید دینی شان بود.

اما کم کم خداوند به مرور زمان با آموزش؛ ابتدا خون ریختن و قربانی کردن فرزندان و سپس ریختن خون حیوانات را منسوخ کرد؛اگر یکباره خون ریختن را برمی داشت مردم عهد قدیم او را به خدایی نمی پذیرفتند خدای عهد قدیم خدایی خونریز وبی رحم است و خون ریختن آنقدر در ذهن مردم نفوذ داشت که جزو جدایی ناپذیر ادیان بود . و مردم اعتقاد اعتیادگونه به خون ریختن و قربانی کردن برای خدایان داشتند

❋ چهارصد سال قبل از ظهور مسیح بالخره قوم بنی اسرائیل به سمتی رفتند که بارها گناه کرده و تنبیه شده بودند اما با اینکه گناهکار بودند اما هرگز به سمت بت پرستی برنگشتند.

❋ و زمان عیسی زمانی بود که خداوند خود را به شکلی که هست معرفی کند و خدایی که خالق این جهان هست قادر است خود را به هر شکلی که بخواهد نشان دهد و معرفی کند.

اما اکنون لازم نیست که طبق این ۶۱۳ احکام زندگی کنیم. الان خداوند، انسان و فرزند واقعی   می خواهد: کسی که با همه جان و دل خود خداوند را دوست داشته باشند، و خدای دیگری را نپرستد.

و خداوند در زمان عیسی و از زبان عیسی اینگونه خود را معرفی می کند: ای پدری که در آسمانی نامت مقدس باد

متن تکمیلی فصل چهاردهم:

(خدا در عهد عتیق می خواهد که از او بترسیم و اطاعت کنیم)

خروج ۱۶:۱۹ *صبح روز سوم هنگام طلوع آفتاب صدای هولناک رعد و برق شنیده شد و ابر غلیظی روی کوه پدید آمد سپس صدای بسیار بلندی چون صدای شیپور برخاست تمام قوم از ترس لرزیدند*

خروج ۱۸:۲۰ *وقتی قوم بنی اسرائیل رعد و برق و بالا رفتن دود را از کوه دیدند و صدای شیپور را شنیدند از ترس لرزیدند آنها در فاصله دور از کوه ایستادند*

خروج ۱۹:۲۰ *به موسی گفتند: تو پیام خدا را بگیر و به ما برسان و ما اطاعت می کنیم خدا مستقیما با ما صحبت نکند چون می ترسیم بمیریم*

خروج ۲۰:۲۰ *موسی گفت : نترسید چون خدا برای این نزول کرده که قدرت خود را بر شما ظاهر سازد تا از این پس از او بترسید و گناه نکنید.*

لاویان ۱۷:۲۵ *از خداوند خدای بترسید و یکدیگر را فریب ندهید*

لاویان ۳۶:۲۵ *از او هیچ سود نگیر بلکه از خدای خود بترس و بگذار برادرت با تو زندگی کند*

لاویان ۴۳:۲۵ *با ایشان با خشونت رفتار نکن و از خدای خود بترس*

لاویان ۱۶:۲۶ *آنگاه من شما را تنبیه خواهم کرد و ترس و امراض مهلک و تبی که چشمهایتان رو کور کند و عمرتان را تلف نماید بر شما خواهم فرستاد بذر خود را بیهوده خواهید داشت زیرا دشمنانتان حاصل آن را خواهند خورد*

خروج ۲۷:۲۳ *به هر سرزمینی که هجوم برید ترس خداوند بر مردمانش مستولی خواهد شد و آنها از برابر شما خواهندگریخت ...*

فصل پانزدهم: ۶۱۳ شریعت

«شما فرزندان یهوه خدای خود هستید. پس برای مردگان، خویشتن را مجروح مسازید و مابین چشمان خود را متراشید، زیرا شما برای یهوه خدایتان قومی مقدسید، و خداوند از میان تمامی قومهای روی زمین، شما را برگزیده است تا قومی که گنج اوست باشید. «هیچ چیزِ کراهت‌آور را نخورید. این است چارپایانی که می‌توانید بخورید: گاو، گوسفند، بز، آهو، غزال، گوزن، بز کوهی، بز وحشی، غزال وحشی و قوچ کوهی. هر حیوان شکافته‌سُم را از چارپایان که سُمش به دو بخش شکافته باشد و نشخوار کند، می‌توانید بخورید. اما از میان حیوانات نشخوارکننده یا شکافته‌سُم اینها را نباید خورد: شتر، خرگوش درازگوش و خرگوش کوتاه‌گوش، زیرا گرچه نشخوار می‌کنند ولی شکافته‌سُم نیستند، و از این رو بر شما حرامند؛ و خوک، زیرا گرچه شکافته‌سُم است، اما نشخوار نمی‌کند، و از این رو بر شما حرام است. گوشت چنین حیواناتی را نخورید و به لاشهٔ آنها نیز دست نزنید. «از هرآنچه در آب است، اینها را می‌توانید بخورید: هر چه را که باله و فلس دارد بخورید، اما هر چه را که باله و فلس ندارد نخورید؛ بر شما حرام است. «همهٔ مرغان طاهر را می‌توانید بخورید. اما اینها را نباید بخورید: عقاب، لاشخور و لاشخور سیاه؛ زَغَن، شاهین و شاهین به نوعش؛ هر قسم کلاغ به نوعش؛ شترمرغ، جغد، مرغ نوروزی و باز به نوعش؛ بوم، جغد بزرگ، جغد سفید، و جغد صحرایی؛ کرکس، مرغ غواص، لک‌لک و مرغ ماهیخوار به نوعش؛ هُدهُد و خفاش. همهٔ حشراتِ بالدار بر شما حرامند؛ نباید آنها را بخورید. اما همهٔ پرندگان طاهر را می‌توانید بخورید. «هیچ مُرداری را نخورید. می‌توانید آن را به غریبی که در یکی از شهرهای شماست بدهید تا بخورد، یا آن را به بیگانه‌ای بفروشید. زیرا شما برای یهوه خدایتان قومی مقدسید. «بزغاله را در شیر مادرش نپزید. «از همهٔ محصولاتِ مزرعهٔ خود که سال به سال از زمین می‌روید، حتماً ده‌یک بدهید. در حضور یهوه خدایتان، در آن مکان که او برمی‌گزیند تا نام خود را در آنجا ساکن سازد، ده‌یکِ غلّه و شراب و روغن، و نخست‌زاده‌های رمه و گلهٔ خویش را بخورید، تا بیاموزید که در همهٔ روزهای زندگی از یهوه خدایتان بترسید. و اگر راهتان دراز باشد به گونه‌ای که چون یهوه خدایتان شما را برکت دهد، نتوانید ده‌یک خود را به آنجا ببرید، زیرا آن مکان که یهوه خدایتان برمی‌گزیند تا نام خود را در آن بگذارد از شما دور است، پس آن را به پول تبدیل کنید و پول را به دست خویش گرفته، به مکانی که یهوه خدایتان برمی‌گزیند، ببرید و پول را به مصرفِ هرآنچه دلتان بخواهد برسانید، از گاو و گوسفند و شراب و مُسکِرات و هرآنچه میلتان بر آن باشد. شما و اهل خانهٔ شما در آنجا به حضور یهوه خدایتان بخورید و شادی کنید. اما لاویانی را که در شهرهای شمایند فراموش مکنید، زیرا ایشان را چون شما نصیب و میراثی نیست. «در پایان هر سه سال، تمامیِ ده‌یک محصولِ آن سالِ خود را بیاورید و در شهرهایتان ذخیره کنید تا لاویان که آنان را چون شما نصیب و میراثی

نیست، و غریبان و یتیمان و بیوه‌زنانی که در شهرهای شمایند، بیایند و بخورند و سیر شوند، تا یهوه خدایتان شما را در همهٔ کارهای دستتان که انجام می‌دهید، برکت دهد.

(تثنیه ۱۴:۱ – ۲۹)

«در پایان هر هفت سال، باید بدهیها را ببخشید. قانون بخشودگی چنین خواهد بود: هر طلبکار باید وامی را که به همسایهٔ خود داده است، ببخشد. او نباید آن را از همسایه و برادرِ خویش مطالبه کند، زیرا بخشودگیِ خداوند اعلان شده است. از بیگانه می‌توانید مطالبه کنید، اما هرآنچه از مال شما که نزد برادرتان باشد، باید آن را ببخشید. البته در میان شما نباید نیازمندی باشد، زیرا خداوند شما را در سرزمینی که یهوه خدایتان به میراث به شما می‌بخشد تا آن را تصرف کنید، به‌یقین برکت خواهد داد؛ فقط باید صدای یهوه خدای خود را به‌دقّت بشنوید و به هوش باشید تا همهٔ این فرمانها را که من امروز به شما امر می‌فرمایم، به جای آورید. زیرا یهوه خدایتان شما را چنانکه گفته است، برکت خواهد داد؛ و شما به اقوام بسیار قرض خواهید داد، ولی خود از کسی قرض نخواهید گرفت؛ بر اقوامِ بسیار حکم خواهید راند، اما ایشان بر شما حکم نخواهند راند. «اگر در میان شما، در یکی از شهرهای سرزمینی که یهوه خدایتان به شما می‌بخشد، یکی از برادرانتان نیازمند باشد، دل خود را سخت مسازید و دست خویش را به روی برادر نیازمند خود مبندید، بلکه با گشاده‌دستی، به قدر کفایت، هرآنچه نیاز دارد به او قرض بدهید. به هوش باشید که این فکرِ ناشایست به دل شما راه نیابَد که، "سال هفتم، یعنی سال بخشودگی نزدیک است،" تا بر برادر نیازمند خود با خساست نگریسته، چیزی به او ندهید، و او از دست شما نزد خداوند فریاد برآورد، و این برایتان گناه محسوب شود. بلکه باید بی‌مضایقه به او بدهید و دل شما در دادنش خساست نورزد، تا یهوه خدایتان نیز شما را در همهٔ کارهایتان و هرآنچه دست بر آن می‌گذارید، برکت دهد. زیرا نیازمند از سرزمین شما رخت نخواهد بست. از همین رو، شما را فرمان داده می‌گویم: "دست خویش را بر برادران فقیر و نیازمند خود که در سرزمین شمایند، بگشایید!" «هرگاه یکی از برادران عبرانیِ شما، خواه مرد و خواه زن، به شما فروخته شود، و شش سال شما را خدمت کند، سال هفتم او را آزاد کرده، بگذارید از نزد شما برود. بلکه فراخور برکتی که یهوه خدایتان به شما داده است، از گله و خرمن و چَرخُشتِ خود هدیه‌ای سخاوتمندانه به او بدهید. به یاد داشته باشید که شما نیز خود در سرزمین مصر غلام بودید و یهوه خدایتان شما را فدیه کرد. از آن روست که من امروز شما را چنین فرمان می‌دهم. اما اگر شما را گوید: "نمی‌خواهم از نزد شما بیرون روم،" زیرا شما و اهل خانهٔ شما را دوست

دارد و بودن با شما برایش نیکو بوده است، آنگاه دِرفشی گرفته، نرمهٔ گوش او را بَر در سوراخ کنید و او برای همیشه غلام شما خواهد بود. با کنیزتان نیز چنین کنید. چون آزادش می‌کنید که از نزد شما برود، در نظرتان سخت نباشد، زیرا طیِ شش سال به اندازهٔ دو برابر دستمزد یک کارگر شما را خدمت کرده است؛ پس یهوه خدایتان شما را در هر کاری که بکنید، برکت خواهد داد. «همهٔ نخست‌زادگان نرینه را که از رمه و گلهٔ شما زاده شوند، به یهوه خدایتان اختصاص دهید. نخست‌زادهٔ نرینهٔ گاوِ خود را به کار نگیرید و پشم نخست‌زادهٔ گوسفندتان را نچینید. بلکه شما و اهل خانهٔ شما آنها را در حضور یهوه خدایتان در مکانی که خداوند برگزیند، سال به سال بخورید. اما اگر نقصی داشته باشد، مثلاً لنگ یا کور باشد، و یا هر نقص دیگری داشته باشد، آن را برای یهوه خدایتان ذبح مکنید. بلکه آن را در شهرهای خود بخورید. اشخاص نجس و طاهر، هر دو می‌توانند از آن بخورند، چنانکه از گوشت غزال و آهو می‌خورند. اما نباید خونِ آن را بخورید، بلکه آن را همچون آب بر زمین بریزید.

«در پایان هر هفت سال، باید بدهیها را ببخشید. قانون بخشودگی چنین خواهد بود: هر طلبکار باید وامی را که به همسایهٔ خود داده است، ببخشد. او نباید آن را از همسایه و برادرِ خویش مطالبه کند، زیرا بخشودگیِ خداوند اعلان شده است. از بیگانه می‌توانید مطالبه کنید، اما هرآنچه از مال شما که نزد برادرتان باشد، باید آن را ببخشید. البته در میان شما نباید نیازمندی باشد، زیرا خداوند شما را در سرزمینی که یهوه خدایتان به میراث به شما می‌بخشد تا آن را تصرف کنید، به‌یقین برکت خواهد داد؛ فقط باید صدای یهوه خدای خود را به‌دقّت بشنوید و به هوش باشید تا همهٔ این فرمانها را که من امروز به شما امر می‌فرمایم، به جای آورید. زیرا یهوه خدایتان شما را چنانکه گفته است، برکت خواهد داد؛ و شما به اقوام بسیار قرض خواهید داد، ولی خود از کسی قرض نخواهید گرفت؛ بر اقوامِ بسیار حکم خواهید راند، اما ایشان بر شما حکم نخواهند راند. «اگر در میان شما، در یکی از شهرهای سرزمینی که یهوه خدایتان به شما می‌بخشد، یکی از برادرانتان نیازمند باشد، دل خود را سخت مسازید و دست خویش را به روی برادر نیازمند خود مبندید، بلکه با گشاده‌دستی، به قدر کفایت، هرآنچه نیاز دارد به او قرض بدهید. به هوش باشید که این فکرِ ناشایست به دل شما راه نیابَد که، "سال هفتم، یعنی سال بخشودگی نزدیک است،" تا بر برادر نیازمند خود با خساست نگریسته، چیزی به او ندهید، و او از دست شما نزد خداوند فریاد برآورد، و این برایتان گناه محسوب شود. بلکه باید بی‌مضایقه به او بدهید و دل شما در دادنش خساست نورزد، تا یهوه خدایتان نیز شما را در همهٔ کارهایتان و هرآنچه دست بر آن می‌گذارید، برکت دهد. زیرا نیازمند از سرزمین شما رخت نخواهد بست. از همین رو، شما را فرمان داده می‌گویم: "دست خویش را بر برادران فقیر و نیازمند خود که

در سرزمین شمایند، بگشایید!“ «هرگاه یکی از برادران عبرانیِ شما، خواه مرد و خواه زن، به شما فروخته شود، و شش سال شما را خدمت کند، سال هفتم او را آزاد کرده، بگذارید از نزد شما برود. بلکه فراخور برکتی که یهوه خدایتان به شما داده است، از گله و خرمن و چَرخُشتِ خود هدیه‌ای سخاوتمندانه به او بدهید. به یاد داشته باشید که شما نیز خود در سرزمین مصر غلام بودید و یهوه خدایتان شما را فدیه کرد. از آن روست که من امروز شما را چنین فرمان می‌دهم. اما اگر شما را گوید: ”نمی‌خواهم از نزد شما بیرون روم“ زیرا شما و اهل خانهٔ شما را دوست دارد و بودن با شما برایش نیکو بوده است، آنگاه دِرفشی گرفته، نرمهٔ گوش او را بَر در سوراخ کنید و او برای همیشه غلام شما خواهد بود. با کنیزتان نیز چنین کنید. چون آزادش می‌کنید که از نزد شما برود، در نظرتان سخت نباشد، زیرا طیِ شش سال به اندازهٔ دو برابر دستمزد یک کارگر شما را خدمت کرده است؛ پس یهوه خدایتان شما را در هر کاری که بکنید، برکت خواهد داد. «همهٔ نخست‌زادگان نرینه را که از رمه و گلهٔ شما زاده شوند، به یهوه خدایتان اختصاص دهید. نخست‌زادهٔ نرینهٔ گاوِ خود را به کار نگیرید و پشم نخست‌زادهٔ گوسفندتان را نچینید. بلکه شما و اهل خانهٔ شما آنها را در حضور یهوه خدایتان در مکانی که خداوند برگزیند، سال به سال بخورید. اما اگر نقصی داشته باشد، مثلاً لنگ یا کور باشد، و یا هر نقص دیگری داشته باشد، آن را برای یهوه خدایتان ذبح مکنید. بلکه آن را در شهرهای خود بخورید. اشخاص نجس و طاهر، هر دو می‌توانند از آن بخورند، چنانکه از گوشت غزال و آهو می‌خورند. اما نباید خونِ آن را بخورید، بلکه آن را همچون آب بر زمین بریزید.

«گاو یا گوسفندی را که در آن هر گونه عیب و نقصی باشد برای یهوه خدایتان ذبح مکنید، زیرا یهوه خدایتان از آن کراهت دارد. «هرگاه در میان شما، در یکی از شهرهایی که یهوه خدایتان به شما می‌دهد، مرد یا زنی یافت شود که آنچه را که در نظر یهوه خدایتان بد است به جا آورده، از عهد او تجاوز نماید، و بر خلاف فرمان من رفته خدایانِ غیر، یا خورشید و ماه، و یا یکی از لشکریان آسمان را عبادت و سَجده کند، و به شما خبر دهند و دربارهٔ آن بشنوید، آنگاه خوب تفحص کنید، و اگر راست و یقین باشد که چنین عمل کراهت‌آوری در اسرائیل رخ داده است، آنگاه مرد یا زنی را که مرتکب این شرارت شده است بیرون آورده، در کنار دروازهٔ شهر به سنگها سنگسار کنید تا بمیرد. با گواهی دو یا سه شاهد، شخصِ مستوجب مرگ، کشته شود؛ با گواهی یک شاهد کشته نشود. نخست شاهدان دست به کشتن او بلند کنند، سپس دستان تمامی قوم بر او بلند شود. بدین‌گونه بدی را از میان خود خواهید زدود. «اگر مرافعه‌ای نزد دروازه‌های شما آورده شود که حکم دربارهٔ آن برای شما مشکل باشد، خواه

قتل باشد، خواه دعوی، خواه ضرب، آنگاه برخاسته به مکانی که یهوه خدایتان برمی‌گزیند، بروید. نزد لاویانِ کاهن و قاضیِ وقت رفته از آنها مشورت بخواهید و ایشان فتوا را به شما اعلام خواهند کرد. مطابق فتوایی که ایشان از مکان برگزیدهٔ خداوند به شما اعلام می‌کنند، عمل کنید. به هوش باشید تا بر طبق هرآنچه به شما حکم می‌کنند، به جا آورید. مطابق شریعتی که به شما می‌دهند و حکمی که به شما اعلام می‌کنند، عمل نمایید و از فتوای ایشان به راست یا چپ منحرف مشوید. آن که خودسرانه عمل کرده، به کاهنی که آنجا در حضور یهوه خدای شما به خدمت می‌ایستد، و یا به داور، گوش نسپارد، آن شخص باید کشته شود. بدین‌گونه بدی را از میان اسرائیل خواهید زدود و همهٔ مردم شنیده، خواهند ترسید و دیگر هرگز خودسرانه عمل نخواهند کرد. «چون به سرزمینی که یهوه خدایتان به شما می‌دهد، درآیید و آن را به تصرف آورده، در آن ساکن شوید و بگویید: "ما نیز همچون دیگر اقوامِ پیرامونمان پادشاهی بر خود بگماریم،" در آن صورت، حتماً پادشاهی را که یهوه خدایتان برگزیند، بر خود بگمارید. یکی از برادرانتان را بر خود پادشاه بسازید؛ مرد اجنبی را که از برادرانتان نیست نمی‌توانید بر خود بگمارید. اما او نباید اسبانِ بسیار برای خود فراهم آورد، یا قوم را برای فراهم آوردن اسبان بیشتر به مصر باز فرستد؛ زیرا خداوند به شما گفته است که، "دیگر هرگز بدان راه بازنگردید." نیز نباید زنان بسیار برای خود بگیرد، مبادا دلش منحرف شود. همچنین سیم و زر بسیار برای خود فراهم نیاورد. «و چون بر تختِ پادشاهی خود نشیند، رونوشتی از این شریعت را چنانکه نزد لاویانِ کاهن است، بر طوماری برای خود بنویسد. و آن نزد او باشد، و همهٔ روزهای عمرش آن را بخواند، تا بیاموزد که از یهوه خدای خود بترسد، و همهٔ کلمات این شریعت و این فرایض را نگاه داشته، به عمل آورد؛ تا دل او بر برادرانش مغرور نشود، و از این فرامین به طرف راست یا چپ منحرف نگردد، و تا ایام طولانی در اسرائیل پادشاهی کند،هم او و هم پسرانش.

«لاویانِ کاهن، و به‌واقع، همهٔ قبیلهٔ لاوی را نصیب و میراثی با اسرائیل نخواهد بود. میراث ایشان آن است که از هدایای اختصاصی خداوند بخورند. آری، ایشان را در میان برادرانشان میراثی نیست، زیرا خداوند میراث ایشان است، چنانکه بدیشان وعده فرمود. این است حق کاهنان از قوم، یعنی از آنان که قربانی، خواه از گاو و خواه از گوسفند تقدیم می‌کنند: آنان باید شانه، دو بناگوش و شکمبه را به کاهنان بدهند. همچنین نوبر غلات و شراب تازه و روغن، و اوّل‌چینِ پشم گوسفندان خود را به ایشان بدهید، زیرا یهوه خدایتان لاوی را از میان همهٔ قبایل شما برگزیده است تا او و پسرانش همواره در نام خداوند به خدمت بایستند. «هرگاه یکی از لاویان، از یکی از

شهرهای شما، از هر جایی در اسرائیل که محل سکونت اوست، به میل خود به مکانی که خداوند برمی‌گزیند برود، و همچون دیگر برادران لاوی خود که در آنجا در حضور خداوند به خدمت می‌ایستند، به نام یهوه خدای خود خدمت کند، او نیز می‌تواند از سهم برابر خوراک برخوردار شود، صرف‌نظر از پولی که از فروش اموال خانوادگی خود عایدش شده باشد. «چون به سرزمینی که یهوه خدایتان به شما می‌دهد، درآیید، نباید آداب و رسوم کراهت‌آور اقوام آنجا را بیاموزید. در میان شما کسی یافت نشود که پسر یا دختر خود را بر آتش قربانی کند، و نه فالگیر یا غیبگو، و نه افسونگر یا جادوگر یا ساحِر، و نه مشورت‌کننده با ارواح، یا رَمال و یا کسی که با مردگان گفتگو کند. زیرا هر که این کارها را می‌کند، خداوند از او کراهت دارد، و به سبب همین اعمال قبیح است که یهوه خدایتان این اقوام را از برابر شما بیرون می‌رانَد. شما در حضور یهوه خدایتان بی‌عیب باشید، زیرا این اقوام که شما سرزمینشان را تصرف خواهید کرد، به سخنِ غیبگویان و فالگیران گوش فرا می‌دهند. اما در خصوص شما، یهوه خدایتان اجازه نمی‌دهد چنین کنید. «یهوه خدایتان، از میان شما، پیامبری همانند من، از برادرانتان، برای شما بر خواهد انگیخت؛ به اوست که باید گوش فرا دهید، چنانکه در حوریب، در روز گردهم‌آیی از یهوه خدای خود درخواست کرده، گفتید: "صدای یهوه خدای خود را دیگر نشنویم و این آتش عظیم را نبینیم، مبادا بمیریم." پس خداوند به من گفت: "آنچه می‌گویند نیکوست. نبی‌ای برای ایشان از میان برادرانشان همچون تو بر خواهم انگیخت و کلام خود را در دهان وی خواهم نهاد، تا هرآنچه به او فرمان می‌دهم به ایشان بازگوید. هر که سخنان مرا که او به نام من خواهد گفت نشنود، من خود از او بازخواست خواهم کرد. اما اگر نبی‌ای خودسرانه به نام من سخنی بگوید که من به گفتنش فرمان نداده‌ام، یا به نام خدایانِ غیر سخن گوید، آن نبی باید کشته شود." ممکن است با خود بگویید: "سخنی را که خداوند نگفته است چگونه تشخیص دهیم؟" هنگامی که نبی‌ای به نام خداوند سخن می‌گوید، اگر کلام او به انجام نرسد و واقع نشود، کلام او از طرفِ خداوند نبوده، بلکه نبی خودسرانه آن را گفته است. پس از او مترسید.

«آنگاه که یهوه خدایتان اقوامی را که سرزمینشان را به شما می‌دهد منقطع سازد، و شما وارث ایشان شده، در شهرها و خانه‌هایشان ساکن شوید، سه شهر در سرزمینی که یهوه خدایتان به شما به ملکیت می‌دهد، برای خود جدا کنید. فاصله‌ها را اندازه بگیرید و سرزمینی را که یهوه خدایتان به شما به ملکیت می‌دهد به سه قسمت تقسیم کنید، تا هر قاتلی بتواند به آنجا بگریزد. «این است حکم قاتلی که با گریختن به آنجا زنده می‌ماند: هرگاه کسی

نادانسته همنوع خود را بکشد، بی‌آنکه با او دشمنیِ قبلی داشته باشد. برای مثال، کسی که با همسایهٔ خود برای بریدن درخت به جنگل برود، و هنگامی که با دستش تبر را برای قطع کردن درخت بلند می‌کند، سَرِ تبر از دسته جدا شده به همسایه‌اش برخورَد و او بمیرد. چنین کسی می‌تواند با گریختن به یکی از این شهرها زنده بماند، مبادا خونخواهِ مقتول در شدت خشم خود قاتل را تعقیب کرده، به سبب راه طولانی، به او برسد و او را بکشد، حال آنکه سزاوار مرگ نبوده زیرا پیشتر بر مقتول بُغض نداشته است. از این رو به شما فرمان می‌دهم که سه شهر برای خود جدا کنید. اگر یهوه خدایتان، همان‌گونه که برای پدرانتان سوگند خورد، حدود شما را وسیع گردانید و تمامی سرزمینی را که به پدرانتان وعده داده بود، به شما بخشید - مشروط به آن که همهٔ فرامینی را که امروز به شما امر می‌فرمایم به‌دقّت به جای آرید، یعنی یهوه خدای خود را دوست داشته، پیوسته در راه او گام بردارید - آنگاه سه شهر دیگر نیز بر این سه بیفزایید، تا خون ناحق در سرزمینی که یهوه خدایتان به شما به میراث می‌دهد ریخته نشود، و خون کسی بر گردن شما نباشد. «اما اگر کسی از همسایهٔ خویش کینه داشته، در کمین وی باشد و بر وی حمله آورده، او را به ضربِ کشنده بزند که بمیرد، و به یکی از این شهرها بگریزد، آنگاه مشایخ شهرش فرستاده، او را از آنجا بگیرند و به خونخواهِ مقتول تسلیم کنند تا کشته شود. چشم تو بر او ترحم نکند. بر شماست که لکهٔ خونِ ناحق را از میان اسرائیل پاک کنید تا برای شما نیکو باشد. «در سرزمینی که یهوه خدایتان برای تصرف به شما می‌دهد، دِر مِلکی که به دست خواهید آورد، مرز همسایهٔ خویش را که پیشینیان نهاده‌اند، تغییر ندهید. «شهادت تنها یک تن علیه کسی، برای اثبات هیچ جرم یا گناهی، از هر قبیل کارِ خلاف که شخص مرتکب شده باشد، کافی نیست. به گواهی دو یا به گواهی سه شاهد هر سخنی ثابت خواهد شد. هرگاه شاهدی مُغرِض بر کسی برخاسته، او را به ارتکاب جرمی متهم کند، آنگاه هر دو طرفِ دعوا باید در پیشگاه خداوند، نزد کاهنان و داورانی که در آن زمان بر سر کارند، حاضر شوند. داوران باید به‌دقّت تفحص کنند، و اگر شاهد، شاهدی دروغین است و به دروغ بر ضد برادرش شهادت داده است، آنگاه با وی همان کنید که قصد داشت با همنوعش کند. بدین‌گونه بدی را از میان خود خواهید زدود و دیگران شنیده، خواهند ترسید، و دیگر هرگز مرتکب چنین عمل زشتی در میان شما نخواهند شد. چشم تو ترحم نکند: جان به عوض جان باشد، چشم به عوض چشم، دندان به عوض دندان، دست به عوض دست، و پا به عوض پا.

«چون برای جنگ با دشمن خود بیرون روید، اگر اسبان و ارابه‌ها و لشکریانشان را فزونتر از خود یافتید از ایشان مترسید، زیرا یهوه خدایتان که شما را از سرزمین مصر بیرون آورد، با شماست. چون به جنگ نزدیک شوید، کاهن پیش آمده با مردم سخن بگوید و ایشان را گوید: "ای اسرائیل گوش فرا دهید! شما امروز به جنگ دشمنان خود بیرون می‌روید. دل شما ضعف نکند. از آنان ترسان و لرزان و هراسان مباشید. زیرا آن که با شما می‌رود تا برای شما با دشمنانتان بجنگد و به شما پیروزی ببخشد، یهوه خدای شماست." سپس صاحبمنصبان به مردم چنین بگویند: "کیست آن که خانه‌ای نو بنا کرده و هنوز آن را وقف نکرده است؟ او روانه شده، به خانهٔ خود بازگردد، مبادا در جنگ بمیرد و دیگری آن را وقف کند. و کیست آن که تاکستانی غرس کرده و هنوز از میوهٔ آن بهره‌مند نشده است؟ او روانه شده، به خانه‌اش بازگردد، مبادا در جنگ بمیرد و دیگری از میوهٔ آن بهره‌مند شود. و کیست آن که با دختری نامزد کرده اما هنوز او را به زنی نگرفته است؟ او نیز روانه شده، به خانه‌اش بازگردد، مبادا در جنگ بمیرد و دیگری نامزدش را به زنی بگیرد." و صاحبمنصبان ادامه داده، بگویند: "کیست آن که ترسان بوده، دلش ضعف کرده است؟ او روانه شده، به خانه‌اش بازگردد، تا دل برادرانش نیز مانند دل او گداخته نشود." چون صاحبمنصبان سخن خود را با مردم به پایان رسانند، سرداران لشکر بر مردم نصب شوند. «هرگاه به شهری نزدیک شوید تا با آن بجنگید، بدان پیشنهاد صلح بدهید. اگر به شما پاسخ صلح‌آمیز داد و دروازه‌های خود را بر شما گشود، آنگاه مردمانی که در آن یافت شوند، جملگی به کار اجباری برای شما گماشته شوند و شما را خدمت کنند. ولی اگر با شما از در صلح درنیایند بلکه به جنگ داخل شوند، پس آن را محاصره کنید. و چون یهوه خدایتان آن را به دست شما تسلیم کرد، تمامی مردانش را به دَمِ شمشیر بکشید. اما زنان و کودکان و چارپایان و هرآنچه در شهر باشد، یعنی جمله غنیمتش را برای خود به تاراج برید و از غنائمِ دشمنان خود که یهوه خدایتان به شما بخشیده است، بهره‌مند شوید. با همهٔ شهرهایی که از شما بسیار دورند و از شهرهای اقوام اینجا نیستند، چنین عمل کنید. اما از شهرهای اقوام اینجا که یهوه خدایتان به شما به ملکیت می‌دهد، هیچ ذی‌نَفَسیی را زنده مگذارید. بلکه ایشان را، یعنی حیتّیان و اَموریان و کنعانیان و فِرِزّیان و حِویان و یِبوسیان را، بنا بر آنچه یهوه خدایتان به شما فرمان داده است، به نابودی کامل بسپارید، تا نتوانند به شما بیاموزند که بر طبق همهٔ کارهای کراهت‌آوری که ایشان برای خدایان خویش انجام می‌دهند، عمل کنید و به یهوه خدای خود گناه ورزید. «هرگاه شهری را روزهای بسیار محاصره کرده، برای تصرف آن می‌جنگید، با فرود آوردن تبر بر درختان آنجا نابودشان مکنید. می‌توانید از میوهٔ آنها بخورید، اما نباید آنها را قطع کنید. آیا درختان صحرا انسانند که آنها را محاصره کنید؟ فقط

درختانی را که می‌دانید برای خوراک نیست می‌توانید از میان برده، قطع کنید و بر ضد شهری که با شما می‌جنگد سنگر بسازید تا زمانی که سقوط کند.

(تثنیه ۱:۲۰ - ۲۰)

«اگر در سرزمینی که یهوه خدایتان به شما می‌دهد تا آن را به تصرف آورید، جسد مقتولی در صحرا پیدا شود، و معلوم نباشد که قاتل او کیست، آنگاه مشایخ و داوران شما بیرون آمده، فاصلهٔ جسد را تا شهرهای اطراف بپیمایند. مشایخ شهر گوساله را به وادی‌ای که آبِ روان در آن باشد و در آن شخم نزده و کشت نکرده باشند، فرود آورند و آنجا در وادی گردن گوساله را بشکنند. سپس کاهنان قبیلهٔ لاوی پیش آیند، زیرا یهوه خدای شما ایشان را برگزیده است تا او را خدمت کنند و به نام خداوند برکت دهند، و با کلام آنها هر مشاجره و تَعَرّضی فیصله یابد. همهٔ مشایخ شهری که نزدیکتر به جسد مقتول است دستان خود را بر گوساله‌ای که گردنش در آن وادی شکسته شده است، بشویند و شهادت داده، بگویند: "دستان ما این خون را نریخته و چشمان ما آن را ندیده است. ای خداوند، این کفّاره را به جهتِ قوم خود اسرائیل که فدیه داده‌ای بپذیر و خون ناحق را به حساب قوم خود اسرائیل مگذار." بدین‌گونه، گناه آن خون بر آنها کفّاره خواهد شد. پس شما لکهٔ خونِ ناحق را از میان خود پاک خواهید کرد، آنگاه که آنچه را در نظر خداوند درست است به جای آرید. «هرگاه برای جنگ با دشمنان خود بیرون روید و یهوه خدایتان آنان را به دستان شما تسلیم کند و شما ایشان را اسیر سازید، اگر در میان اسیران زنی خوش‌سیما یافته، مجذوب او شوی و بخواهی او را به زنی بگیری، می‌توانی او را به خانهٔ خود ببری. او سر خود را بتراشد و ناخنهایش را کوتاه کند، و جامهٔ اسیری خود را بیرون کرده، در خانهٔ تو بماند و برای پدر و مادرش یک ماه ماتم بگیرد. سپس با او همبستر شده، شوهرِ او باش و او همسر تو. و چنانچه از او خرسند نباشی، آزادش کن تا به هر جا که دلش بخواهد، برود. نباید او را در ازای پول بفروشی یا چون برده با او رفتار کنی، از آن رو که وی را خوار کرده‌ای. «هرگاه مردی را دو زن باشد، یکی محبوب و دیگری نامحبوب، و هر دو زن برایش پسران بزایند، هم زن محبوب و هم نامحبوب، اگر پسر نخست‌زاده از زن نامحبوب باشد، روزی که دارایی خود را میان پسرانش تقسیم می‌کند، نمی‌تواند حق نخست‌زادگی را به جای پسر زن نامحبوب، به پسر زن محبوبش بدهد. بلکه باید پسرِ زن نامحبوب را نخست‌زادهٔ خود شناخته، سهم دو برابر از تمامی دارایی خود به او بدهد، زیرا نخستین ثمرهٔ قدرت پدرش است و حق نخست‌زادگی از آنِ اوست. «اگر کسی را پسری لجوج و سرکش باشد که به سخن پدر و مادر خویش گوش فرا

ندهد، و هرچند تأدیبش کنند ایشان را نشنود، پدر و مادرش او را گرفته، نزد مشایخ شهر به دروازهٔ محله‌اش ببرند، و به مشایخ شهرش بگویند: "این پسر ما لجوج و سرکش است، سخن ما را نمی‌شنود و بی‌بند و بار و میگسار است." آنگاه تمامی مردان شهر، او را به سنگ سنگسار کنند تا بمیرد. بدین‌گونه بدی را از میان خود خواهید زدود، و تمامی اسرائیل شنیده، خواهند ترسید. «هرگاه مردی مرتکب جرمی شود که سزاوار مرگ باشد و کشته شود، و او را بر دار کشیده باشی، جسدش در طول شب بر دار نماند، بلکه او را همان روز به خاک بسپارید؛ زیرا آن که بر دار آویخته شود، ملعون خداست. پس سرزمینی را که یهوه خدایتان به شما به ملکیت می‌بخشد، نجس مسازید.

«اگر گاو یا گوسفند برادر خود را سرگردان دیدی، به آن بی‌اعتنا مباش، بلکه حتماً آن را به برادرت بازگردان. اگر برادرت به تو نزدیک نباشد یا او را نشناسی، آن را به خانهٔ خود ببر و نزد تو بماند تا هنگامی که برادرت به جستجوی آن برآید، آنگاه حیوان را به او بازگردان. با الاغش نیز چنین کن، و نیز با جامه یا هر چیز دیگر برادرت که گم شده باشد و تو آن را بیابی. به آن بی‌اعتنا مباش. اگر دیدی الاغ یا گاو برادرت در راه افتاده است، به آنها بی‌اعتنا مباش، بلکه حتماً در بلند کردن آنها یاری‌اش کن. «زن نباید جامهٔ مردانه بر تن کند، و نه مرد جامهٔ زنانه. زیرا یهوه خدای شما از آنان که چنین کنند کراهت دارد. «هرگاه در راه به آشیانهٔ پرنده‌ای بر هر درختی یا بر زمین برخوردی که در آن جوجه‌ها یا تخمها بود و پرندهٔ مادر را دیدی که روی جوجه‌ها یا تخمها نشسته است، مادر را با جوجه‌ها مگیر. بلکه جوجه‌ها را برای خود گرفته، مادر را رها کن، تا برای تو نیکو شود و عمر دراز کنی. «چون خانهٔ نو بنا می‌کنی، دیوار کوتاهی بر لبهٔ بام خانه‌ات بساز مبادا کسی از بام به زیر افتد و خونش دامنگیر خانهٔ تو شود. «در تاکستان خود دو نوع بذر مکار، مبادا تمامی محصولت تباه شود، هم بذری که کاشته‌ای و هم محصول تاکستانت. گاو و الاغ را با هم برای شخم‌زنی به کار مگیر. جامه‌ای را که در آن هم پشم به کار رفته و هم کتان، بر تن مکن. «بر چهارگوشهٔ جامه‌ای که خود را به آن می‌پوشانی، منگوله‌ها بساز. «اگر مردی برای خود زنی بگیرد و چون بدو درآید، از او بیزار شود و به او تهمت زده، اسباب بدنامیِ وی گردد و بگوید: "این زن را گرفتم و چون به او نزدیکی کردم، او را باکره نیافتم،" آنگاه پدر و مادر آن دختر دلیل بکارت وی را نزد مشایخ به دروازهٔ شهر بیاورند. و پدر آن دختر به مشایخ بگوید: "دخترم را به این مرد به زنی دادم، و حال از او بیزار است، و اینک به او تهمت زده می‌گوید: 'دخترت را باکره نیافتم؛' و حال آنکه این است دلیل بکارت دخترم." و پارچه را در حضور مشایخ شهر بگسترانند. آنگاه مشایخ شهر مرد را گرفته، تنبیه کنند و او را صد مثقال نقره جریمه کرده، آن را به پدر دختر

بدهند، زیرا باعث بدنام شدنِ باکره‌ای در اسرائیل شده است. او زنِ وی باقی خواهد ماند، و در تمامی عمرش نمی‌تواند دختر را رها کند. ولی اگر این اتهام حقیقت داشته باشد و دلیل بکارت دختر یافت نشود، آنگاه آن دختر را نزدِ در خانهٔ پدرش بیاورند و همشهریانش او را به سنگ سنگسار کنند تا بمیرد؛ زیرا در خانهٔ پدرش فاحشگی کرده و کاری ننگین در اسرائیل به عمل آورده است. بدین‌گونه بدی را از میان خود خواهید زدود. «اگر مردی در حال زنا با زنی شوهردار یافت شود، هر دو باید کشته شوند، هم مردی که با آن زن همبستر شده و هم آن زن. بدین‌گونه بدی را از اسرائیل خواهید زدود. «اگر مردی دختر باکره‌ای را که نامزد دارد در شهر بیابد و با او همبستر شود، هر دو را باید به دروازهٔ شهر بیرون آورده، سنگسار کنند تا بمیرند؛ دختر را از آن رو که هرچند در شهر بود فریاد برنیاورد، و مرد را از آن سبب که زن شخصی دیگر را بی‌عصمت کرده است. بدین‌گونه بدی را از میان خود خواهید زدود. «اما اگر مردی در صحرا، دختری را که نامزد دارد بیابد و او را گرفته، به‌زور با وی همبستر شود، تنها آن مرد که با او همبستر شده است کشته شود. به دختر هیچ مکنید، زیرا گناهی نکرده که مستحق مرگ باشد. این مانند آن است که کسی بر همسایه‌اش برخاسته، او را بکشد. زیرا آن مرد، دختری را که نامزد دارد در صحرا یافته و با اینکه آن دختر فریاد برآورده، برایش رهاننده‌ای نبوده است. «اگر مردی دختر باکره‌ای را که نامزد نکرده است بیابد و او را گرفته، به زور با وی همبستر شود، و گرفتار آیند، مردی که با آن دختر همبستر شده است باید پنجاه مثقال نقره به پدر دختر بپردازد، و آن دختر زن او خواهد بود، زیرا به او تجاوز کرده است. او در تمامی عمرش نمی‌تواند دختر را رها کند. «هیچ‌کس نباید زن پدر خود را به زنی گرفته، عریانی پدر خود را آشکار کند.

«مردی که بیضه‌هایش له شده و یا آلتش بریده شده باشد، نباید به جماعت خداوند داخل شود. «کسی که حرامزاده است، نباید به جماعت خداوند داخل شود؛ حتی تا پشت دهم نیز احَدی از فرزندان او نمی‌توانند به جماعت خداوند درآیند. «هیچ عَمّونی یا موآبی، نباید به جماعت خداوند داخل شود. حتی تا پشت دهم نیز، احَدی از ایشان نباید هرگز به جماعت خداوند داخل شوند. زیرا آنگاه که از مصر بیرون می‌آمدید، در راه از شما با نان و آب استقبال نکردند، و بَلعام پسر بِعور را نیز از فِتورِ بین‌النهرین اجیر کردند تا شما را لعن کند. اما از آنجا که یهوه خدایتان شما را دوست می‌داشت نخواست سخن بَلعام را بشنود، پس یهوه خدایتان لعنت او را بر شما به برکت تبدیل کرد. پس در تمامی ایام خود هرگز جویای سلامت و سعادت آنان مباشید. «از اَدومی کراهت مدار، چونکه برادر توست، و نه از مصری، زیرا که در سرزمینِ او غریب بودی. نسل سوّمِ فرزندان ایشان می‌توانند به جماعت خداوند داخل

شوند. «هنگامی که بر ضد دشمن اردو زده‌اید، خویشتن را از هر چیز بد دور نگاه دارید. «اگر در میان شما، مردی به سبب انزال شبانه نجس گردد، از اردوگاه بیرون رود. او نباید به اردوگاه درآید، اما با نزدیک شدن شب در آب غسل کند و چون آفتاب غروب کند، به اردوگاه داخل شود. «بیرون از اردوگاه مکانی داشته باشید تا برای رفع حاجت به آنجا روید. در میان اسباب خود بیلچه‌ای داشته باشید تا چون بیرون می‌نشینید، با آن زمین را بکنید و برگشته، مدفوع خود را بپوشانید. زیرا یهوه خدایتان در میان اردوگاه شما می‌خرامد تا شما را برهاند و دشمنانتان را به شما تسلیم کند؛ پس اردوگاه شما مقدس باشد، مبادا در میان شما چیزی ناپسند بیند و از شما روی‌گردان شود. «غلامی را که از ارباب خود نزد تو می‌گریزد، به اربابش تسلیم مکن. بلکه در جوار تو در میان شما ساکن شود، در مکانی که در یکی از شهرهای شما برمی‌گزینند، هر جا که او را پسند آید. بدو آزار مرسان. «از دختران اسرائیل کسی فاحشهٔ معبد بت‌پرستان نباشد، و نه از پسران اسرائیل کسی لوّاط معبد بت‌پرستان. مزد فاحشه و بهای سگ را برای هیچ نذری به خانهٔ یهوه خدایتان میاورید، زیرا که یهوه خدایتان از این هر دو کراهت دارد. «از برادر خود رِبا مگیر، خواه ربای پول، خواه ربای خوراک، خواه ربای هر چیز دیگر که به ربا داده شود. از اجنبی می‌توانی ربا بگیری، ولی نه از برادر خود، تا یهوه خدایت در سرزمینی که برای تصرف بدان داخل می‌شوی، تو را در هرآنچه دست به انجامش می‌زنی، برکت دهد. «اگر نذری برای یهوه خدایت می‌کنی، در ادای آن تأخیر مکن، زیرا یهوه خدایت به‌یقین آن را از تو مطالبه خواهد کرد، و تقصیرکار خواهی بود. اما اگر از نذر کردن اِبا کنی، تقصیرکار نخواهی بود. به‌هوش باش که آنچه از دهانت بیرون آید، به جای آوری، زیرا آنچه را که به زبان خویش قول داده‌ای، داوطلبانه برای یهوه خدایت نذر کرده‌ای. «چون به تاکستان همسایه‌ات گام می‌نهی، می‌توانی از انگور سیر بخوری، هر اندازه که می‌خواهی، اما در سبد خود چیزی مگذار. «چون به کشتزار همسایه‌ات گام می‌نهی، می‌توانی با دست خود خوشه‌هایی بچینی، اما داس بر کِشت همسایه‌ات مگذار.

«چون کسی زنی اختیار کرده، با وی ازدواج کند، و سپس در نظرش پسند نیاید از آن رو که چیزی قبیح در او بیابد، و طلاقنامه‌ای نوشته به دستش دهد و او را از خانهٔ خویش براند، و آن زن از خانهٔ وی روانه شده، برود و زن مردی دیگر شود، و شوهر دوّم نیز از او ناخشنود شده، طلاق‌نامه‌ای به دستش بدهد و او را از خانهٔ خود براَند، یا شوهر دوّم که او را به زنی گرفته است بمیرد، در آن صورت، شوهر نخست که وی را رها کرده بود، نمی‌تواند پس از نجس شدن زن، او را دیگر بار به زنی بگیرد، زیرا خداوند از این کار کراهت دارد. پس بر سرزمینی که یهوه

خدایتان به شما به میراث می‌بخشد، گناه میاورید. «مردی که به‌تازگی زن گرفته باشد، با لشکر بیرون نرود و مکلف به انجام وظیفۀ عمومی دیگری نیز نشود. او تا یک سال در خانۀ خود آزاد بماند و زنی را که گرفته است خوش بسازد. «هیچ‌کس آسیاب دستی، و یا سنگ رویین آسیاب را گرو نگیرد، زیرا این در حکم گرو گرفتن جان کسی است. «هرگاه کسی در حال رُبودن یکی از هموطنان اسرائیلیِ خود یافت شود و اگر با وی بدرفتاری کند و یا او را بفروشد، آن آدم‌رُبا باید کشته شود. بدین‌گونه بدی را از میان خود خواهید زدود. «دربارۀ بیماری جذام، به هوش باشید تا مطابق هرآنچه لاویان کاهن به شما تعلیم دهند، به‌دقّت عمل کنید. آری، مطابق آنچه بدیشان فرمان داده‌ام، به‌دقّت به عمل آورید. به یاد داشته باشید که یهوه خدایتان در راه با مریم چه کرد، آنگاه که از مصر بیرون می‌آمدید. «چون به همسایۀ خود هر گونه قرضی می‌دهی، نباید برای گرفتنِ گرو به خانۀ او داخل شوی. بلکه بیرون بایست تا کسی که به او قرض می‌دهی، گرو را نزد تو بیرون آورد. و اگر او مردی فقیر باشد، در گروِ او مخواب. بلکه هنگام غروب آفتاب گرو را به او بازگردان تا در آن بخوابد و برایت دعای خیر کند. و این در نظر یهوه خدایت برای تو پارسایی شمرده خواهد شد. «بر کارگرِ روزمزدی که فقیر و نیازمند است، خواه از برادرانت و خواه از غریبانی که در شهرهای سرزمین شما ساکنند، ظلم مکن. در همان روزِ کارش، تا آفتاب غروب نکرده، مزد او را بده، زیرا فقیر است و زندگی‌اش به همین مزد بسته است؛ مبادا بر ضد تو نزد خداوند فریاد برآوَرَد، و تقصیرکار گردی. «پدران به سبب فرزندانشان کشته نشوند، و نه فرزندان به سبب پدرانشان. هر کس برای گناه خودش کشته شود. «حق غریب یا یتیم را پایمال مکن، و جامۀ بیوه‌زن را گرو مگیر. به یاد داشته باش که خود در مصر غلام بودی و یهوه خدایت تو را از آنجا فدیه کرد؛ بنابراین، به تو فرمان می‌دهم چنین کنی. «چون محصول خود را در مزرعه‌ات درو می‌کنی، اگر بافه‌ای را در مزرعه فراموش کردی، برای برگرفتن آن باز مگرد؛ بگذار برای غریب و یتیم و بیوه‌زن باشد تا یهوه خدایت تو را در همۀ کارهای دستت برکت دهد. چون درخت زیتون خود را می‌تکانی، آن را برای بار دوّم متکان؛ بگذار برای غریب و یتیم و بیوه‌زن باشد. چون انگور تاکستان خود را می‌چینی، آن را برای بار دوّم مچین. بگذار برای غریب و یتیم و بیوه‌زن باشد. به یاد داشته باش که خود در سرزمین مصر غلام بودی. بنابراین، به تو فرمان می‌دهم چنین کنی.

«هرگاه میان مردم مرافعه‌ای باشد و به محکمه آیند و داوران میان آنها حکم کرده، بی‌گناه را تبرئه و مجرم را محکوم کنند، اگر مجرم سزاوار چوب زدن باشد، داور او را بخواباند و دستور دهد تا او را در حضورش متناسب با

جرم وی به تعداد لازم بزنند. «گاو را هنگام خرمن‌کوفتن دهان مبند. «هرگاه از برادرانی که با هم ساکنند، یکی بمیرد و او را پسری نباشد، زن متوفی نباید به شخص بیگانه در بیرون داده شود، بلکه برادر شوهرش باید به او درآمده، او را برای خود به زنی بگیرد و وظیفهٔ برادرشوهری را در حق وی به جا آورد. نخستین پسری که آن زن بزاید باید نام برادر متوفی را بر خود گیرد، تا نام او از اسرائیل محو نگردد. اما اگر آن مرد نخواهد زن برادرش را بگیرد، آنگاه زن برادرش به دروازهٔ شهر نزد مشایخ برود و بگوید: "برادرشوهرم از زنده نگاه داشتن نام برادرش در اسرائیل سر باز می‌زند و نمی‌خواهد وظیفهٔ برادرشوهری را در حق من به جای آورد." آنگاه مشایخ شهر، او را فرا خوانده، با وی سخن بگویند. اگر آن مرد اصرار بورزد و بگوید: "نمی‌خواهم او را بگیرم،" آنگاه زن برادرش در حضور مشایخ شهر به وی نزدیک شده، کفش او را از پایش به درآورد و به رویش آب دهان افکنده، بگوید: "با کسی که خانهٔ برادرش را بنا نکند، چنین کرده شود." و خاندان او در اسرائیل به نام "خاندانِ کفش‌کنده" شناخته خواهد شد. «اگر دو مرد با هم نزاع کنند و زن یکی پیش آید تا شوهر خود را از دست آن که وی را می‌زند، برهاند و دست خود را دراز کرده، آلت او را بگیرد، دست او را ببرید. چشمت بر او ترحم نکند. «در کیسهٔ خود دو اندازه وزنه، یکی سنگین و دیگری سبک، نداشته باشید؛ و نه در خانهٔ خود دو اندازه پیمانه، یکی بزرگ و دیگری کوچک. بلکه وزنهٔ شما کامل و درست باشد و پیمانهٔ شما کامل و درست، تا در سرزمینی که یهوه خدایتان به شما می‌دهد، عمر دراز داشته باشید. زیرا یهوه خدایتان از آنان که چنین می‌کنند، یعنی دست به تقلب می‌زنند، کراهت دارد. «به یاد آورید آنچه را که عَمالیقیان در راه به هنگام بیرون آمدنتان از مصر با شما کردند؛ چگونه زمانی که خسته و کوفته بودید، در راه بر شما حمله آورده، همهٔ واماندگان را که در آخر صف حرکت می‌کردند، از پا درآوردند و از خدا نترسیدند. پس چون یهوه خدایتان شما را در سرزمینی که به شما برای تصرف به ملکیت می‌بخشد، از تمامی دشمنان پیرامونتان آسودگی بخشد، یاد عَمالیق را از زیر آسمان محو سازید؛ آری، این را فراموش مکنید.

«چون به سرزمینی که یهوه خدایتان به شما به ملکیت می‌بخشد، داخل شدید و آن را تصرف کرده، در آن ساکن گشتید، آنگاه مقداری از نوبر تمامی محصول زمین را که از سرزمینی که یهوه خدایتان به شما می‌دهد برداشت می‌کنید، در سبدی بگذارید و به مکانی که یهوه خدایتان برمی‌گزیند تا نام خود را در آن ساکن سازد، بروید. و نزد کاهنی که در آن روزها باشد رفته، به او بگویید: "امروز به یهوه خدایت اعلام می‌دارم که به آن سرزمین که یهوه برای پدران ما سوگند خورد که به ما بدهد، داخل شده‌ام." آنگاه کاهن سبد را از دست شما گرفته، پیش

مذبح یهوه خدایتان بگذارد. سپس در حضور یهوه خدای خود اقرار کرده، بگویید: "جَدّ من آرامی آواره‌ای بود که با شماری اندک به مصر فرود شده، در آنجا غربت اختیار کرد و به قومی بزرگ و نیرومند و بی‌شمار بدل گشت. اما مصریان با ما بدرفتاری کرده، آزارمان دادند و ما را به بیگاری گرفتند. آنگاه نزد یهوه خدای پدران خویش فریاد برآوردیم، و خداوند صدای ما را شنید و مشقت و محنت و مظلومیت ما را دید. و خداوند ما را به دست نیرومند و بازوی افراشته، و با اعمال بس مَهیب و آیات و معجزات از مصر بیرون آورد و به این مکان درآورد، و سرزمینی را که شیر و شهد در آن جاری است به ما بخشید. هان اکنون من نوبر محصول زمینی را که تو ای خداوند به من داده‌ای، آورده‌ام." و آن سبد را در حضور یهوه خدای خود بگذارید و یهوه خدایتان را پرستش کنید. سپس همراه لاویان و نیز غریبانی که در میان شمایند، به‌خاطر همۀ چیزهای نیکویی که یهوه خدایتان به شما و به خاندانتان بخشیده است، شادی کنید. «در سال سوّم که سال دهیک است، چون از پرداخت دهیکِ محصولِ خود فارغ شده، آن را به لاویان و غریبان و یتیمان و بیوه‌زنان دادید تا در اندرون شهرهای شما بخورند و سیر شوند، آنگاه در پیشگاه یهوه خدایتان چنین بگویید: "بنا بر تمامی فرامینی که به من امر فرمودی، موقوفات را از خانۀ خویش به در کردم، و آنها را به لاویان و غریبان و یتیمان و بیوه‌زنان دادم. از فرمانهای تو سر نپیچیده، هیچ‌یک از آنها را فراموش نکردم. به هنگامِ سوگواری خود از آن نخوردم، و آنگاه که نجس بودم از آن برنگرفتم، و چیزی از آن به مردگان وقف نکردم. بلکه کلام یهوه خدایم را اطاعت کردم، و مطابق هرآنچه به من فرمان دادی به عمل آوردم. از مسکن مقدس خود، از آسمان، بنگر و قوم خود اسرائیل و زمینی را که بنا بر سوگند خود برای پدران ما به ما بخشیدی برکت عطا فرما، همان سرزمین را که شیر و شهد در آن جاری است." «امروز یهوه خدایتان به شما فرمان می‌دهد که این فرایض و قوانین را به جای آورید. پس به هوش باشید تا آنها را به تمامی دل و تمامی جان خود به جا آورید. شما امروز اعلام کردید که یهوه خدای شماست، و اینکه در راههای او گام خواهید زد و فرایض و فرامین و قوانین او را به جای آورده، صدای او را خواهید شنید. و خداوند امروز اعلام می‌کند که شما قومی هستید که گنج اوست، چنانکه به شما وعده فرمود، و اینکه باید از همۀ فرمانهای او اطاعت کنید، و اینکه شما را در ستایش و شهرت و شکوه از تمامی قومهایی که آفریده است برتر خواهد ساخت، و همان‌گونه که وعده داده است، برای یهوه خدای خویش قومی مقدس خواهید بود.»

فصل شانزدهم: مسیح کیست ؟

* مسیح به معنای : برگزیده شده ، یعنی کسی که خداوند او را مسح نموده است

* مسیح های متعددی در طول زمان وجود داشتند؛وقتی خداوند می خواست که کسی را به عنوان پادشاه برگزیند آن شخص باید مسح می شد که معمولا بوسیله یک روغن مقدس فرد برگزیده مسح می شد.

* ما در طول تاریخ یک مسیح نداشتیم و بارزترین و شناخته ترین فردی که مسیح بوده حضرت داوود است که از کودکی و در سن ۱۱- ۱۲ سالگی برگزیده شد که به پادشاهی برسد و در واقع حضرت داوود یکی از پادشاهان قوم یهود است.

* عده زیادی بودند که در زمانه خود؛ مسیحِ خداوند بودند و برگزیده شده از سمت خداوند بودند

* قبل از پیامبریِ داوود ؛ شخصی بود که مسح شده و پادشاه بود و آن شخص قصد کشتن داوود را داشت و او اولین پادشاه مسح شده قوم بنی اسرائیل است که "یوشع "نام داشت و حضرت داوود هم داماد همین پادشاه بود.

* و حتی در طول زمان هم مسیح های دروغینی وجود داشتند که تعداد زیادی از آنها کشته شدند

* چرا ادعای میسحیت می کردند مگر مسیح بودن چه مزایا و ویژگی داشت؟در عهد عتیق پیش بینی شده که مسیحی خواهد آمد که قوم بنی اسرائیل را از اسارت نجات خواهد داد از اسارت گناهان و مشکلات و اسارت رومیان که فلسطین را تصرف کرده و بر آنها حکومت می کردند.

* خداوند هم وعده داده که از نسل داوود برای شما یک مسیح خواهم فرستاد.در زمان عهد قدیم ؛ تمام مسیح های برگزیده، پادشاه بودند و یهودیان منتظر مسیحی بودند که آنها را در برابر رومیان متحد کرده تا بتوانند آنان را از سرزمین خود بیرون کنند و قوم بنی اسرائیل دائم با قوم های دیگر در جنگ بودند.

* در یکی از جنگ ها که بین قوم بنی اسرائیل و فلسطینیان رخ داد؛داوود هم حضور داشت و به دلیل چوپانی، با سلاح های مثل قلاب سنگ آشنا بود و موفق شد به وسیله همان قلاب سنگ یک فلسطینی تنومد را از پادربیاورد.

* در عهد قدیم خداوند می خواهد به هر طریقی که شده قوم خود را محافظت کند تا دوباره به سمت بت پرستی باز نگردند و متحد باشند تا زمانی که عیسی مسیح فرا برسد و شیطان هم در صدد است تا این طرح خداوند عملی نشود و عیسی مسیح ظهور نکند.

* آیا همه مسیح ها انتخاب شده از قوم بنی اسرائیل بودند ؟ خیر؛کوروش کبیر هم جزو افرادی بود که مسح شده خداوند بود و به همین دلیل بود که به قوم بنی اسرائیل کمک کرد و آنها را از اسارت رهانید.

***اما عیسای مسیح آخرین مسیح و برگزیده خداوند بود**

توضیحات و آیات تکمیلی فصل شانزدهم

۱.آیات مربوط به مسح کوروش پادشاه ایران:

- اکنون نیز درباره کوروش می گویم که او رهبری است که من برگزیده ام و خواست مرا انجام خواهد داد او اورشلیم را بازسازی خواهد کرد و خانه مرا دوباره بنیاد خواهد نهاد.(اشعیا۴۴:۲۸)

- خداوند کوروش را برگزیده و به او توانایی بخشیده تا پادشاه شود و سرزمین ها را فتح کند و پادشاهان مقتدر را شکست دهد خداوند دروازه های بابل را بروی او باز می کند.دیگر آنها بروی کوروش بسته نخواهد ماند.(اشعیا ۱:۴۵)

- خداوند می فرماید:ای کوروش ، من پیشاپیش تو حرکت می کنم کوه ها را صاف می کنم دروازه های مفرغی و پشت بندهای آهنی را می شکنم (اشعیا۴۵:۲)

- اکنون نیز کوروش را برانگیخته ام تا به هدف عادلانه من جامه عمل بپوشاند من تمام راه هایش را راست خواهم ساخت او بی آنکه انتظار پاداش داشته باشد. شهر من اورشلیم را بازسازی خواهد کرد و قوم اسیر مرا آزاد خواهد ساخت » این است کلام خداوند قادر متعال.(اشعیا۴۵:۱۳)

- ای قوم هایی که از دست کوروش می گریزید، جمع شوید و نزدیک آیید و به سخنان من گوش دهید چه نادانند آنانی که بت های چوبی را با خود حمل می کنند و نزد خدایانی که نمی توانند نجاتشان دهند ، دعا می کنند.(اشعیا۴۵:۲۰)

- با هم مشورت کنید و اگر می توانید دلیل بیاورید و ثابت کنید که بت پرستی عمل درستی است! غیر از من چه کسی گفته که این چیزها در مورد کوروش عملی خواهد شد؟غیر از من خدایی نیست. من خدای عادل و نجات دهنده هستم و دیگری نیست!تا حال کدام بت به شما گفته است که این وقایع رخ خواهد داد؟(اشعیا۴۵:۲۱)

- اما من این را پیشگویی می کنم .بلی من کوروش را خوانده ام و به او این مأموریت را داده ام و او را کامیاب خواهم ساخت.(اشعیا۴۸:۱۵)

۲.آیات مسیح بودن یوشع:

- و بعد از آن دل داوود مضطرب شد از این جهت که دامن شاول را بریده بود.

- و به کسان خود گفت:حاشا بر من از جانب خداوند که این امر را به آقای خود مسیح خداوند بکنم و دست خود را بر او دراز نمایم چونکه او مسیح خداوند است.

- پس داوود کسان خود را به این سخنان توبیخ نموده،ایشان را نگذاشت که بر شاول برخیزند و شاول از مغاره برخاسته راه خود را پیش گرفت.

- و بعد از آن داوود برخاسته از مغازه بیرون رفت و در عقب شاول صدا زده گفت: ای آقایم پادشاه . وچون شاول به عقب خود نگریست داوود رو به زمین خم شده تعظیم کرد.

- و داوود به شاول گفت : چرا سخنان مردم را می شنوی که میگویند اینک داوود قصد اذیت تو را دارد.

- اینک امروز چشمانت دیده است که چگونه خداوند تو را در مغازه امروز به دست من تسلیم نمود و بعضی گفتند که تو را بکشم اما چشمم بر تو شفقت نموده ، گفتم دست خود را بر آقای خویش دراز نکنم ، زیرا که مسیح خداوند است(عهد قدیم- اول سموئیل ، فصل ۲۴ ، آیات ۵تا ۱۰)

۳.آیات مسیح های عهد قدیم :

- وصادوق کاهن و ناتان نبی ، او را در جیحون به پادشاهی مسح کرده اند و از آنجا شادی کنان برآمدند. چنانکه شهر به آشوب درآمد و این است صدایی که شنیدند.(اول پادشاهان۱:۴۵)

- و حیرام، پادشاه صور، خادمان خود را نزد سلیمان فرستاد چونکه شنیده بود که او را به جای پدرش به پادشاهی مسح کرده اند. زیرا که حیرام همیشه دوست داود بود.(اول پادشاهان۵:۱)

- پس خداوند به او گفت : روانه شده ، به راه خود به بیابان دمشق برگرد. و چون برسی ، حزائیل را به پادشاهی آرام مسح کن (اول پادشاهان ۱۵:۱۹)

- و ییهو بن نمشی را به پادشاهی اسرائیل مسح نما ، و الیشع بن شافاط را که از آبل محوله است ، مسح کن تا به جای تو نبی بشود. (اول پادشاهان ۱۶:۱۹)

- وچون فلسطینیان شنیدند که داود را به پادشاهی اسرائیل مسح نموده اند،جمیع فلسطینیان برآمدند تا داود را بطلبند و چون داود این را شنید به قلعه فرود آمد

- ناتان به داوود گفت : آن مرد تو هستی و یهوه خدای اسرائیل چنین می گوید:من تو را بر اسرائیل به پادشاهی مسح نمودم و من تو را از دست شاول رهایی دادم(دوم سموئیل ۷:۱۲)

- و ابشالوم که او را برای خود مسح نموده بودیم ، در جنگ مرده است پس الان شما چرا در بازآوردن پادشاه تأخیر می نمایید؟ (دوم سموئیل ۱۰:۱۹)

- و صادوق کاهن و ناتان نبی او را در آنجا به پادشاهی اسرائیل مسح نمایند و کرنا را نواخته ، بگویید: سلیمان پادشاه زنده بماند.(اول پادشاهان ۳۴:۱)

- و حال دست های شما قوی باشد و شما شجاع باشید زیرا آقای شما شاول مرده است و خاندان یهودا نیز مرا بر خود به پادشاهی مسح نمودند. (دوم سموئیل ۷:۲)

- ومن امروز با آنکه به پادشاهی مسح شده ام ضعیف هستم و این مردان ، یعنی پسران صرویه از من تواناترند. خداوند عامل شرارت را بر حسب شرارتش جزا دهد.(دوم سموئیل ۳۹:۳)

- و جمیع مشایخ اسرائیل نزد پادشاه به حبرون آمدند و داوود پادشاه در حبرون به حضور خداوند با ایشان عهد بست و داود را بر اسرائیل به پادشاهی مسح نمودند (دوم سموئیل ۳:۵)

- وچون فلسطینیان شنیدند که داود را به پادشاهی اسرائیل مسح نموده اند ، جمیع فلسطینیان برآمدند تا داود را بطلبند و چون ... (دوم سموئیل ۱۷:۵)

- پس سموئیل حقه روغن را گرفته، او را در میان برادرانش مسح نمود و از آن روز به بعد روح خداوند بر داود مستولی شد و سموئیل برخاسته به رامه رفت.(اول سموئیل ۱۳:۱۶)

- ای کوههای جلبوع، شبنم و باران بر شما نبارد و نه از کشتزارهایت هدایا بشود، زیرا در آنجا سپر جباران دور انداخته شود، سپر شاول که گویا به روغن مسح نشده بود.(دوم سموئیل ۲۱:۱)

- ومردان یهودا آمده ، داوود را در آنجا مسح کردند تا بر خاندان یهودا پادشاه شود، و به داود خبر داده ، گفتند که اهل یابیش جلعاد بودند که شاول را دفن کردند.(دوم سموئیل ۴:۲)

- وسموئیل گفت : هنگامی که تو در نظر خود کوچک بودی ، آیا رئیس اسباط اسرائیل نشدی و آیا خداوند تو را مسح نکرد تا بر اسرائیل پادشاه شوی؟(اول سموئیل ۱۷:۱۵)

- و یسا را به قربانی دعوت نما ، و من تو را اعلام می نمایم که چه باید بکنی،و کسی را که به تو امر نمایم برای من مسح نما.(اول سموئیل ۳:۱۶)

- پس فرستاده ، او را آورد و او سرخرو و نیکوچشم و خوش منظر بود ، و خداوند گفت:برخاسته او را مسح کن زیرا که همین است.(اول سموئیل ۱۲:۱۶)

- پس سموئیل حقه روغن را گرفته او را در میان برادرانش مسح نمود و از آن روز به بعد روح خداوند بر داوود مستولی شد ...(اول سموئیل۱۳:۱۶)

- فردا مثل این وقت شخصی را از زمین بنیامین نزد تو می فرستم، او را مسح نما تا بر قوم من اسرائیل رئیس باشد، و قوم مرا از دست فلسطینیان رهایی دهد زیرا که بر قوم خود نظر کردم چونکه تضرع ایشان نزد من رسید.(اول سموئیل ۱۶:۹)

- پس سموئیل ظرف روغن را گرفته ، بر سر وی ریخت و او را بوسیده گفت : آیا این نیست که خداوند تو را مسح کرد تا بر میراث او حاکم شوی ؟ (اول سموئیل ۱:۱۰)

- و سموئیل به شاول گفت : خداوند مرا فرستاد که ترا مسح نمایم تا بر قوم او اسرائیل پادشاه شوی پس الان آواز کلام خداوند را بشنو.(اول سموئیل ۱:۱۵)

فصل هفدهم : عیسی مسیح

«مریم مادر عیسی که در عقد یوسف بود قبل از ازدواج با او به وسیله روح القدس آبستن شد

یوسف که سخت پایبند اصول اخلاق بود بر آن شد که نامزدی خود را برهم بزند اما در نظر داشت که این کار را در خفا انجام بدهد تا مبادا مریم بی آبرو شود

او غرق در این افکار بود که به خواب رفت در خواب فرشته ای را دید که به او گفت

یوسف؛ پسر داوود،از ازدواج با مریم نگران نباش ، کودکی که در رحم اوست از روح القدس است

- او پسری خواهد زایید، و تو نام او را عیسی(نجات دهنده) خواهی نهاد، چون او قوم خود را گناهانشان خواهد رهانید

(انجیل متی۱: ۱۸- ۲۱)

«۱.کتاب نسب نامه عیسی مسیح بن داود بن ابراهیم،

۲ ابراهیم اسحاق را آورد و اسحاق یعقوب را آورد و یعقوب یهودا و برادران او را آورد.

۳ و یهودا، فارَص و زارَح را از تامار آورد و فارَص، حَصْرون را آورد و حَصْرون، اَرام را آورد.

۴ و اَرام، عَمّیناداب را آورد و عَمّیناداب، نَحشون را آورد و نَحْشون، شَلْمون را آورد.

۵ و شَلْمون، بوعَز را از راحاب آورد و بوعَز، عوبید را از راعوت آورد و عوبید، یَسّا را آورد.

۶ و یَسّا داود پادشاه را آورد و داود پادشاه، سلیمان را از زن اوریّا آورد.

۷ و سلیمان، رَحَبْعام را آورد و رَحبْعام، اَبِیّا را آورد و اَبِیّا، آسا را آورد.

۸ و آسا، یَهوشافاط را آورد و یَهوشافاط، یورام را آورد و یورام، عُزیّا را آورد.

۹ و عُزیّا، یوتام را آورد و یوتام، اَحاز را آورد و اَحاز، حِزْقیّا را آورد.

۱۰ و حِزْقیّا، مَنَسّی را آورد و مَنَسّی، آمون را آورد و آمون، یوشیّا را آورد.

۱۱ و یوشیّا، یَکُنیا و برادرانش را در زمان جلای بابِل آورد.

۱۲ و بعد از جلای بابل، یَکُنْیا، سَأَلْتیئیل را آورد و سَأَلْتیئیل، زَرُوبابِل را آورد.

۱۳ زَرُوبابِل، اَبیهود را آورد و اَبیهود، ایلیاقیم را آورد و ایلیاقیم، عازور را آورد.

۱۴ و عازور، صادوق را آورد و صادوق، یاکین را آورد و یاکین، ایلَیهُود را آورد.

۱۵ و ایلیهود، ایلعازَر را آورد و ایلعازَر، مَتّان را آورد و مَتّان، یعقوب را آورد.

۱۶ و یعقوب، یوسف شوهر مریم را آورد که عیسی مُسمّیٰ به مسیح از او متولّد شد.

۱۷ پس تمام طبقات، از ابراهیم تا داود چهارده طبقه است، و از داود تا جلای بابِل چهارده طبقه، و از جلای بابِل
تا مسیح چهارده طبقه.

۱۸ امّا ولادت عیسی مسیح چنین بود که چون مادرش مریم به یوسف نامزد شده بود، قبل از آنکه با هم آیند، او
را از روح‌القدس حامله یافتند.

۱۹ و شوهرش یوسف چونکه مرد صالح بود و نخواست او را عبرت نماید، پس اراده نمود او را به پنهانی رها کند.

۲۰ امّا چون او در این چیزها تفکّر می‌کرد، ناگاه فرشته خداوند در خواب بر وی ظاهر شده، گفت، ای یوسف پسر
داود، از گرفتن زن خویش مریم مترس، زیرا که آنچه در وی قرار گرفته است، از روح‌القدس است.

۲۱ و او پسری خواهد زایید و نام او را عیسی خواهی نهاد، زیرا که او امّت خویش را از گناهانشان خواهد رهانید.

۲۲ ،و این همه برای آن واقع شد تا کلامی که خداوند به زبان نبی گفته بود، تمام گردد،

۲۳ که اینک، باکره آبستن شده پسری خواهد زایید و نام او را عمّانوئیل خواهند خواند که تفسیرش این است،
خدا با ما.

۲۴ پس چون یوسف از خواب بیدار شد، چنانکه فرشتهٔ خداوند بدو امر کرده بود، به عمل آورد و زن خویش را
گرفت

۲۵ و تا پسر نخستین خود را نزایید، او را نشناخت؛ و او را عیسی نام نهاد.

(متی ۱: آیات ۱- ۲۵)

- و روح القدس به شکل کبوتری نازل شد و بر او قرار گرفت و ندایی از آسمان در رسید که : تو فرزند عزیز خدا من هستی! از تو بسیار خشنودم (ترجمه تفسیری- انجیل لوقا - فصل ۳ :آیه۲۲)

- عیسی که پر از روح القدس شده بود با هدایت همان روح از رود اردن به بیابان های یهودیه رفت.(انجیل لوقا۴:۱)

- آنگاه عیسی پر از قدرت روح القدس به ایالت جلیل بازگشت . همه جا گفتگو در باره او بود. (انجیل لوقا ۴:۱۴)

- پس اگر شما ، اشخاص گناهکار می دانید که باید چیزهای خوب را به فرزندانتان بدهید چقدر بیشتر پدر آسمانی شما می داند که باید روح القدس را به آنان که از او درخواست می کنند ارزانی دارد.(انجیل لوقا ۱۱:۱۳)

- آدم اول از خاک زمین آفریده شد، اما آدم دوم یعنی مسیح از آسمان آمد.(اول قرنتیان ۱۵:۴۷)

- اما این دو مثل هم نیستند زیرا بخشش الهی با گناهی که بوسیله آدم به جهان وارد شد قابل مقایسه نیست درست است که بسیاری بخاطر گناه یک نفر مردند اما چقدر بیشتر فیض خدا و بخششی که از فیض آدم دوم،یعنی عیسی مسیح ناشی شده ، به فراوانی در دسترس بسیاری گذاشته شده است .(رومیان ۵:۱۵)

«سپس خداوند به آدم فرمود : «چون گفته زنت را پذیرفتی و از میوه آن درخت خوردی که به تو گفته بودم از آن نخوری، زمین زیر لعنت قرار خواهد گرفت و تو تمام ایام عمرت با رنج و زحمت از آن کسب معاش خواهی کرد

- از زمین خار و خاشاک برایت خواهد رویید و گیاهان صحرا را خواهی خورد

- تا آخر عمر به عرق پیشانی ات نان خواهی خورد وسرانجام به همان خاکی باز خواهی گشت که از آن کرفته شدی زیرا تو از خاک سرشته شدی و به خاک هم برخواهی گشت»

(ترجمه تفسیری :پیدایش فصل ۳آیات ۱۷ تا ۱۹)

توضیحات:

* من به عنوان یک مسیحی ایمان دارم که خدایی هست و قیامت هم هست و من قرار است که به حضور خداوند بروم و چارچوب و مسیر هم در کتاب مقدس مشخص شده است؛ چارچوبی که در آن نشان داده شده که خداوند چگونه تو را به فرزندی می پذیرد (اگر عیسی مسیح را پذیرفتی و همانند عیسی عمل کردی خداوند هم تو را به فرزندی می پذیرد) و اینجا شروع همه چیز است:

* پس حال باید بدانی که:

۱.عیسی مسیح چه کسی بود؟

۲.چگونه زندگی می کرد؟

۳.عیسی مسیح چه گفت؟

۴.عیسی مسیح چه کاری انجام داد؟

*** عیسی مسیح چه کسی است ؟**

چرا شجره نامه عیسی مسیح را به یوسف می رسانند ؟ به این دلیل که خداوند می خواهد نشان دهد که عیسی مسیح هم یکی مانند یوسف است مانند ابراهیم مانند داوود؛ و اجداد وی را بیان می کند که نشان دهد اگر آنها انسان بودند عیسی هم همانند آنها یک انسان بود همه از نسل فرزندان آدم هستند و عیسی مسیح هم مانند بقیه یک انسان است اما چیزی که عیسی را متفاوت می کرد داشتن روح القدس بود.

* خداوند می فرماید : عیسی مسیح هم یک انسان بود و عیسی مسیح، پسر یوسف بود و همه او و خانواده اش را می شناختند یعنی عیسی مسیح که به عنوان آدم دوم متولد شد همانند بقیه بود و با همه ویژگی های انسانی ؛یعنی خداوند نشان می دهد که عیسی هم انسانی است مانند بقیه و قرار نیست فرشته ای از آسمان بفرستد. در واقع ذره ای از روح القدس وارد مریم شد ؛ و عیسی مسیح متولد شد. عیسی مسیح هم جسم انسانی داشت اما پر از روح خداوند بود.

*** عیسی مسیح چگونه زندگی می کرد؟**

عیسی مسیح با سه وسوسه به ما می آموزد که چگونه زندگی کنیم:

وسوسه اول : فقط باید تلاش کنی و زحمت بکشی که نیازهایت را برآورده کنی و اگر از هر راهی جز این نیازهایت را رفع کردی تو پیرو شیطان هستی(عیسی مسیح همچون ما می بایست پیرو کلام خداوند باشد و طبق کتاب مقدس زندگی کند و کلام به صراحت گفته با رنج و زحمت و عرق پیشانی)

آیات مربوط به وسوسه اول :

ترجمه تفسیری دوم تسالونیکیا آیات ۶ تا ۱۲:و اکنون برادران عزیز به حکمی که به نام خداوندما عیسی مسیح و با قدرت او صادر می کنیم توجه کنید : از هر مسیحی تنبل که اوقات خود را به بیکاری می گذارند و نمی خواهد مطابق الگویی که ارائه دادیم کار کند دوری نمایید۶ زیرا شما خوب می دانید که چه درسی باید از ما بگیریدشما هرگز ندیدید که ما در میان شا بیکار بگردیم۷ نان هیچکس را مفت نخوردیم بلکه روز و شب کار کردیم و عرق ریختیم تا بتوانیم لقمه نانی به دست آورده سربار شما نباشیم ۸ نه به این دلیل که حق نداشتیم از شما تقاضای خوراک بکنیم بلکه می خواستیم الگویی به شما بدهیم و نشان دهیم که برای امرار معاش باید کار کرد۹ همان موقع نیز که آنجا نزد شما بودیم حکم کردیم که : که هر کس نمی خواهد کار کند حق ندارد خوراک بخورد۱۰ با اینحال باز می شنویم که در میان شما بعضی تنبلی می کنند و نمی خواهند تن به کار بدهند؛در ضمن وقت شما را نیز با بدگویی درباره دیگران تلف می کنند۱۱ به نام عیسی مسیح خداوند به این قبیل اشخاص نصیحت می کنیم و دستور می دهیم که به زندگی خود نظم و آرامش ببخشند و به کار و کوشش بپردازند تا نانی به دست آورند.

وسوسه دوم : کار احمقانه به هیچ وجه انجام ندهی (چون خداوند به انسان عقل و حکمت داده است که قبل از انجام هر کاری تفکر کند و براساس عقل تصمیم بگیرد چون خداوند ما انسان ها را شبیه خود آفریده و به ما عقل و حکمت داده است)

در واقع شیطان انسان را وادار به انجام کارهای احمقانه می کند وقتی کار احمقانه و نادرستی انجام دهی و به دردسر بیافتی از خداوند توقع معجزه و کمک داری و وقتی از طرف خداوند معجزه و کمکی دریافت نمی کنی به همه چیز شک می کنی و این همان چیزیست که شیطان می خواهد   (شک کردن به خداوند)

* خداوند از همان ابتدا چارچوب و مسیر را مشخص کرده است و می فرماید من تو را شبیه خودم آفریدم یعنی به تو عقل و حکمت دادم که به واسطه آن جهان را خلق کردم پس انسان هم باید با تفکر و تعقل از کارهای احمقانه دوری کند واگر با تفکر و تعقل کارهایت را انجام دادی و تصمیم گرفتی، هیچگاه دچار مشکل و دردسر نخواهی شد ولی اگر کار احمقانه ای انجام دادی این کار شیطانیست و از خداوند توقع معجزه نباید داشته باشید

* عیسی مسیح هم می گوید : خداوند را آزمایش نکن، خداوند را زیر سئوال نبر (یعنی اگر کارهای احمقانه انجام دادی و کمک و معجزه ای از سمت خداوند دریافت نکردی و اگر دچار شک شدی مشکل از جانب توست نه خداوند) زیرا شیطان هم همین را می خواهد که تو به خداوند شک کنی و از خداوند بیزار و دور شوی.

* خداوند می گوید : اگر از عقل و حکمت استفاده کردی پس تو فرزند من هستی و در غیر این صورت تو فرزند من نخواهی بود.خداوند هم مانند یک پدر است که با تعیین محدودیت ها و تهدید کردن فرزندش سعی دارد مسیر درست را به او نشان دهد.

آیات مربوط به وسوسه دوم :

افسسیان ۵:۱۷ ترجمه تفسیری : بدون تأمل دست به کاری نزنید بلکه سعی کنید خواست و اراده خدا را دریابید و مطابق آن زندگی کنید.

ترجمه تفسیری امثال سلیمان فصل ۸ آیات ۱ تا ۳۶: ندای حکمت: آیا ندای حکمت را نمی شنوید؟۱ حکمت دم دروازه های شهر ۲ و سر چهارراهها و جلوی در هر خانه ایستاده می گوید:۳ «ای انسان های جاهل و نادان به ندای من گوش دهید۴ و زیرکی و فهم کسب کنید۵ به من گوش دهید زیرا سخنان من گرانبهاست ۶ من حقیقت و راستی را بیان می کنم و از ناراستی نفرت دارم ۷ سخنان من بر حق است و کسب را گمراه نمی کند۸حرف های من برای کسی که گوش شنوا داشته باشد واضح و روشن است ۹ تعلیمی که من می دهم از طلا و نقره گرانبهاتر است ۱۰ ارزش من از یاقوت بیشتر است و هیچ چیز را نمی توان با من مقایسه کرد ۱۱ من حکمتم و از

زیرکی و دانایی و بصیرت برخوردار می باشم ۱۲ اگر کسی خداترس باشد از بدی نفرت خواهد داشت من از غرور و تکبر و رفتار و گفتار نادرست متنفرم۱۳ من هدایت می کنم و فهم و بصیرت می بخشم ۱۴ به نیروی من پادشاهان سلطنت می کنند و قضات به عدل و انصاف قضاوت می نمایند ۱۵ تمام رهبران و بزرگان جهان به کمک من حکمرانی می کننند ۱۶ من کسانی را که مرا دوست دارند دوست دارم آنانی که در جستجوی من باشند مرا خواهند یافت ۱۷ ثروت و حرمت ، اموال و موفقیت در اختیار من است ۱۸ بخشش های من از طلای ناب و نقره خالص بهتر است۱۹ راههای من عدل و حق است ۲۰ ثروت حقیقی از آن کسانی است که مرا دوست دارند زیرا من خزانه های ایشان را پر می سازم ۲۱ خداوند در ابتدا ، قبل از آفرینش عالم هستی ما را با خود داشت ۲۲ از ازل پیش از به وجود آمدن جهان من به وجود آمدم۲۳ قبل از پیدایش اقیانوس ها و چشمه های پرآب۲۴ قبل از آنکه کوهها و تپه ها به وجود آیند ۲۵ قبل از آنکه خدا زمین و صحراها و حتی خاک را بیافریند من به وجود آمدم ۲۶قبل از آنکه خدا آسمان را استوار ساخت و افق را بر سطح آبها کشید من آنجا بودم۲۷وقتی ابرها را در آسمان گسترانید و چشمه ها را از اعماق جاری نمود ۲۸ وقتی حدود دریاها را تعیین کرد تا آبها از آن تجاوز نکنند و وقتی اساس زمین را بنیاد نهاد۲۹ من نزد او معمار بودم موجب شادی همیشگی او بودم و در حضورش شادی می کردم۳۰ دنیا و انسان هایی که او آفریده بود مایه خوشی من بودند ۳۱ پس ای جوانان به من گوش دهید زیرا همه کسانی که از دستورات من پیروی می کنند سعادتمندند.۳۲ به نصیحت من گوش کنید عاقل باشید و نصیحت مرا رد نکنید ۳۳ خوشا بحال کسی که به من گوش دهد و هر روز جلو در خانه من انتظار مرا بکشد. ۳۴ زیرا هر که مرا بیابد حیات را یافته و خداوند را خشنود ساخته است۳۵ اما کسی که مرا از دست بدهد به جانش لطمه می زند آنانی که از من متنفر باشند مرگ را دوست دارند. ۳۶

وسوسه سوم : تو را خدای دیگر نباشد:

شیطان تمام جلال و زیبایی و شکوه دنیا را به عیسی مسیح نشان می دهد و می گوید فقط از من پیروی کن و خدا را انکار کن تا صاحب همه این شکوه و جلال شوی؛ اما هیچ فرزندی پدر خود را انکار نمی کند عیسی مسیح هم فرزند واقعی خداوند است و عیسی هم هیچگاه خداوند را انکار نکرد؛؛عیسی مسیح می فرماید : من خدای خود را شناخته و درک کرده ام و به او ایمان دارم و او را انکار نخواهم کرد و با عصبانیت به شیطان می گوید : از من دور شو

* در واقع ۶۱۳ فرمان و شریعتی که در عهد قدیم آمده است برای رسیدن به خود شناسی و خداشناسی است زمانی که عیسی مسیح آمده و عهد جدید را آمورش داد شریعت را برداشت و در دو بخش خلاصه نمود:عشق تمام و کمال به خداوند – محبت به همسایه

* پس زمانی که خدای خود را شناختی و به او ایمان کامل داشتی دیگر برای رفع احتیاجاتت از دیگران سوءاستفاده نمیکنی و به آنها آسیب و آزار نمی رسانی و دیگر کارهای احمقانه انجام نخواهی داد که موجب دردسر و مشکل شود و تبدیل می شوی به یک انسان و فرزند واقعی خداوند

* خداوند می فرماید : من تو را آفریدم و مسیر و چارچوب را به تو نشان دادم تا در مسیر درست زندگی و حرکت کنی.

وقتی که میگوییم یک مسیحی هستیم ، یعنی من شبیه عیسی مسیح هستم و الگوی من عیسی مسیح است و می خواهم مانند عیسی مسیح زندگی کنم و عیسی مسیح هم طبق کتاب مقدس و بر اساس سه وسوسه به ما آموخت که چگونه زندگی کنیم

* و خداوند دوست دارد ما اینگونه زندگی کنیم:

با تلاش

با حکمت و عقل

و با ایمان

* من اعتماد دارم به خداوندی که پیشاپیش، مشکلات را از پیش پای من برمیدارد و من مطمئنم و هیچ شکی ندارم

* «تا خدا با من است چه کسی بر ضد من است »تو خدایی داری که می خواهد پدر باشد و مانند یک پدر به تو کمک خواهد کرد و تو این وظیفه را به پدر سپردی و به او ایمان و اعتماد داری زیرا می دانی او پدری دلسوز است که وقتی به او اعتماد کنی دیگر ترس و نگرانی از آنچه پیش خواهد آمد نخواهی داشت.

چکیده فصل هفدهم :* مهم*

* زمانی که می گوییم یک نفر مسیحی شده است: کلمه «مسیحی شدن» در واقع به این معناست که شبیه عیسی مسیح شده است؛ یعنی هم فکر و هم عقیده عیسی مسیح است و طرز فکر و نحوه زندگی او شبیه عیسی مسیح می باشد.(خدا هم می فرماید : تا شبیه عیسی مسیح نشوی برای من قابل قبول و پذیرش نیست و من تو را انتخاب نمی کنم)

پس ما باید شبیه عیسی مسیح شویم ، و وقتی می توانیم شبیه عیسی مسیح باشیم که او را کامل بشناسیمو برای اینکه شبیه کسی شویم باید ابتدا او را بشناسیم (خداوند می فرماید : باید شبیه عیسی مسیح باشی تا شما را انتخاب کرده و بپذیریم)

* اما برای شناخت عیسی مسیح لازم است که بدانیم عیسی مسیح چه کسی است ؟ ملاک ما برای شناخت عیسی مسیح کتاب مقدس - عهد جدید رساله رومیان - است ، که در این رساله برای ما توضیح می دهد :

خداوند دوبار انسان را خلق کرد : آدم اول و آدم ثانی

آدم اول از خداوند اطاعت نکرد و گناه کرد و باعث شد که مرگ وارد این دنیا شود - در کتاب مقدس هم آمده که « مزد گناه مرگ است ؛ ما همه می میریم چون گناهکاریم »

و اینکه گناه،ریشه در گناه کردن و اطاعت نکردن آدم اول دارد و آدم اول هم، پدر همه انسان هاست و ما گناه را از آدم به ارث بردیم ، پس در واقع اگر کسی مسیحی نیست یعنی شبیه آدم اول است و الگوی زندگی وی آدم اول می باشد و همفکر و هم عقیده آدم اول است.

زیرا آدم اول است که شاکی بود و می گفت : خداوند باید برای من توضیح بدهد چرا خالق بدی هاست ، واگر بدی ، بد است،چرا آن را آفریده و اگر به ما انسان ها حق انتخاب داده است پس چرا ما را به خاطر انتخاب کردن مجازات می کند ؟

* خداوند وقتی آدم و حوا را آفرید ، گفت : من شما را شبیه خود آفریدم که مثل من حاکم باشید – من حاکم کل هستی می باشم و شما حاکم بر روی کره زمین – و بر تمام موجودات ، ماهیان دریا و پرندگان آسمان و حیوانات روی زمین حاکم هستید، اما به آدم می گوید حق ندارید هر چیزی را بخورید و آن چیزی را که من تعیین کرده ام را باید بخورید و آدم شاکی است که اگر من را حاکم آفریدی پس چرا برای من محدودیت ایجاد

می کنی و من چگونه حاکمی هستم که حتی حق انتخاب خوراک خود را هم ندارم و اگر برای چیزهای بدی که وجود دارد و اگر من انتخاب کنم باید مجازات شوم و اگر بد است پس چرا آن را آفریدی و در دسترس قرار دادی؟

* پس حوا هم با حرف مار (شیطان) شک کرد و گناه کرد و آدم هم از حوا طرفداری نمود چون معتقد است که خداوند مقصر است : چرا اگر آن انتخاب بد بود، آن را خلق کرده است و در دسترس قرار داده و خود به ما حق انتخاب داده است . پس چرا باید مجازات شویم ؟ آن هم مجازات مرگ ؟؟!!... (خداوند به آدم فرمود : که اگر از میوه ممنوعه بخوری خواهی مرد)

آدم هم گفت : زنی را که تو به من دادی مرا به گناه کشاند ، اگر می دانستی که این زن مرا به گناه می کشاند پس چرا او را خلق کردی ؟؟؟

برای همین آدم و حوا از خداوند طلب بخشش نکردند چون خود را طلبکار و محق می دانند و در واقع آدم و حوا از خداوند قهر کردند و اینگونه نیست که خداوند آدم را بیرون رانده باشد.

* طبق رساله رومیان متوجه می شویم: خداوند دو الگو برای ما در نظر گرفته است : آدم اول و آدم ثانی

و ما انسان ها شبیه آدم اول هستیم چون طرز فکر و عقیده و نحوه زندگی کردن ما هم شبیه آدم اول است و ما هم همانند آدم از خداوند طلبکار وشاکی هستیم و حق را به آدم و حوا می دهیم، پس تا زمانی که حق را به آنها می دهیم و با خداوند قهر هستیم ارتباطی با خداوند شکل نمی گیرد

در نتیجه، خداوند آدم ثانی را خلق کرد به نام عیسی مسیح ، و علت اینکه می گوییم "خلق کرد" چون که عیسی مسیح هم پدر نداشت و معجزه خداوند است و خداوند دوبار از هیچ آدم خلق کرد و این خلقت ثانی است

و خداوند می فرماید : باید تفکراتت هم شبیه عیسی مسیح شود یعنی از آدم اول شبیه مسیح(آدم ثانی) شوی و عیسی مسیح قرار است که تمام این اتفاقات را برای ما توضیح بدهد.

*** تنها راه ارتباط با خداوند از طریق مسیحیت است ***

عیسی مسیح هم انسان بود – آدم ثانی – اما پر از روح خدا بود ، یعنی در جسم انسان بود و در ذات پر از روح خداست و عیسی مسیح هم می فرماید : «هر کس من را ببیند انگار خدا را دیده است »

و برای من که مسیحی هستم ، عیسی مسیح هیچ فرقی با خداوند ندارد،چون عیسی مسیح تجلی خداست و کارهایی را انحام می داد که مختص خداست : همانند : زنده کردن مردگان- راه رفتن بر روی سطح دریا و...

و عیسی مسیح بر تمام این دنیا حاکم بود و به تمام موجودات دستور می داد چون پر از روح خدا بود- نه اینکه خود خداست بلکه ذره ای از روح خداست-

* عیسی مسیح هیچوقت ادعای خدایی نکرد حتی می گفت : اگر به من ناسزا بگویید من می بخشم، اما اگر به روح القدس ناسزا بگویید بخشیده نمی شوید- چون عیسی مسیح خود را انسان می دانست و خود عیسی مسیح در کتاب مقدس ۸۱ مرتبه می گوید : اینک پسر انسان می گوید

اما چون پر از روح خداست و برای من (که مسیحی هستم)با خداوند هیچ فرقی ندارد و خداوند هم می فرماید که من آدم را شبیه خود آفریدم : یعنی هر دو انسان را

* آدم اول هم پر از روح خدا بود، او هم بر تمام موجودات حاکم بود ولی او نخواست که حکومت کند چون شاکی بود که وقتی خداوند به او حق انتخاب داده است پس نبایست او را محدود و مجازات کند و آدم از حضور خداوند بیرون شد و ارتباطش با خداوند قطع شد

* روح القدس است که واسطه ارتباط ما با خداوند است: همانند خورشید که انرژی و نور خورشید است که وسطه ارتباط ما با خورشید است و ذره ای از نور خورشید بر کره زمین می تابد وبر زمین حیات می بخشد و ما توان دسترسی و نزدیک شدن به خورشید را نداریم، چون بسیار بزرگ است و اگر به آن نزدیک شویم نابود می شویم .

خداوند هم برای ما قابل دسترس و قابل درک نیست چون بسیار عظیم و بزرگ است و ذره ای از خداوند به ما می رسد و آن ذره که همان روح القدس است رابط ما با خداوند است و عیسی مسیح این روح القدس را داشت چون به واسطه روح القدس خلق شد . آدم اول هم وقتی که خلقت شد، خداوند ذره ای از روح خود را به او دمید و آدم چون قهر کرد و از حضور خدا بیرون رفت روح القدس را از دست داد .

و به همین دلیل،زمانی که فردی مسیحی می شود ادعا می کند که من روح القدسی را که آدم اول از دست داد را پس گرفته و به دست آوردم

* پس ما هم به شناخت کامل از عیسی مسیح رسیدیم و می گوییم : که عیسی مسیح تجلی خداوند است ولی هیچگاه نمی گوییم خود خداست

در کتاب مقدس هم دو کلمه " خدا و خداوند " آورده شده است. منظور عیسی مسیح و خداوند است و اگر می گوییم عیسی خداست منظورما این نیست که همان خدای خالق جهان است بلکه تجلی و شبیه خداست و انسانی است که پر از روح خداست.

٭ و عیسی مسیح آمد که ما را با خداوند آشتی بدهد و آنچه را بین خدا و آدم اول رخ داد و موجب قطع ارتباط شد را برای ما توضیح دهد و اگر برای ما منطقی و عقلانی بود آن را می پذیریم و می توانیم با خداوند وارد ارتباط شویم

٭ عیسی مسیح می گوید : هیچ چیز بالاتر از خواست و اراده خداوند نیست و باید تحت هر شرایطی و حتی تا پای جان از خداوند اطاعت کرد و به خداوند اعتماد کامل داشت چون خداوند ما را به عنوان فرزندان خود آفریده است و شما به عنوان فرزند باید به خداوند اعتماد داشته باشید و اینگونه است که خداوند از تو راضی است و می توانی وارث خداوند باشی چون خداوند با مثال خود را به عنوان پدر معرفی کرده است و نمی پذیردکه کسی غیر از او را بپرستی و به کسی غیر خداوند محبت کنی .

٭ پس اگر هر دینی جز مسیحیت داشته باشید برای خداوند غیر قابل قبول است٭

فصل هجدهم: شروع رابطه جدید با خداوند

«اگر کودکی از پدرش نان بخواد ؛ آیا پدرش به او سنگ می دهد؟

- اگر از او ماهی بخواهد آیا به او مار می دهد؟

- پس شما که اینقدر سنگدل و گناهکار هستید، به فرزندانتان چیزهای خوب می دهید چقدر بیشتر پدر آسمانی تان برکات خود را به شما خواهد بخشید اگر از او بخواهید

- پس آنچه می خواهید دیگران برای شما بکنند شما همان را برای آنها بکنید این است خلاصه تورات و کتاب انبیا»

(ترجمه تفسیری : متی ؛ فصل ۷ آیات ۹ تا ۱۲)

(گناه حضرت آدم و بخشش عیسی مسیح):

آیه ۱۷(ترجمه قدیم) : «وقتی آدم گناه کرد ، گناه آدم موجب شد عده زیادی محکوم به مرگ گردند ، در حالی که عیسی مسیح گناهان بسیاری را به رایگان پاک می کند در نتیجه انسان یعنی آدم مرگ ونابودی را از چنگال خدا گرفت اما تمام کسانی که آمرزش و پاکی می پذیرند از آن پس شریک حیات و سلطنت یک انسان دیگری می گردند»

ترجمه تفسیری آیه ۱۵: «و چه فرق بزرگیست میان گناه آدم و بخشش خدا ، آدم با گناه خود باعث مرگ عده ی زیادی شد اما عیسی مسیح از روی لطف خدا سبب بخشش گناهان بسیاری گشت»

ترجمه دوم : «و اما این دو مثل هم نیستند زیرا بخشش الهی با گناهی که به وسیله آدم وارد جهان شد قابل مقایسه نیست، درست است که بسیاری بخاطر گناه یک نفر مردند اما چه قدر بیشتر است فیض خدا و بخششی که از فیض آدم دوم - عیسی مسیح- ناشی شده به فراوانی در دسترس بسیاری گذاشته شده است » (رومیان۵)

ترجمه تفسیری پیدایش۲ آیات ۱۸ تا ۲۲ :

- خداوند فرمود : شایسته نیست آدم تنها بماند با باید برای او یار مناسبی به وجود آورم.

- آنگاه خداوند همه حیوانات و پرندگانی را که از خاک سرشته بود نزد آدم آورد تا ببیند آدم چه نامهایی بر آنها خواهد گذاشت بدین ترتیب تمام حیوانات و پرندگان نامگذاری شدند.

- پس آدم تمام حیوانات و پرندگان را نامگذاری کرد اما برای او یار مناسبی یافت نشد

- آنگاه خداوند آدم را به خواب عمیقی فرو برد و یکی از دنده هایش را برداشت و جای آن را با گوشت پر کرد

- و از آن دنده زنی سرشت و او را پیش آدم آورد.

آیات دانه خردل :

متی ۳۱:۱۳ عیسی باز مثل دیگری برای ایشان آورد : « ملکوت خدا مانند دانه ریز خردل است که در مزرعه ای کاشته شده باشد/

۳۲:۱۳ دانه خردل کوچکترین دانه هاست با وجود این وقتی رشد می کند از تمام بوته های دیگر بزرگتر شده به اندازه یک درخت می شود بطوری که پرنده ها می آیند و در لابلای شاخه هایش لانه می کنند .

متی ۲۰:۱۷ عیسی گفت : از آن جهت که ایمانتان کم است اگر شما حتی به اندازه دانه خردل نیز ایمان می داشتید می توانستید به این کوه بگویید حرکت کند و از شما اطاعت می کرد برای کسی که ایمان داشته باشد هیچ کاری غیرممکن نیست

توضیحات:

* گناه، به وسیله آدم اول وارد این دنیا شد و به واسطه آدم دوم، فیض و رحمت الهی وارد این دنیا شد؛ دو آدم : یکی گناه را وارد جهان کرد و دیگری بخشش خدا را.

* آدم زمانی که در حضور خداوند بود ، چون درک و شناختی از خداوند نداشت و به خاطر محدودیت هایی که خداوند برای آدم تعیین کرد آدم از این وضع و شرایط شاکی بود و تصمیم گرفت که از حضور خداوند خارج شود و خود همه چیز را تجربه کند پس آدم با خارج شدن از حضور خداوند روح القدس را از دست داد.

* اما عیسی مسیح گفت : من تحت هر شرایطی به خداوند ایمان و اعتماد کامل دارم.

* برای ارتباط با خداوند فقط یک راه وجود دارد ؛چون خداوند روح است و راه معاشرت و حضور در پیشگاه خداوند دریافت روح القدس است زمانی که روح القدس را دریافت کردی یعنی در حضور خداوند هستی و می توانی بی واسطه با خداوند معاشرت کنی.

* اما زمانی که آدم از حضور خداوند خارج شد یعنی روح القدس را پس زد و از حضور خداوند بیرون رفت و ارتباط با خداوند قطع شد ، آدم روح القدس را داشت اما آن را از دست داد.

زمانی می توانی از حضور کسی لذت ببری که درک و شناخت کافی داشته باشی آدم هم مانند کسی بود که حافظه اش پاک شده است هیچ شناختی از خداوند نداشت و از حضور خداوند لذتی نمی برد.

* وتنها راه پرورش و رشد روح القدس؛ اعتماد و ایمان کامل به خداوند است و اگر شک داشته باشی یعنی روح القدس را دریافت نکردی؛ در ابتدا که روح القدس را دریافت میکنی شاید حضورش را احساس نکنی چون نیاز به رسیدگی و پرورش دارد؛ همچون دانه خردلی که بسیار کوچک و ناچیز است که با رسیدگی در مدت زمان کمی تبدیل به درخت بزرگی می شود که در سایه آن مورد فیض و لطف الهی قرار خواهی گرفت

* با اعتماد داشتن است که روح القدس رشد می کند و عیسی مسیح هم به خداوند اعتماد داشت

* گناه از آدم اول به انسان ها به ارث رسیده است یعنی چیزی که انسان از دست داد ما نیز از دست دادیم - یعنی روح القدس را- آن کسی که روبروی خدا ایستاد و از خداوند شاکی و طلبکار بود آدم اول بود پس ما گناه و نافرمانی را از آدم اول به ارث بردیم.

* واگر خداوند هم عیسی مسیح را مانند آدم اول بدون هیچ واسطه ای خلق و از هیچ خلق میکرد او هم به دلیل اینکه حافظه اش پاک بود مانند آدم اول می شد اما عیسی مسیح به واسطه مریم متولد شد؛ و باید آدم دوم به صورت نوزاد متولد میشد و کم کم رشد میکرد. مریم هم کتاب مقدس را از ۵ سالگی به عیسی آموخت و چون عیسی پر از روح خداست کتاب مقدس را بدون هیچ شک و تردیدی می پذیرد.؛ آدم دوم به وسیله روح القدس وارد این دنیا شد اما کاملا یک انسان است و بعد جسمانی او هم مانند بقیه است اما پر از روح خداوند است و چون پر از روح خداوند است هیچ ارتباطی با شیطان ندارد و شیطان هیچ نفوذی بر وی ندارد

* عیسی مسیح صددرصد یک انسان است و لازم بود که آدم دومی آفریده شود چون آدم اول روح القدس را پس زد و از حضور خداوند بیرون رفت و خدا را محکوم کرد پس لازم بود آدم دومی بیاید که ثابت کند این اشتباه آدم بود نه خداوند.

* خداوند آدم دوم را خلق کرد چون خداوند مسیح های زیادی را انتخاب کرد همه بهترین های زمانه خود بودند مانند داوود ، سلیمان و... اما داوود گناه کرد ،سلیمان بت پرست شد یوشع بهترین بود و آخر با خدا دشمن شد.خداوند در عهد قدیم می گوید هر کس را که انتخاب کردم چون تحت سلطه شیطان بودند در نهایت گناهکار شدند.

پس باید یک نفر بیاید که شیطان هیچگونه نفوذ و تسلطی بر وی نداشته باشد و این زمانی ممکن است که از نسل آدم نباشد و عیسی مسیح چون پر از روح خدا بود هیچ شکی به خداوند نداشت و اطاعت کامل از خداوند داشت

عیسی مسیح چون پر از روح خداوند بود هر کاری که خداوند قادر به انجام آن بود وی هم می توانست آن را انجام بدهد عیسی مسیح مردگان را زنده می کرد و معجزات بزرگی داشت

* آدم اول روح القدس را پس زد که از حضور خداوند بیرون بیاید و شیطان بر وی حاکم شد ما هم از نسل آدم هستیم روح القدس را نداریم اما مشتاقیم که این روح القدس را از خداوند پس بگیریم شیطان هم بر ما تسلط دارد و ما هم گناهکاریم چون از نسل آدمیم.

* پس خداوند باید آدم ثانی را خلق میکرد که شیطان هیچ تسلطی بر وی نداشت و می تواند روبروی شیطان بایستد و به آدم اول ثابت کند که می شود فریب شیطان را نخورد و از خداوند اطاعت کرد آدم هم می توانست اطاعت کند اما نخواست.

* خداوند به آدم اول گفت از این میوه ممنوعه نخور ولی خورد

خداوند به آدم ثانی گفت باید بر روی صلیب بروی و کشته شوی و او پذیرفت

پس دو انسان در یک جایگاه و یک سطح هستند

آدم اول و ثانی هر دو انسان بودند و تنها تفاوت شان؛ عدم شناخت خداوند است. ما به دلیل عدم شناخت خداوند از روح القدس محروم شدیم ولی عیسی مسیح پر از روح القدس بود هر کاری که خدا قادر به انجام آن بود عیسی

هم می توانست انجام دهد وقتی می گوییم عیسی هم خداوند است گزافه نگفته ایم چون عیسی هم پر از روح خدا بود.

* عیسی مسیح چون از کودکی با کتاب مقدس در ارتباط بود و تمام مفاهیم کتاب مقدس را درک می کرد و چون پر از روح خدا بود و ارث گناهکار بودن را از آدم نداشت روح گناه هیچ تسلطی بر او نداشت و عیسی مسیح در سن ۱۲ سالگی با کاهنان اعظم مباحثه می کرد پس عیسی مسیح به آمادگی کامل رسید و شیطان هیچ تسلطی بر وی نداشت چون به شناخت و درک کامل رسیده بود

* اما آدم اول یکباره چشم باز کرد و بدون هیچ شناختی از خود و جهان و خدا بود پس وسوسه شد که هر چیزی را تجربه کند که در نهایت هر چیزی را که تجربه می کرد بیهودگی بود و پوچی.

* آدم همان انسان اول و عیسی انسان ثانی نامیده شده است؛ برای اینکه امکان انتخاب و مقایسه وجود داشته باشند پس باید هر دو در یک جایگاه و در یک سطح باشند و از هردو یک چیز خواسته شد و آن اطاعت بی چون چرا از خداوند بود، مهم نیست امر و فرمان خدا چقدر سخت و غیرممکن است مهم مطیع بودن است

* این دو انسان قرار است که الگوی انسان های دیگر باشند و ملاک سنجش برای پیروی کردن و اطاعت از خداوند

پس باید هر دو ثابت کنند که می شود از خداوند اطاعت کامل کرد یا نه؟!

* آدم اول با خارج شدن از حضور خداوند نشان داد که نمی شود اطاعت بی چون و چرا داشت و عشقی که آدم به حوا داشت این جسارت را به او داد که نافرمانی کند و علت اینکه آدم از حضور خداوند لذتی نمیبرد این بود که شناخت کاملی از خدا نداشت.

و آدم ثانی با بر روی صلیب رفتن ثابت کرد که می شود تحت هر شرایطی از خداوند اطاعت کرد.

- آدم با اینکه در حضور خداوند بود احساس تنهایی می کرد چون هیچ شناخت و درکی نسبت به خداوند نداشت و خداوند کفت شایسته نیست آدم تنها بماند :

عیسی مسیح با جان خود ثابت کرد که تمام قلبش فقط برای خداوند می تپد.

آیات تکمیلی فصل هجدهم

۱.آدم و مسیح

- گناه به وسیله یک انسان به جهان وارد شد و این گناه ، مرگ را به همراه آورد در نتیجه چون همه گناه کردند مرگ همه را در برگرفت.

- قبل از شریعت گناه در جهان وجود داشت ، اما چون شریعتی در بین نبود گناه به حساب آدمیان گذاشته نمی شد.

- با وجود این باز هم مرگ بر انسان هایی که از زمان آدم تا زمان موسی زندگی می کردند حاکم بود حتی بر آنانی که مانند آدم از فرمان خدا سرپیچی نکرده بودند . آدم نمونه آن کسی است که قراربود بیاید.

- اما این دو مثل هم نیستند زیرا بخشش الهی با گناهی که به وسیله آدم به جهان وارد شد قابل مقایسه نیست.درست است که بسیاری به خاطر گناه یک نفر مردند اما چقدر بیشتر فیض خدا و بخششی که از فیض آدم دوم ، یعنی عیسی مسیح ناشی شده به فراوانی در دسترس بسیاری گذاشته شده است.

- همچنین نمی توان آن بخشش خدا را با نتایج گناه یک نفر یعنی «آدم» مقایسه کرد، زیرا در نتیجه آن نافرمانی ، انسان محکوم شناخته شد ، حال آنکه بخشش خدا پس از آن همه خطایا، موجب تبرئه انسان گردید.

- به سبب نافرمانی آن یک نفر و به خاطر او مرگ بر سرنوشت بشر حاکم شد اما چقدر نتیجه آنچه آن انسان دیگر یعنی عیسی مسیح انجام داد بزرگتر است!همه کسانی که فیض فراوان خدا و بخشش رایگان نیکی مطلق او را دریافت کردند به وسیله مسیح در زندگانی حکومت خواهند نمود.

- پس همان طور که یک گناه موجب محکومیت همه آدمیان شد، یک کار کاملا نیک نیز، باعث تبرئه و حیات همه می باشد.

- و چنانکه بسیاری در نتیجه بی اطاعتی یک نفر، گناهکار گشتند به همان طریق بسیاری هم در نتیجه اطاعت یک نفر کاملا نیک محسوب خواهند شد.

- شریعت آمد تا گناهان را افزایش دهد، اما جایی که گناه افزایش یافت، فیض خدا به مراتب بیشتر گردید.

- پس همانطور که گناه به وسیله مرگ، انسان را تحت فرمان خود در آورد، فیض خدا نیز به وسیله نیکی مطلق فرمانروایی می کند و ما را به وسیله خداوند ما عیسی مسیح به حیات جاودان هدایت می کند.

(ترجمه مژده، رومیان :فصل ۵، آیات ۱۲ تا ۲۱)

فصل نوزدهم: مفاهیم مسیحیت: (تثلیث - تعمید - روح القدس)

بخش اول: تثلیث

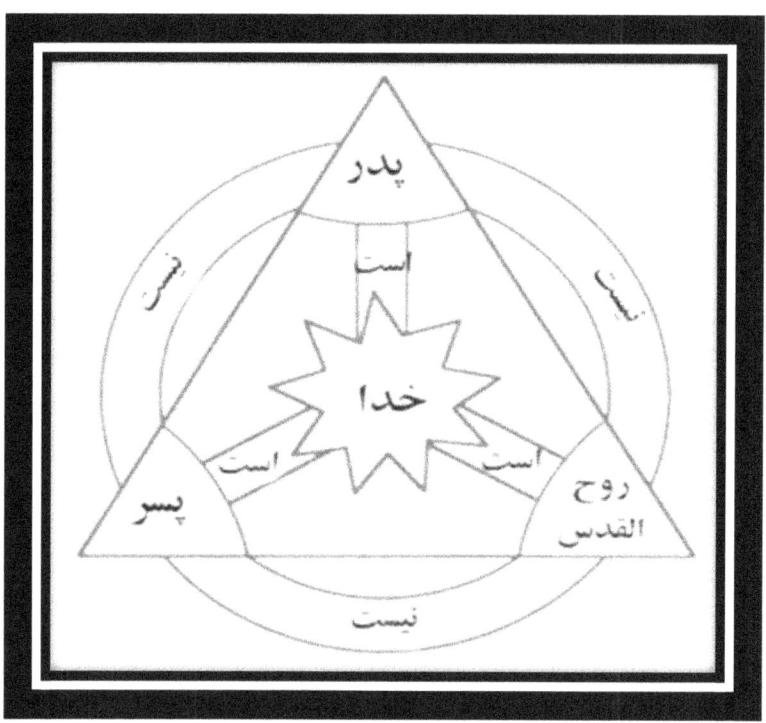

پدر- پسر- روح القدس

مرکزیت : خدا

خدا پسر هست

خدا پدر هست

خدا روح القدس است

پدر روح القدس نیست

پسر روح القدس نیست

پدر پسر نیست

یعنی هیچ ربطی بهم ندارند

خدای روح القدس خدای پدر نیست

خدای پدر هم خدای پسر نیست

خدای پسرهم خدای پدر نیست

یعنی سه خدا وجود دارد

و می گویند : تثلیت این است

یعنی این یک مثلث است هر ضلع و هر زاویه ای پدر ، پسر ، روح القدس هر کدام یک خدا را نشان می دهد.

* اگر قرار باشد که هر کدام نشان دهنده فقط یک خداوند باشند ، یعنی بگویند که خدا یکیست ، یعنی پدر و پسر و روح القدس هر کدام یک بعد و شخصیت از خداوند است ؛ اینگونه قابل پذیرش است زیرا خداوند می تواند بی نهایت شخصیت داشته باشد

ولی اگر بگویند هر کدام جداست و شخصت پدر و پسر و روح القدس هیچ ارتباطی با هم ندارند دیگر نمی توانند بگویند که اتحاد هست ، زمانی می توانند ادعا کنند که هر سه خداوند هستند و هر سه خدا یکیست ، که واژه " نیست " در این مثلث وجود نداشته باشد

وقتی کلمه" نیست"وجود دارد یعنی سه خدا وجود دارد : خدای پدر – خدای پسر – روح القدس هر سه خداوند هستند و هر سه از ازل وجود داشتند

زمانی تثلیث قابل قبول و پذیرش است که واژه " نیست " و " ازلی بودن " از تثلیث حذف شود

* تثلیث ، از سیصد سال بعد از عیسی مسیح وارد مسیحیت شد ، زمانی که عده ای از بت پرست ها متوجه شدند که بت پرستی دیگر طرفداری ندارد چون باید برای بت ها قربانی می کردند و خون می ریختند و فرزندانشان را قربانی می کردند

اما در مسیحیت خدای مهربانیست که دیگر از فرزندان خود ، قربانی نمی خواهد ، این خدای مسیحیت فقط ایمان و اعتماد می خواهد پس اکثر انسان ها مسیحی شدند و معبدها از رونق افتادند ، پس با تثلیت یعنی آوردن خدای پدر ، خدای پسر در دین مسیحیت به گونه ای دیگر بت پرستی را وارد مسیحیت کردند.

و می گویند : خدای پسر و خدای پدر هر کدام یک خدای جداگانه هستند و خرافات را وارد دین مسیحیت کردند به اسم : پدر – پسر – روح القدس و قدیسه و...

پس اینکه می گویند : پدر پسر نیست ، پدر روح نیست ، روح پدر نیست ، همه اینها سیصد سال بعد از عیسی وارد کلیساها شد

* اگر یک مسیحی روی تثلیث و کلمه "نیست" پافشاری کند یعنی به سه خدا اعتقاد دارد و این تعلیم اشتباهیست

اما اگر یک مسیحی بگوید : که ما یک خدا داریم ولی سه شخصیت دارد این درست و قابل قبول است

مانند: خدای عهد موسی که به شکل ابر و صاعقه و طوفان و شکل های مختلف خود را بر قوم بنی اسرائیل نشان می داد، خداوند هم نسبت به شرایط تغییر می کند مانند زمان حضرت موسی که خود را به شکل رعد و برق و صاعقه نشان می دهد کسی نمی تواند بگوید اینها جدا هستند

مانند :آب که می تواند در شرایط مختلف به شکل های مختلف ظاهر شود به شکل مایع جامد و بخار، کسی نمی تواند ادعا کند که اینها سه چیز مختلف هستند آب همان آب است فقط شکل آن عوض شده است ، آب در شرایط مختلف تغییر حالت پیدا می کند.

* کاتولیک و ارتدکس : معتقدند که عیسی و خداوند دو بعد مهم هستند و روح القدس فقط واسطه است

* بعضی از کاتولیک ها و پروتستان ها معتقدند که : هر سه خدا هستند و با هم برابرند

* ارتدوکس می گویند: دو خدا در آسمان است و روح القدس واسطه خدای پدر و پسر است

* پروتستان و کاتولیک می گویند هر سه خدا هستند.

* در واقع هر کشوری رسم و رسوم خود را وارد دین مسیحیت نموده و خیلی از مراسم هایی که در کلیساها برگزار می شود ربطی به دین مسیحیت ندارد مراسم هاییست که حتی قبل از دین مسیحیت نیز وجود داشتند.

* «پس مفهوم تثلیث کلیسایی می گوید: که سه خدا وجود دارد که از ازل بودند و با هم جهان را خلق کردند و در اتحاد با هم هستند و اگر یکی نباشد جهان خلق نمی شد

عیسی خدای پسر است

خدای پدر است

عیسی روح القدس است

و هر کدام خدای جداگانه ای هستند و هر سه خدا با هم در کنار هم در آسمان ها هستند».

✳ خداوند روح است و برای فهم ما مثال پدر را آورده است اگر این تثلیث را قبول کنی یعنی خدا را کنار گذاشتی

ولی اگر گفتند پدر، پسر و روح القدس هر سه خدا هستند و هر کدام یک شخصیت از خداوند را معرفی می کنند این قابل قبول است ولی اگر گفتند که هر کدام مجزاست و باید جداگانه پرستش شوند اینجا ایراد دارد

✳ در تثلیث واقعی: خداوند می گوید من خداوندی خود را کنار گذاشته و می خواهم برای تو یک پدر باشم و تو برای من فرزند باشی و یک رابطه پدر و فرزندی همراه با اعتماد واطاعت و محبت

✳ ✳ یک خدا وجود دارد که در آسمان هاست و روح است و می خواهد برای ما پدر باشد و ما فرزند او هستیم ✳

✳

بخش دوم: تعمید

* عیسی مسیح می گوید در نام من تعمید بدهید*

یعنی خداوند می خواهد در جایگاه پدر باشد ، آیا شما می خواهید در جایگاه فرزند و پسر باشید ؟خدایی که عیسی معرفی می کند : می خواهد برای تو پدر باشد و پدر به دست فرزندش به جای نان سنگ نمی دهد؛ یعنی یک پدر نهایت مهر و محبت را به فرزند خودش دارد.

* خداوند می خواهد ما انسان های روی زمین این جایگاه را بپذیریم که برای خداوند فرزند باشیم و انتخاب کنیم که می خواهیم فرزند خداوند باشیم یا نه؟ خداوند بنده مخلص و اسیر نمی خواهد؛ یک فرزند واقعی می خواهد.

* در رابطه پدر - فرزندی پدر می خواهد که فرزند به او اعتماد کامل داشته باشدو خداوند می گوید :هر کس می خواهد توسط من پذیرفته شود باید بمیرد اگر مردی من تورا قبول می کنم

* اما ما چگونه می میریم ؟ زمانی که غسل تعمید می گیری ،می میری و وارد دنیای مردگان می شوی و از دنیای مردگان برخاستی.غسل تعمید هم مانند به صلیب کشیده شدن عیسی سخت است و حتی بالاتر از آن چون با غسل تعمید ممکن است مورد تمسخر و تحقیر شوی، زمانی هم که عیسی مسیح بر روی صلیب مرد همه گفتند او هم که مرد و مانند بقیه بود و این نهایت تحقیر و تمسخر بود

ولی زمانی که غسل تعمید را انجام دادی ثابت می کنی که من هم حکم خداوند را انجام دادم پس من هم سر مار را کوبیدم مانند عیسی مسیح؛ کسی که مسیحی است باید همانند عیسی مسیح باشد و ثابت کند که لیاقت فرزند و وارث بودن خداوند است،خداوند می خواهد در جایگاه پدر باشد و اگر گفت تو باید بمیری پس باید اطاعت کنی چون یک پدر خیر و صلاح فرزندش را می خواهد

چرا قبل از تعمید روح القدس را نداریم ؟

* به این دلیل که آدم که پدر همه ما است روح القدس را از دست داد از حضور خداوند خارج شد آدم در حضور خداوند بود چون روح القدس را داشت و زمانی که این روح را از دست داد ما نیز از حضور خداوند خارج شدیم و ما نیز روح القدس را از دست دادیم و به منظور باز گرفتن مجدد روح القدس باید تعمید را انجام دهیم

و وقتی که روی زمین هستیم چون حاکم روی زمین شیطان است و شیطان بر روی زمین حکومت می کند پس آلوده روح زمینی و افکار شیطانی هستیم والان همه ما انسان ها دو روح داریم یک روح زمینی و شیطانی ویک روح آسمانی و خدایی

* اما چیزی را که آدم اول از دست داد ما بی صبرانه مشتاقیم که آن را به دست آوریم،پس نیاز به کسی هست که روح القدس را داشته باشد و عیسی مسیح نباید از نسل آدم باشد چون اگر او هم از نسل آدم بود روح القدس را نداشت، پس خدا باید یک انسان دیگر از هیچ بیافرینند پس عیسی از هیچ آفریده شد و عیسی معجزه خداوند بود.

* بنابراین خداوند می خواهد آدم دوم را بیافرینند به این دلیل که اگر او هم از نسل آدم اول باشد او هم روح القدس را ندارد و آدم دوم یعنی عیسی مسیح را از هیچ و بواسطه مریم خلق نمود.

* زمانی که حوا آفریده شد؛ خداوند آدم دومی خلق نکرد در واقع با بخشی از وجود آدم حوا را آفرید و بوجود آورد اما حالا که قصد دارد عیسی را بیافرینند از وجود مریم استفاده می کند.

* ما می گوییم گناه را از آدم به ارث بردیم نه آدم و حوا ؛به این دلیل که حوا هم قسمتی از وجود آدم بود گناه حوا همان گناه آدم بود.

* پس ما تعمید میگیریم چون مشتاقیم که روح القدس را دریافت کنیم و در حضور خدا و فرزند خداوند باشیم

بخش سوم : روح القدس

اعمال رسولان ۲۵:۴ مدتها پیش بوسیله روح القدس از زبان جد ما و خدمتگزار خود داود نبی فرمودی :

اعمال رسولان ۳۱:۴ پس از این دعا : خانه ای که در آن بودندتکان خورد و همه از روح الفدسپر شدند و پیغام خدا را با جرأت به مردم رساندند

اعمال رسولان ۳:۵ پطرس گفت : حنانیا شیطان قلب تو را از طمع پر کرده است وقتی گفتی این تمام قیمت زمین است در واقع به روح القدس دروغ گفتی

اعمال رسولان ۳۲:۵ حال ما رسولان شاهد این واقعه هستیم و روح القدس نیز شاهد است همان روح پاک که خدا او را به مطیعان خود عطا می کند.

اعمال رسولان ۳:۶ پس برادران عزیز از میان خود هفت نفر را انتخاب کنید که پر از حکمت و روح القدس و مورد اعتماد همه باشند تا انان را مسئول اینکار کنیم

اعمال رسولان ۸:۶ استیفان هم که بسیاار با ایمان و پر از قدرت روح القدس بود در میان مردم معجزه های بزرگ انجام می داد

اعمال رسولان ۳۸:۲ پطرس جواب داد : هریک از شما باید از گناهانتان دست کشیده بسوی خدا بازگردید و به نام عیسی مسیح تعمید بگیرید تا خدا گناهانتان را ببخشد آنگاه خدا به شما نیز این هدیه یعنی روح القدس را عطا خواهد فرمود

اعمال رسولان ۴:۱ در یکی از این دیدارها بود که عیسی به ایشان گفت از شهر اورشلیم بیرون روید بلکه منتظر روح القدس باشید زیرا اون همان هدیه ای است که پدرم وعده اش را داده و من نیز درباره اش با شما سخن گفتم

اعمال رسولان ۵:۱ یحیی شما را با آب تعمید داد ولی تا چند روز دیگر شما با روح القدس تعمید خواهید یافت

اعمال رسولان ۴:۲ آنگاه همه از روح القدس پر شدند و برای اولین بار شروع به سخن گفتن به زبان هایی کردند که با آنها آشنایی نداشتند زیرا روح خدا این قدرت را به ایشان داد.

اعمال رسولان ۳۳:۲ او اکنون در آسمان بر عالیترین جایگاه افتخار در کنار خدا نشسته است وروح القدس موعود را از پدر دریافت کرده و او را به پیروان خود عطا فرموده است که امروز شما نتیجه اش را می بینید و می شنوید.

اعمال رسولان۹:۱۳ آنگاه که پولس سرشار از روح القدس بود. نگاه غضب آلودی به آن جادوگر انداخت و گفت:

اعمال رسولان ۵۲:۱۳ اما کسانی که در اثر پیغام آنان ایمان آوردند،سرشار از شادی و روح القدس شدند.

اعمال رسولان۸:۱۵ خدا که از دل مردم باخبر است روح القدس را همانطور که به ما داد به غیریهودیان نیز ارزانی داشت تا این حقیقت را ثابت کند که ایشان را نیز مانند ما می پذیرد.

انجیل لوقا ۱۲:۱۲ چون روح القدس همان لحظه به شما خواهد آموخت که چه بگویید

انجیل لوقا ۴۹:۲۴ اینک من روح القدس را که پدرم به شما وعده داده است برشما خواهم فرستاد از اینرو پیش از آنکه این پیغام نجاتبخش را به دیگران اعلام کنید. در اورشلیم بمانید تا روح القدس بیاید و شما را با قدرت الهی از عالم بالا مجهز کند.

انجیل یوحنا۳۳:۱ همانطور که گفتم من نیز او را نمی شناختم ولی وقتی خدا مرا فرستاد تا مردم را غسل تعمید دهم،در همان وقت به من فرمود: هرگاه دیدی روح خدا از آسمان آمد و برکسی قرار گرفت، بدان که او همان است که منتظرش هستید.اوست که مردم را با روح القدس تعمید خواهد داد.

انجیل یوحنا ۱۳:۱۶ولی وقتی روح القدس که سرچشمه همه راستی هاست بیاید،تمام حقیقت را به شما آشکار خواهد ساخت زیرا نه از جانب خود ....

انجیل یوحنا۳۹:۷ منظور عیسی از نهرهای آب زنده ، همام روح القدس بود که به کسانی داده می شود که به عیسی ایمان آوردند ولی روح القدس هنوز به کسی عطا نشده بود چون عیسی هنوز به جلال خود در آسمان بازنگشته بود.

انجیل یوحنا۱۷:۱۴ این پشتیبان و تسلی بخش همان روح القدس است که شما را با تمام حقایق آشنا خواهد کرد مردم دنیا به او دسترسی ندارند چون نه در جستجوی او هستند . نه او را می شناسند ولی شما در جستجوی او هستید و او را می شناسید چون او همیشه با شماست و در وجودتان خواهد بود.

افسسیان ۳۰:۴ طوری زندگی نکنید که باعث رنجش روح القدس گردد به یاد داشته باشید که او بر شما مهر زده است تا شما را برای روز رستگاری آماده کند روزی که در آن بطور کامل از گناه آزادی خواهید یافت .

رساله اول یوحنا ۲۴:۳ هر که احکام خدا را بجا آورد با خدا زندگی می کند و خدا نیز با او این حقیقت را از آن روح پاک که خدا به ما عطا فرموده است دریافت کرده ایم

افسسیان ۱۳:۱ به سبب فداکاری مسیح همه شما نیز که پیغام نجات بخش انجیل را شنیدید و به مسیح ایمان آوردید بوسیله روح القدس مهر شدید تا مشخص شود که متعلق به مسیح هستید خدا از زمان های گذشته وعده داده بود که روح القدس را به همه ما مسیحیان عطا کند

افسسیان ۱۴:۱ و حضور روح القدس در ما ضمانت می کند که خدا هر چه وعده داده است به ما عطا خواهد فرمود مهر روح خدا بر ما نمایانگر این است که خدا ما را بازخرید کرده و ضمانت نموده است که ما را به حضور خود ببرد این نیز دلیل دیگری است برای آنکه خدای شکوهمند خود را سپاس گوییم

- اما کسانی که در اثر پیغام آنان ایمان آوردند سرشار از شادی و روح القدس شدند.

* اگر قرار باشد فرزند خداوند باشی باید نشانه ای از خداوند در وجود تو باشد ، مُهری از خداوند روی انسان زده شود ، به واسطه روح القدس است که که خداوند تو را فرزند خود می داند واگر کسی این روح القدس را نداشته باشد نمی تواند ادعا کند که فرزند خداوند است

* اگر اطاعت نکنید این روح به شما داده نمی شود ارتباط ما با خداوند به واسطه روح القدس است اگر اطاعت کردیم و تن به خواسته خداوند دادیم خدا هم به عهد خود وفا کرده و این روح القدس را دریافت میکنید واگر کسی روح القدس را نداشته باشد هیچ نشانی از خداوند ندارد.

* خداوند ما انسان ها را آفریده که در جایگاه فرزند باشیم و فرشتگان را هم قبل از ما خلق کرده است که در جایگاه خدمتگزار باشند

* در عهد قدیم خداوند خود را به شکل های عجیب و غریب و ترسناک بر قوم بنی اسرائیل ظاهر می کرد برای اینکه در آن زمان اگر جز این بود نمی پذیرفتند و خداوند را باور نمی کردند چون فقط خدایی را که اینگونه بود

به خدایی قبول داشتند و اگر جز این بود اطاعت نمی کردند اما در عهد جدید خداوند می خواهد همانگونه که هست و هدفش بوده خود را معرفی کند همان خدای مهربانی که می خواهد پدر باشد. خداوند هم می تواند در هر شرایطی به یک شکل ظاهر شود.

* روح القدس همان خود خداست عیسی مسیح می فرماید هر کس که من را دیده انگار که خدا- یعنی پدر - را دیده است؛ روح القدس یعنی ذره ای از روح خدا که از خداوند جدا شده و در وجود ایمان دارها قرار گرفته است.

* ما متولد شده خدا را می شناسیم و درک می کنیم و بعد از آن روح القدس را درک می کنیم

* قبل خلقت ذره ای از خداوند وارد جسم مریم شد و عیسی مسیح متولد شد؛عیسی مسیح قبل تولد روح القدس را دریافت کرده بود روح عیسای مسیح از آسمان است؛ ولی روح ما زمینی است - جنین از ۴ ماهگی روح زمینی در وی دمیده می شود- و روح تحت سلطه شیطان است

* اگر روح القدس را دریافت کردید و پر از روح خدا شدید آن وقت قادر به انجام هر کاری خواهید بود و شبیه عیسی مسیح می شوید.ترجمه تفسیری- اول قرنتیان فصل۲- آیه ۱۲

خدا در واقع روح خود را به همین منظور به ما عطا فرموده است تا توسط او بر ما آشکار کند که چه هدایای پرشکوهی از لطف و برکت خودْنصیب ما ساخته است.بدیهی است روحی که ما یافته ایم،با روح این دنیا تفاوت دارد.

بخش چهارم :مفهوم نان و شراب در مسیحیت

«چون هنوز مشغول خوردن بودند ، عیسی نان را برگرفت و پس از شکرگذاری ، پاره کرد و به شاگردان داد و فرمود : بگیرید ، بخورید ، این است بدن من

سپس جام را برگفت و پس از شکرگزاری آن را به شاگردان داد و گفت :همه شما از این بنوشید این است خون من برای عهد که به خاطر بسیاری به جهت آمرزش گناهان ریخته می شود.

(انجیل متی : فصل۲۶- آیات ۲۶تا ۲۸)

---

* منشا این مراسم(عشای ربانی) بر می گردد به آخرین شامی که عیسی مسیح در شب دستگیری خود توسط سربازان رومی با حواریون خود خورد:

نان و شراب اجزای مراسم عشای ربانی هستند که معنای حقیقت خون و جسم عیسی مسیح هستند.و مسیحیان باور دارند که عیسی مسیح با جسم خود نزد آنان حاضر خواهد شد و همچنین باور دارند همان گونه که عهد خدا با قوم یهود توسط خون قربانی ها بر کوه سینا استوار گردید به همین ترتیب عهد جدیدی بین خدا و بشریت به وسیله خون عیسی مسیح محکم و استوار گردید.

ترجمه تفسیری انجیل یوحنا فصل ۶۴۸ تا۶۰

- من نان حیات هستم

- پدران شما در بیابان آن نان را خوردند و عاقبت مردند

- اما هر که از این نان آسمانی بخورد تا به ابد زنده می ماند

- آن نان زنده که از آسمان نازل شد منم هر که از این نان بخورد تا ابد زنده می ماند این نان در واقع همان بدن من است که فدا می کنم تا مردم نجات یابند

- مردم باشنیدن این سخن، باز اعتراض کرده به یکدیگر گفتند: عجب حرفی می زند چطور می خواهد بدنش را به ما بدهد تا بخوریم ؟

- پس عیسی باز فرمود : این که می گویم عین حقیقت است تا بدن مسیح را نخورید و خون او را ننوشید هرگز نمی توانید زندگی جاوید داشته باشید

- ولی کسی که بدنم را بخورد و خونم را بنوشد زندگی جاوید دارد و من در روز قیامت او را زنده خواهم ساخت

- چون بدنم خوراک واقعی و خونم نوشیدنی واقعی است

به همین دلیل هر که بدنم را بخورد و خونم را بخورد و خونم را بنوشد در من خواهد ماند و من در او

- من به قدرت پدرم خدا زندگی می کنم همان که مرا به این دنیا فرستاد. شخصی نیز که درمن است به قدرت من زندگی می کند.

- نان واقعی منم که از آسمان آمده ام نانی که اجداد شما در بیابان خوردند نتوانست ایشان را برای همیشه زنده نگهدارد اما هر که از این نان بخورد برای همیشه زنده خواهد ماند

عیسی این سخنان را در عبادتگاه کفرناحوم بیابان کرد

درک این پیغام چنان سخت بود که حتی شاگردان عیسی نیز به یکدیگر می گفتند : خیلی مشکل است بفهمیم چه می خواهد بگوید چه کسی می تواند منظورش را درک کند؟

(مفهوم این آیات این است که همه باید عیسی مسیح را با همه وجود درک کنند و بشناسند تا به درک خداوند برسند، همانند غذا و خوراکی که تا آنان را نچشیده و نخورده ای نمی توانی در مورد آن نظر بدهی و به شناخت برسی)

فصل بیستم: بر روی صلیب رفتن عیسی مسیح (کوبیده شدن سرمار)

چرا می گویند که خون عیسی کفاره گناهان ماست ؟!!!؟

* در دعای نجات می خوانیم که : اعتراف می کنم که فردی گناهکارم من ایمان دارم بخاطر گناهان من به صلیب کشیده شدی و در قبر نهاده شدی (یعنی ما گناهکاریم و برای اینکه پاک شویم باید خون ریخته شود و چون هیچ خونی اینقدر با ارزش و بزرگ نیست که گناهان ما را پاک کند پس نیاز به یک خون ارزشمند وبزرگ است؛ یک خدا باید خون خدای دیگر را بریزد تا گناهان ما پاک شود یعنی خدای پدر باید خون خدای پسر را بریزد؟!چرا باید یک نفر خونش ریخته شود برای پاک کردن گناهان دیگری ؟ ؟ ؟)

(زمانی که می خواهید از مسیحیت دفاع کنید باید این موضوع تفسیر و توضیح داده شود)

* عیسی مسیح آمد و بر روی صلیب رفت و خونش ریخته شد برای اینکه ثابت کند که تحت هر شرایطی می شود از خداوند اطاعت کرد*

* خداوند در سفر پیدایش می گوید : (که بین نسل تو و نسل زن دشمنی می گذارم یعنی نسل حوا و نسل شیطان...) و تنها کسی که از نسل زن وبدون هیچ واسطه ای به دنیا آمد عیسی مسیح بود.

* شیطان آدم و حوا را فریب داد که به خدا ثابت کند که خدا در خلقت آدم، اشتباه کرده و آدم و حوا نمی توانند فرزند خداوند باشند و این امتیاز باید به شیطان داده شود و می بایست او را به فرزندی قبول کند؛ شیطان گفت چرا من فرزند تو نباشم چرا من مورد پرستش قرار نگیرم؟!

* اما خداوند با خلقت عیسی نشان داد و ثابت کرد که انسانی که آفریدم لیاقت این را دارد که فرزند من باشد و وقتی خداوند با بر روی صلیب رفتن عیسی این را به شیطان ثابت نمود سرمار کوبیده شد.

* آدم و حوا ؛ چون هیچ شناختی از خداوند نداشتند با یک فریب شیطان به راحتی دچار شک و تردید شدند و همین شک آدم را رودرروی خدا قرار داد (هر چند که همه اینها طرح و برنامه خداوند بود) و حالا در زمان عیسی وقت آن رسیده است که فرزند نسل زن(عیسی) ، به شیطان (مار)و فرشتگان؛ثابت کند که من فرزند واقعی خداوند هستم و من لایق این هستم که وارث خداوند باشم و مورد پرستش قرار بگیرم.

* عیسی به شناخت صددرصد رسیده بود اما آدم این شناخت را نداشت؛ عیسی از همه وسوسه های شیطان رها شد و سربلند بیرون آمد زمانی که خداوند از عیسی خواست که بر روی صلیب برود و بمیرد این سخت ترین مرحله است؛ زیرا اگر به خداوند اعتماد کردی و مُردی - چون بالاتر از مرگ نداریم- یعنی نهایت اطاعت را انجام دادی

، عیسی مسیح هم این را پذیرفت، شیطان تمام تلاشش را کرد که عیسی را وسوسه کند و منصرف نماید ولی عیسی همه چیز را به جان خرید و ثابت کرد شیطان هیچ قدرتی ندارد و می توان تحت هر شرایطی از خداوند اطاعت کرد

*** پس چرا عیسی مسیح باید کشته می شد ؟**

به این دلیل که باید سر مار کوبیده می شد؛ یعنی به همه ثابت می شد که آدم می تواند تحت هر شرایطی از خداوند اطاعت کند.بالاتر از مرگ نداریم عیسی مسیح اطاعت کرد و به خواست خداوند مرد و وارث خداوند شد؛ کاری که خداوند از عیسی می خواست کار آسانی نبود؛ به او تهمت زده شد ، دستگیر و زندانی شد ،بر روی صلیب رفت ،میخکوب شد ، زخمی شد و بر پهلویش نیزه زدند و او را داخل قبر گذاشتند

خداوند به عیسی می گوید : من تو را به همین دلیل خلق کردم که با بدترین شکل و با شکنجه کشته شوی، زمانی که با بدترین شکل ممکن شکنجه شدی و مرگ را به جان خریدی واطاعت کردی دیگر کسی نخواهد توانست که بهانه بیاورد که نمی شود از خداوند اطاعت کرد و با اطاعت عیسی مسیح ؛دیگر هیچ آدم و فرشته ای نمی تواند رو به روی خدا بایستد و نافرمانی نمی کند

* در رابطه پدر – فرزندی پدر می خواهد که فرزند به او اعتماد کامل داشته باشدو خداوند می گوید :هر کس می خواهد توسط من پذیرفته شود باید بمیرد اگر مردی من تورا قبول می کنم

* اما ما چگونه می میریم ؟ زمانی که غسل تعمید می گیری ،می میری و وارد دنیای مردگان می شوی و از دنیای مردگان برخاستی.غسل تعمید هم مانند به صلیب کشیده شدن عیسی سخت است و حتی بالاتر از آن چون با غسل تعمید ممکن است مورد تمسخر و تحقیر شوی، زمانی هم که عیسی مسیح بر روی صلیب مرد همه گفتند او هم که مرد و مانند بقیه بود و این نهایت تحقیر و تمسخر بود

ولی زمانی که غسل تعمید را انجام دادی ثابت می کنی که من هم حکم خداوند را انجام دادم پس من هم سر مار را کوبیدم مانند عیسی مسیح؛ کسی که مسیحی است باید همانند عیسی مسیح باشد و ثابت کند که لیاقت فرزند و وارث بودن خداوند است،خداوند می خواهد در جایگاه پدر باشد و اگر گفت تو باید بمیری پس باید اطاعت کنی چون یک پدر خیر و صلاح فرزندش را می خواهد

* و این اشتباه است که در کلیساها گفته می شود که عیسی مسیح به خاطر گناهان ما بر روی صلیب رفت و خونش ریخته شد که گناهان ما بخشیده شود (آیا این منطقی است که یک انسان بی گناه در راه گناهکاران بمیرد ؟) عیسی مسیح می فرماید : بعد از من معلمان دروغینی می آیند که باعث می شوند خدا مورد تمسخر قرار گیرد(واین همان تعالیم اشتباه در کلیساهاست)*

* اما خداوند می گوید اگر می خواهی مورد پذیرش قرار بگیری باید اطاعت کنی؛ اما چون تو همانند عیسی مسیح نیستی من از تو مردن نمی خواهم ،فقط باید غسل تعمید بگیری و درون آب روی و اگر اطاعت کردی و درون آب رفتی تو هم فرزند من خواهی بود.و تمام فرشتگان منتظرند که ببینند این آدم از خداوند اطاعت می کند یا نه..پس موقع غسل تعمید باید خداوند را اطاعت کرد و ثابت کرد که ما لیاقت وارث بودن خداوند را داریم. و این نهایت محبت خداوند نسبت به ماست که غسل تعمید گرفتن، همانند صلیب رفتن عیسی مسیح است و این امر را برای ما آسان نموده است عیسی مسیح خونش ریخته تا ثابت کند می شود اطاعت کرد ومسیحیان با غسل تعمید ثابت می کنند که می شود از خداوند اطاعت نمود و با همین غسل، تو هموارث و فرزند خداوند هستی

* زمانی هم که عیسی مسیح بر روی صلیب رفت و کشته شد و در برابر وسوسه های شیطان فریب نخورد ، شیطان دیگر حرفی برای گفتن نداشت و سرش کوبیده شد و با این کار ما ثابت کردیم که وارث حقیقی خداوندیم و خدا در خلقت خود اشتباه نکرده است

خداوند در پیدایش می فرماید : بین نسل زن – یعنی عیسی مسیح – و نسل شیطان – یعنی افعی زادگان – دشمنی می گذارد . تو پاشنه او را خواهی گزید – یعنی مار- و نسل زن هم سر تو را خواهد کوبید – یعنی عیسی مسیح با وسوسه نشدن و بر روی صلیب رفتن انگار سر مار را کوبید و عیسی مسیح هم بر روی صلیب زخمی شد . کف دست و ساق پایش میخ فرو رفت و این همان شیطان بود که پاشنه او را زد و افعی زادگان همان کسانی بودند که عیسی مسیح را به صلیب کشیدند.

* ای عیسی خون تو ریخته شد و با ریختن خون تو سرمار کوبیده شد و تو ثابت کردی که می شود تحت هر شرایطی از خداوند اطاعت کرد و تو به حق وارث خداوند هستی و من هم می خواهم مانند تو باشم و خون عیسی مسیح به این دلیل مهم است که ثابت کرد به هر قیمتی می شود از خدا اطاعت کرد*

نکته:

* چرا عیسی مسیح روی صلیب می گوید خدایا تو مرا تنها گذاشتی؟؛ زمانی که عیسی مسیح روی صلیب رفت خداوند رویش را برگرداند

توضیح:

این در چارچوب رابطه پدر وفرزندی قابل توضیح است؛هر فرزندی دوست دارد تا لحظه آخر چهره پدر و مادر خود را در کنار خود ببیند و از اینکه پدر روی خود را برگردانده ناراحت است، اما هیچ پدری تحمل چنین صحنه ای را ندارد و برای پدر سخت است که عذاب کشیدن فرزند خود را ببیند.خداوند هم با اینکه خود از فرزندش این را خواسته بود اما تحمل دیدن عذاب کشیدن فرزندش (عیسی مسیح) را نداشت. و برایش دیدن این صحنه سخت بود

شما باید همان طرز فکری را در پیش گیرید که مسیح داشت .

آیات و مطالب تکمیلی فصل بیستم :

۱.آیات طرح و برنامه خداوند برای انسان :

«سخنان ما حکیمانه است،زیرا از جانب خدا و درباره نقشه حکیمانه اوست، نقشه ای که هدفش رساندن ما به حضور پرجلال خداست. اگر چه خدا این نقشه را پیش از آفرینش جهان برای نجات ما طرح کرده بود،اما در گذشته آن را بر هیچکس آشکار نساخته بود. (اول قرنتیان ۷:۲)

«از اینجا به اینجا به این نکته پی می بریم که در نظر خدا،فقط ایمان ما مطرح است در نتیجه فرزندان واقعی ابراهیم آنانی هستند که به خدا ایمان حقیقی دارند.(غلاطیان۷:۳)

«خدا نقشه نهان خود را بر ما آشکارساخت،نقشه ای که در اثر لطف خود ،از زمان های دور طرح کرده بود،او نقشه خود را آشکار ساخت تا ما نیز بدانیم که او به چه منظور مسیح را به جهان فرستاد. (افسسیان ۹:۱)

۲- آیات مربوط به هم ارث با مسیح و وارث خداوند بودن :

«اما چون روزی که خدا تعیین کرده بود فرا رسید او فرزندش را فرستاد تا بصورت یک یهودی از یک زن بدنیا بیاید.

تا بهای آزادی ما را از قید اسارت شریعت بپردازد و ما را فرزندان خدا گرداند.

پس حال چون فرزندان خدا هستیم خدا روح فرزند خود را به قلب های ما فرستاده تا بتوانیم او را واقعا * پدر* بخوانیم.

بنابراین دیگر غلام نیستیم بلکه فرزندان خدا می باشیم و به همین علت وارث نیز هستیم و هر چه از آن خداست به ما نیز تعلق دارد.(ترجمه تفسیری- غلاطیان۴:آیات۴تا۷)

فصل بیست و یکم : ثمرات دریافت روح القدس(وعده های خداوند)

«لیکن ثمره روح ، محبت ، شادی ، سلامتی ، صبر و مهربانی و نیکویی و ایمان و تواضع و پرهیزکاری است و آنانی که از آنِ مسیح می باشند، جسم را با هوس ها و شهوات مصلوب ساخته اند و اگر به روح زیست کنیم ، به روح هم رفتار کنیم ....»

(غلاطیان فصل۵- آیه۲۲)

توضیحات :

* اما ثمره ای که روح القدس (حضور خداوند) در زندگی ما به بار می اورد(بر اساس کتاب مقدس)

* اما هرگاه خدا زندگی ما را هدایت فرماید این ثمرات در زندگی ما بوجود خواهد آورد: محبت- شادی- آرامش- بردباری- مهربانی- نیکوکاری

* محبت : عده ای نزد عیسی مسیح می آیند و میگویند : اگر کسی به ما بدی کرد چند بار باید ببخشیم آیا هفت بار کافیست؟ عیسی مسیح می گوید " هفتاد بار(در این هنگام پطرس پیش آمد و پرسید: استاد،برادری که به من بدی می کند،تا چند مرتبه باید ببخشم؟ آیا هفت بار ؟- عیسی جواب داد: «نه،هفتاد مرتبه هفت بار»- ترجمه تفسیری: متی۱۸: آیات ۲۱ و ۲۲)

چرا عیسی مسیح اینگونه جواب داد آیا چنین چیزی امکان پذیر هست ؟ !! این امکان پذیر نیست مگر در یک صورت، زمانی که بین خواهر و برادر اختلاف پیش می آید هزاران بار هم که بدی کنند یکدیگر را می بخشند خداوند هم می فرماید زمانی که روح القدس را دریافت می کنی محبت آنقدر در تو رشد می کند که نگاه دلسوزانه و رفتار خواهر و برادرانه داشته باشی

همه مردم نسبت به عزیزان و نزدیکان خود محبت دارند اما کسی که روح القدس در او رشد کرده است نسبت به همه مردم محبت و دلسوزی وبخشش دارد و این کاریست که خداوند با ما انجام می دهد هزاران بار هم که خطا کنیم ما را می بخشد.

* شادی: من در زندگی قبلی خود با خدایی در ارتباط بودم که هرگاه دستم را سمتش دراز میکردم چیزی دریافت نمی کردم و جز ظلم و بیرحمی و تاریکی چیزی وجود نداشت و من تبدیل به یک انسان افسرده شده بودم اما حالا خوشحالم چون خدای من ، پدری آسمانیست که نیازهای ما را قبل از بیان شدن آن می داند و نیازهای ما را برآورده می کند چون خدایی که دست نیافتنی بود به پدر مهربانی تبدیل شده که من را با وجود اینکه یک فرزند خطارکار هستم پذیرفته؛چون خداییست که قبل از اینکه نیازهایم مرا از پای درآورد آن ها را تامین می کند و مانند یک پدر هوای من را دارد و او نیز حس پدرانه به من دارد

* آرامش : قبلا آرامش نداشتی چون که انسان هایی که از دیگران و از همه چیز طلبکارند و از همه چیز ناراضی هستند و مدام در حال قضاوت کردن دیگران هستند و با این کار خود و اطرافیانشان را آزار می دهند، آرامش ندارند

عیسی مسیح می گوید : چگونه خار کوچک در چشم مردم را می بینی ولی چوبی که در چشمت است را نمی بینی؟... باید بپذیری که خودت از همه گناهکار تری و لیاقت زنده بودن را نداری

و وقتی که می گوییم که شامل فیض خداوند شده ایم یعنی لیاقت زنده بودن را نداشتیم ولی خداوند ما را پذیرفت

و زمانی که قضاوت نکنی و بپذیری که خودت هم پر از اشتباه و اشکال هستی، تبدیل به یک انسان آرام می شوی و دیگران هم از تو آرامش می گیرند و به تو نزدیک می شوند پس بپذیر که تو خود از دیگران گناهکارتری و محتاج فیض خداوندی

* بردباری : صبور بودن از ایمان داشتن می آید کسی که ایمان دارد که خدای پدر آسمانی اوست و تمام نیازهای او را می داند و می بیند و خدایی که تمام عالم هستی را خلقت کرده حتما او را هم می بیند پس صبوری و ایمان داری که نیازهایت برطرف خواهد شد و اگر آن نیاز ، نیاز واقعی تو باشد با صبوری کردن برطرف خواهد شد

خدای تمام کائنات قادر به انجام هر کاریست و که ایمان دارم که برطرف میشود و این ایمان زندگی انسان را متحول می کند

* مهربانی : فرق بین مهربانی و محبت در این است که تا زمانی که محبت نداشته باشی مهربانی هم نمیکنی. ودر بین همه این عطایا محبت از همه مهمتر و رکن اساسی است اگر محبت داشته باشید همه ثمرات دیگر را همه به

دست خواهید آورد و این محبت باید درونی و خودجوش باشد و این رشد ایمانی کم کم به وجود می آید و بدون اینکه خود متوجه شوی تغییر خواهی کرد

* خیرخواهی

* فروتنی : در زندگی قبلی خود متکبر و مغرور بودی

عیسی مسیح فروتنی را به ما یاد داد ، زمانی که کودکان را می دید نسبت به کودکان مهربان بود و می گفت اگر مثل بچه ها نباشید نمی توانید وارد ملکوت خدا شوید : بچه ها هیچ احساس بزرگی و برتری نسبت به کسی ندارند کسی که ایمان دارد باید این حس را داشته باشد که من نسبت به هیچ چیز و هیچ کس برتری ندارم

وقتی عیسی مسیح الگوی من است که برای من جلوه ای از خداوند است و با تمام فروتنی پای دیگران را میشوید پس من چرا باید خود را برتر بدانم و غرور داشته باشم

* خویشتنداری

* وفاداری

* اگر روح القدس را دریافت کرده باشی دیگران ، همه این صفات را در شما خواهند دید و دیگران شما را با این ویژگی ها خواهند شناخت و اینها عطایای خداوند به شماست و ثمره ایمان است

اگر روح خدا منشا زندگی ماست پس او هم باید هادی ما باشد

* قدم اول خودشناسی است باید بپذیری که من انسانی هستم که گناهکارم و چون افکار ما شیطانیست یعنی شیطان بر ما و افکار ما تسلط دارد

قدم دوم : خداوند را با تمام روح و قلب و جانت دوست بدار خدایی که می خواهد در جایگاه پدر باشد و تمام نیازهای فرزندش را قبل از بیان کردن و طلب کردن می داند و برآورده می کند

و سوم: اینکه خداوند یک عشق واقعی و دو طرفه می خواهد عشق پدر – فرزندی و به هیچ عنوان نمی پذیرد که کس دیگری را به عنوان پدر بپذیری و این پدر می خواهد وارد زندگی ما شود (در خانه نشسته ام و بر درب خانه می کوبم هر که در را باز کند وارد خانه می شوم و با او بر سر سفره اش می نشینم)

و وقتی این پدر وارد خانه شود با خود هدایایی می آورد :

"محبت برادرانه، شادی، آرامش ؛و اینگونه تبدیل به یک انسان ایمان دار می شوی

وقتی خدا وارد شود با خود ، صبوری شادی، مهربانی و محبت می آورد

* وقتی که می گوییم آدم با خدا معاشرت می کرد ؛خداوند که جسم نبود... آدم پر از روح القدس بود خداوند که در کنار آدم نبود در درونش بود عیسی مسیح هم همینگونه بود، وقتی که پر از روح خدا شویم و هر کسی که شبیه عیسی مسیح شود خدا هم در بدن او ساکن شده و کم کم او را حس می کند هر چقدر حضور خداوند بیشتر شود حضور شیطان کم رنگ تر می شود و هر چه قدر با ایمانی که داریم و آن را رشد می دهیم خداوند در درون ما قدرتمند تر شده و شیطان را ناتوان می کنیم و قدرت را از شیطان بازپس میگیریم

خداوند هم، زمانی وارد زندگیت می شود که خودت تصمیم بگیری که چند درصد از وجودت را به خداوند بدهی ، وقتی خداوند تلاش تو را ببیند حتی با وجود گناهکار بودن به تو لبخند می زند و به تو کمک می کند که کم کم از گناهان دور شوی و این به زمان نیاز دارد، چون تو خدا را پذیرفتی و خدا وارد زندگیت شده است حالا وظیفه خداست که به تو کمک کند

پس اگر کسی گناهکار است نباید او را قضاوت کنیم اینجا خداست که دارد او را از شیطان پس میگیرد و این برای خدا لذت بخش است و نباید قضاوت کنیم و باید اجازه بدهیم خدا کارش را انجام دهد

* برخلاف دین های دیگر که مردم هستند که می خواهند تورا هدایت و نصیحت کنند در مسیحیت این خود خداست که تصمیم می گیرد زیرا اوست که صاحب کتاب است و هدایت در دست اوست*

* او خداییست که میخواهد یک پدر باشد و این ساده ترین مثال برای درک ماست و کتاب مقدس است که تو را تغییر می دهد و زندگی تو را متحول می کند زیرا کلام خداست که بر زبان عیسی مسیح جاری شده است*

فصل بیست و دوم: وسوسه های عیسی مسیح

این وسوسه ها بی نهایت مهم هستند چون کتاب مقدس راه و رسم و روش درست زندگی کردن را به ما آموزش می دهد:

«آنگاه روح خدا عیسی را به بیابان برد تا عیسی با شیطان رو به رو شود و عیسی چهل شبانه روز روزه گرفت و ریاضت کشید بعد از چهل روز با شیطان رو به رو شد»

وسوسه اول:

شیطان می گوید : تو پسر خداوندی برای تو آسان است که سنگ را به نان تبدیل کنی و از گرسنگی رها شوی

عیسی پاسخ می دهد : نه من چنین نخواهم کرد زیرا کتاب مقدس می گوید ؛نان روح را سیر نمی کند بلکه کلام خداست که می تواند نیاز درونی انسان را رفع کند و روح را سیراب کند

منظور عیسی این است : که من فقط طبق کلام خدا عمل می کنم که فرموده باید با تلاش و عرق پیشانیت نان به دست آوری یعنی سنگ را به نان تبدیل نمی کنم این یعنی گذاشتن کلام خدا زیر پا و اگر این را انجام می داد شیطان را خوشنود می کرد

* غیر از تلاش کردن حق نداری از طریق دیگری نیازهایت را برآورده سازی تو به میزانی که تلاش کنی به خواسته هایت خواهی رسید و وقتی تلاش کردی دیگر لازم نیست برای رسیدن به خواسته هایت دست به گناه و خلاف و اشتباه بزنی*

وسوسه دوم:

شیطان عیسی را به اورشلیم برد و بر روی بام خانه خدا قرار داد و گفت خود را پایین بینداز و ثابت کن فرزند خدا هستی؛ چون کتاب خدا گفته که فرشتگان را خواهد فرستاد و تو را از خطر حفظ خواهند کرد آنها نخواهند گذاشت حتی پایت به سنگ بخورد آنها تو را محافظت می کنند پس خودت را پایین بنداز

عیسی مسیح می گوید : بله اما همان کتاب مقدس نیز می فرماید : خداوند را بی جهت آزمایش نکن

خداوند می گوید :من به تو چیزی دادم که به فرشتگان ندادم من به تو حکمت دادم و با این حکمت است که ما می توانیم شبه خالق باشیم

خدا می گوید قبل از انجام هر کاری باید تفکر کنی و اگر ابلهانه و احمقانه کاری را انجام دادی از من توقع معجزه نداشته باش : پس اینکه بدون تفکر خود را پایین بیندازد کار احمقانه ایست

از حکمتی که خداوند به تو داده استفاده کن و با کارهای احمقانه خود و دیگران را به زحمت نینداز و اگر کار احمقانه ای انجام دهی معجزه ای در کار نخواهد بود حتی اگر خود عیسی مسیح باشی

وسوسه سوم:

سپس شیطان عیسی را به قله کوهی برد و تمام ممالک و شکوه و جلال جهان را به عیسی نشان داد و گفت اگر زانو بزنی و مرا سجده کنی همه اینها متعلق به تو خواهد بود

عیسی پاسخ می دهد : تمام اینهای که می خواهی به من بدهی پوچی و بیهودگیست چگونه من خدا و پدر آسمانی خود را کسی که تمام جهان و هستی را به من بخشیده و من را وارث خود قرار داده را با بیهودگی معاوضه کنم ؟

اگر خداوند را شناختی و وارد رابطه با خداوند شدی دیگر تمام ممالک جهان برای تو بی معنا خواهد شد و راحت دست رد بر سینه شیطان خواهی زد

* پس عیسی مسیح گفت :دور شو ای شیطان*

فصل بیست و سوم: موعظه سر کوه

* خوشا به حال آنان که خود را با خدا احساس می کنند زیرا ملکوت خدا از آن آنهاست*

«۱.وگروهی بسیار دیده ، بر فراز کوه آمد و وقتی که او بنشست شاگردانش نزد او حاضر شدند

۲.آنگاه دهان خود را گشوده ، ایشان را تعلیم داد و گفت ،

۳.خوشا به حال مسکینان در روح ، زیرا ملکوت آسمان از آن ایشان است

۴.خوشا به حال ماتمیان ، زیرا ایشان تسلی خواهند یافت

۵.خوشا به حال حلیمان ، زیرا ایشان وارث زمین خواهند شد

۶.خوشا به حال گرسنگان و تشنگان ، زیرا بر ایشان رحم کرده خواهد شد.

۷.خوشا به حال رحم کنندگان ، زیرا بر ایشان رحم کرده خواهد شد.

۸.خوشا به حال پاکدلان زیرا ایشان خدا را خواهند دید

۹. و خوشا به حال صلح کنندگان زیرا ایشان پسران خدا خوانده خواهند شد

۱۰.خوشا به حال زحمتکشان برای عدالت ، زیرا ملکوت آسمان از آن ایشان است.

۱۱.خوشحال باشید چون به شما جفا رسانند و بخاطر من هر سخن بدی به شما گویند

۱۲.خوش باشید و شادی کنید زیرا اجر شما در آسمان عظیم است زیرا همانطور که بر انبیای قبل از شما جفا می رسانیدند

(متی : فصل ۵)

توضیحات:

* موعظه سرکوه سخنانی است که عیسی مسیح بر فراز یکی از کوه های اطراف شهر جلیل خطاب به شاگردان و گروهی از مردم ، بیان نمود

❋ خوشا به حال مسکینان در روح : روح ما در این دنیا و تحت سلطه شیطان است و ما تشنه و فقیر ومحروم از روح خداوند هستیم و طالب دست یابی به روح القدس و کسی که روح را طلب کرد و دریافت کرد پاداشش به پادشاهی آسمان می رسد و هم ارث با عیسی مسیح می شود

❋ خوشا به حال ماتمیان :زیرا آنها تسلی خواهند یافت

ماتم زدگان : مانند کودکانی که پدر و مادر خود را از دست دادند خلا دارند و با هیچ چیزی در این جهان شاد نخواهند شد زیرا پدر واقعی خود را از دست داده اند

❋ خوشا به حال حلیمان : (افراد صبور و بردبار و کسانی که خلق و خوی خوبی دارند) زیرا ایشان مالک تمام جهان خواهند شد؛یکی از نشانه های دریافت روح القدس ، فروتنی است تا مثل کودکان نباشید وارد ملکوت خداوند نمی شوید

❋ خوشا به حال گرسنگان و تشنگان عدالت زیرا ایشان سیر خواهند شد (کسانی که تشنه عدالت خداوند هستند)

❋ خوشا به حال رحم کنندگان زیرا آنها رحمت خداوند را خواهند دید (آنها که محبت برادرانه نسبت به همه دارند)

❋ خوشا به حال صلح کنندگان زیرا آنها پسران خدا خوانده خواهند شد تحت هر شرایطی صلح کنید زمانی که دو برادر با هم در نزاع هستند پدر و مادر عذاب می کشند خدا هم می گوید من انسان هایی که پر از کینه و خشم هستند را نمی خواهم چون کینه و خشم از طرف شیطان است

❋ ولی اگر روح القدس در ما نشست ما را تبدیل به آدمی آرام و صلح جو می کند

اینها مشخصه کسانی است که روح القدس را دریافت کرده اند زیرا آنها خدا را خواهند دید اینها فرزندان خدا هستند و پادشاهی آسمان از آن ایشان است

❋ روح باید تو را فروتن شاد و سیراب کند❋

فصل بیست سوم : دعای نجات

«۵- و اما درباره دعا هرگاه دعای میکنی مانند ریاکاران نباش که دوست دارند در عبادتگاه ها یا در گوشه و کنار خیابان ها نماز بخوانند تا توجه مردم را به خود جلب کنند و خود را مومن نشان دهند مطمئن باش اجری را که باید از خدا بگیرند همین جا از مردم گرفته اند

۶- اما تو هرگاه دعا میکنی در تنهایی یا در خلوت دل پدر آسمانی را عبادت نما و او که کارهای نهان تو را می بیند به تو پاداش خواهد داد.

۷- وقتی دعا می کنید مانند کسانی که خدای حقیقی را نمی شناسند وردهای بی معنی تکرار نکنید ایشان گمان می کنند که با تکرار زیاد دعایشان مستجاب می شود.

۸- اما شما این را به یاد داشته باشید که پدرتان قبل از اینکه از او چیزی بخواهید کاملا از نیازهای شما آگاه است.

۹- پس شما اینگونه دعا کنید : ای پدر ما که در آسمانی « نام مقدس تو گرامی باد »

۱۰- ملکوت تو برقرار باد « خواست تو آنچنان که در آسمان مورد اجراست بر زمین نیز اجرا شود...

(ترجمه تفسیری :متی ۶)

«ای پدر ما که در آسمانی ، نام تو مقدس باد

پادشاهی تو بیاید

اراده تو چنانکه در آسمان انجام می شود، بر زمین نیز اجرایی شود

نان روزانه ما را امروز به ما عطا فرما

و قرض های ما را ببخش ، چنانکه ما نیز قرض داران خود را می بخشیم و ما را در آزمایش میاور

بلکه از آن شرور رهاییمان ده

زیرا پادشاهی و قدرت و جلال تا ابد از آن توست

آمین »

توضیحات:

* خداوند اعتراف می کنم که من فردی گناهکارم و با قدرت خود نمی توانم نجات یابم و ایمان دارم که تو به خاطر گناهان من بر روی صلیب کشته شدی و پس از سه روز از دنیای مردگان برخاستی و ایمان دارم که تو زنده هستی ایمان دارم که این اقتدار را داری که گناهان ما را ببخشی و ما را پیشگاه خداوند پارسا شماری و در آینده هم به عنوان یک انسان به زمین بازخواهی گشت

* و من از همه گناهان خود توبه و بازگشت می کنم و تمام قلب و زندگی خود را تسلیم تو می نمایم واز اینکه ندانسته شیطان را پیروی و ستایش کرده توبه می کنم قول می دهم که تا آخر عمر تو را پیروی کرده و مطابق اراده تو زندگی می کنم و طبق وعده ات زندگی نوینی به من ببخشی

* واگر از روح خدا پیروی کنیم حیات و آرامش نصیبمان می گردد اما اگر از طبیعت کهنه خود پیروی کنیم چیزی جز مرگ و هلاکت به دست نیاید زیرا که طبع گناه آلود ما بر ضد خداست و هرگز از احکام خدا اطاعت نکرده و نخواهد کرد

* عیسی مسیح نگذاشت شیطان بر وی غلبه کند و تحت فریب شیطان قرار نگرفت و از خداوند اطاعت کرد و سر شیطان را کوبید و ما هم با گرفتن تعمید سر شیطان را می کوبیم به این دلیل که تعمید گرفتن هم باعث تمسخر دیگران است وهمچنین افکار خود ما هم افکار شیطانیست و ما با غلبه بر اینها سر شیطان را می کوبیم

* عیسی مسیح هم سه روز بعد از دنیای مردگان برخاست چون به خدای خود ایمان داشت عیسی مسیح زنده شد و حیات جاودانی را دریافت کرد

ما هم اگر تعمید بگیریم حیات جاودانی خواهیم گرفت و مرگ همانند یک خواب خواهد بود و یک مسیحی واقعی از مرگ ترسی ندارد و خودش را در اسارت بدن می بیند و تا رها نشود و به حضور خدا نرود آرامش نمی یابد و هیچ وابستگی مادی ندارد چون می داند مرگ برای وی به معنای رسیدن به رهایی و آزادی مطلق است و من هم ایمان دارم که همچون عیسی مسیح از دنیای مردگان بر خواهم خواست و وقتی که از جسم انسانی رها شویم دیگر نیازهای مادی و انسانی وجود نخواهد داشت و این جسم مادی است که سیری ناپذیر است و حرص و طمع دارد و زمانی که جنسیتی وجود نداشته باشد نیازهای جسمی هم وجود نخواهد داشت وچون در سودای دست یافتن به چیزی نیست دیگر برای دست یابی به آنها، به گناه آلوده نخواهد شد

* پس خداوند به وعده خود عمل کرد و عیسی مسیح از دنیای مردگان برخاست

و عیسی مسیح به آسمان رفت تا وظیفه دوم خود را که شفاعت ما نزد خداوند است را انجام دهد یعنی کاهن اعظم ما باشد

عیسی از ما نخواست که در دعا بگوییم ای پدر عیسی مسیح که در آسمانی بلکه گفت ای پدر ما که در آسمانی....

فصل بیست چهارم : دعای نجات

بخش اول: کاهن اعظم

در عهد قدیم خداوند عده ای را انتخاب می کرد و روحانیون کسانی بودند که وظیفه آنها خدمت کردن به خداوند بود و مراسم عبادی را انجام می دهند و برای ما نذر و قربانی می کنند

در هر دوره ای کسی که بالاترین مقام روحانیت را داشت به عنوان کاهن اعظم انتخاب می شد و رهبری قوم را بر عهده می گرفتند . کاهن اعظم باید برای کل قوم قربانی می داد؛ به این دلیل که شاید کسانی بودند که گناه می کردند و فراموش می کردند که قربانی کنند و در پایان هر دوره کاهن اعظم برای گناهان قوم قربانی می کرد تا خداوند از قوم بنی اسرائیل راضی شود

خداوند هم فرموده است اگر کاهنی نزد من بیاید و گناهکار باشد من او را خواهم کشت و کسی که نزد من می آید باید مطلقا در آن سال گناه نکرده باشد

* خداوند در درون خیمه یا معبدی در بین قوم بنی اسرائیل ساکن بود و خداوند در درون اتاقی بود که بوسیله یک پرده از معبد جدا می شد و در درون آن اتاق وسایلی بودند و کاهن باید وارد آن اتاق می شد

خداوند هم فرموده که من پاک مطلق هستم و هیچگونه ناپاکی را نمی پذیرم و هر کس که ناپاک باشد من رحم نمی کنم و او را خواهم کشت و هر کس که ناپاک بود کشته می شد بقیه هم که از گناهکاری خود می ترسیدند و جرات ورود به اتاق را نداشتند برای بیرون کشیدن کاهن مرده،قبل از مردن با طناب پای او را می بستند که اگر کشته شد او را بیرون آورند.

* عیسی مسیح هم به عنوان یک انسان زنده به آسمان صعود کرد و اکنون به عنوان کاهن اعظم در آسمان هاست و وظیفه کاهن اعظم این بود که در سال یک بار به حضور خداوند در آن مکان مقدس وارد می شده و هدایا را تقدیم خدا می کرد و شرط ورود به نزد خداوند این می بود که در آن سال هیچ گناهی مرتکب نمی شده.

الان هم عیسی مسیح در کنار خداوند نقش کاهن اعظم را دارد که هر روز شفاعت ما را نزد خداوند می کند چون ما هر روز گناه می کنیم

چه چیز گناه است ؟ هر چیز پلید وناپاکی که در ذهن ماست چون منشأ آن شیطان است و شیطان بر افکار ما تسلط دارد

عیسی مسیح چون از فرمان خداوند اطاعت کرد پاداش بزرگی گرفت یعنی وارث خداوند شد پس هر چه که خداوند آفریده است متعلق به عیسی مسیح است و ما هم متعلق به عیسی مسیح هستیم، پس عیسی هم نزد خداوند شفاعت ما را می کند زمانی که ما به نام عیسی مسیح تعمید می گیریم نزد خداوند توسط عیسی شفاعت می شویم

بخش دوم :آموزش دعا

هرگاه دعا می کنی مانند کسانی که ریاکارند نباش که ورد های بی معنی را تکرار می کنند آنها گمان می کنند اگر بسیار تکرار کنند ، یا با تکرار زیاد دعایشان مستجاب می شود،اما این را به یاد داشته باشید، قبل ازاینکه از او چیزی بخواهید به نیازتان آگاه است .

پس شما اینگونه دعا کنید:

ای پدر ما که در اسمانی

نام تو مقدس و گرامی باد

ملکوت تو بر قرار گردد

خواست تو آنچنان که در آسمان مورد اجراست بر زمین نیز اجرا شود

نان روزانه ی مارا امروز یه ما ارزانی دار.خطاهای مارا بیامرز، چنانکه ما نیز آنان که به ما بدی کرده اند را میبخشیم

مارا از وسوسه دور نگه دار و از شیطان حفظ کن زیرا که ملکوت و جلال ازآن توست تا ابد ..(آمین)

دعای ربانی انجیل متی فصل ۶ آیه۸

---

* واین را بدانید خداوند شما را می بخشد به شرطی که شما نیز آنان که به شما بدی کرده اند را ببخشید

* خداوند می خواهد نقش پدر را داشته باشد و تنها نامی که برروی زمین به ما داده شده است نام عیسی مسیح است

و ما هر چیزی را که می خواهیم باید با نام عیسی مسیح بخواهیم چون عیسی مسیح با فداکاری که انجام داد توانست ما را به حضور خداوند ببرد و عیسی مسیح است که هر روز شفاعت ما را نزد خداوند می کند.

* و در آخر دعا هم در نام مسیح:

من تمام مشکلات و دردها و رنج ها را به حضور تو می آورم و ایمان دارم که بزرگتر از تمام مشکلات هستی اگر خواست تو باشد بهترین ها را برای تو بوجود می آورد

باید اجازه بدهیم روح القدس به جای ما دعا کند و تما اینها را در نام عیسای مسیح خاتمه می دهیم.

* اما این را باید به یاد آورید که پدرتان قبل از اینکه چیزی از او بخواهید از نیازهای شما آگاه است

خدا نیازهای ما را می داند و قبل از اینکه بخواهیم برای ما انجام می دهد اگر نقش پدر را دارد، باید ایمان داشته باشید که خداوند نسبت به نیازهای ما حتی بیشتر از خود ما آگاه تر است.

* و مسیح یک وظیفه بزرگ دارد و آن شفاعت ما مسیحیان است

عیسی مسیح یک واسطه است برای آشتی دادن ما با خداوند و صلح بین ما و خداوند زیرا این قهر از زمان نافرمانی آدم شروع شد.

* پس عیسی مسیح گفته که اینگونه دعا کنید: ای پدر که در آسمانی نامت مقدس باد (یعنی خدایی که می خواهد پدر باشد) وهر آنچه که خواست توست در زمین اجرایی شود و پادشاهی تو بیاید...

بخش سوم : شکرگذاری

* شکر گذاری از مثبت اندیشی می آید،کسی که روح القدس را دارد همیشه شکرگذار است و همیشه راضی است چون معتقد است خدا همیشه حواسش به او هست و آن چیزی که به آن نیاز دارید به شما داده می شود.

٭ در دوم قرنطیان ۹ آیه ۸ آمده است که : اما خدا قادر است هر نعمتی را بیش از نیازتان به شما عطا فرماید تا نه فقط احتیاج خودتان بلکه از مازاد آن بتوانید برای خدمات نیکوکارانه و کمک به دیگران استفاده کنید خدا به فراوانی به شما عطا خواهد کرد

وقتی خداوند وارد زندگیت بشود به تو برکت خواهد داد،آدمی که خداوند در زندگی اش حضور دارد دیگران تحت تاثیر وی قرار می گیرند و این آدم سرشار از انرژی مثبت است که نتیجه وجود روح القدس در زندگی اوست.

فصل بیست وپنجم: شخصیت های کتاب مقدس

بخش اول: یحیی تعمید دهنده

«۱.و در آن ایّام، یحیی تعمیددهنده در بیابان یهودیّه ظاهر شد و موعظه کرده، می‌گفت،

۲ توبه کنید، زیرا ملکوت آسمان نزدیک است.

۳ زیرا همین است آنکه اشعیای نبی از او خبر داده، می‌گوید، صدای ندا کننده‌ای در بیابان که راه خداوند را مهیّا سازید و طُرُق او را راست نمایید.

۴ و این یحیی لباس از پشم شتر می‌داشت و کمربند چرمی بر کمر، و خوراک او از ملخ و عسل برّی می‌بود

۵ در این وقت، اورشلیم و تمام یهودیه و جمیع حوالی اُردُنّ نزد او بیرون میآمدند،

۶ و به گناهان خود اعتراف کرده، در اُرْدُن از وی تعمید مییافتند.

۷ پس چون بسیاری از فریسیان و صدّوقیان را دید که بجهت تعمید وی می‌آیند، بدیشان گفت: «ای افعیزادگان، کِه شما را اعلام کرد که از غضب آینده بگریزید؟

۸ اکنون ثمره شایسته توبه بیاورید،

۹ و این سخن را به‌خاطر خود راه مدهید که پدر ما ابراهیم است، زیرا به شما می‌گویم خدا قادر است که از این سنگها فرزندان برای ابراهیم برانگیزاند.

۱۰ و الحال تیشه بر ریشه درختان نهاده شده است، پس هر درختی که ثمر نیکو نیاورد، بریده و در آتش افکنده شود.

۱۱ من شما را به آب بجهت توبه تعمید می‌دهم. لکن او که بعد از من می‌آید از من تواناتر است که لایق برداشتن نعلین او نیستم؛ او شما را به روح‌القدس و آتش تعمید خواهد داد.

۱۲ او غربال خود را در دست دارد و خرمن خود را نیکو پاک کرده، گندم خویش را در انبار ذخیره خواهد نمود، ولی کاه را در آتشی که خاموشی نمی‌پذیرد خواهد سوزانید.

۱۳ آنگاه عیسی از جلیل به اُرْدُن نزد یحیی آمد تا از او تعمید یابد.

۱۴ امّا یحیی او را منع نموده، گفت، من احتیاج دارم که از تو تعمید یابم و تو نزد من می‌آیی؟

۱۵ عیسی در جواب وی گفت، الآن بگذار زیرا که ما را همچنین مناسب است تا تمام عدالت را به کمال رسانیم. پس او را واگذاشت.

۱۶ امّا عیسی چون تعمید یافت، فوراً از آب برآمد که در ساعت آسمان بر وی گشاده شد و روح خدا را دید که مثل کبوتری نزول کرده، بر وی می‌آید.

۱۷ آنگاه خطابی از آسمان در رسید که این است پسر حبیب من که از او خشنودم.

(متی فصل ۳)

توضیحات:

* یحیی فرزند زکریا یکی از بزرگان دین یهودیت بود که کاهن اعظم قوم نیز بود

* یحیی در بزرگسالی به تعمید دهنده معروف شده و مردم را موعظه می‌کرد. مردم از شهرهای مختلف برای گوش کردن موعظه‌های او می‌آمدند. اما مهم‌ترین صحبت از یحیی تأیید عیسی(ع)، تبلیغ بر حقانیت او و تعمید دادن حضرت عیسی می‌باشد.

روزی یکی از طرفداران حضرت عیسی با حواریون یحیی به گفتگو پرداخت و میانشان بحث در مورد برتر بودن عیسی یا یحیی، بالا گرفت. حواریون یحیی به نزد او رفتند و او بدان‌ها چنین گفت: «کار هرکس را خدا از آسمان تعیین می‌کند. کار من این است که راه را برای مسیح باز کنم تا مردم همه نزد او بروند. شما خود شاهدید که من صریحاً گفتم که مسیح نیستم بلکه آمده‌ام تا راه را برای او باز کنم. در یک عروسی عروس پیش داماد می‌رود و دوستان داماد در شادی او شریک می‌شوند. من نیز دوست دامادم و از خوشی او خوشحالم».]

* یحیی یک شخصیت بزرگ دینی بود ، وی آمد که راه را برای آمدن عیسی مسیح باز کند یحیی تعمید دهنده مورد اعتماد مردم بود و او بود که اعلام کرد که عیسی آمد

* او هم با آمدن پرنده ای که به شکل روح القدس نمایان شده بود، متوجه شد که عیسی، همان مسیح موعود است

* قوم بنی اسرائیل سال ها در برابر رومیان جنگیده و شکسته خورده بوند و منتظر مسیح بودند که با شورش و جهاد علیه رومیان آنها را از اورشلیم اخراج کند.

* مریم مقدس از قوم بنی اسرائیل بود ،خداوند هم وعده داده بود که :من از نسل داوود ، یک عیسی موعود را می آورم و مریم هم از قوم بنی اسرائیل و از نسل داوود بود چون داوود بزرگترین پادشاه قوم بنی اسرائیل بود که بارها قوم را از اسارت نجات داده بود.

* تعمید گرفتن هم قبل از عیسی مسیح در شریعت وجود داشته است که یحیی، تعمید را انجام می داده است و خیلی ازپیامبران نزد یحیی تعمید می گرفتند

یحیی و عیسی هم پسرخاله بودند و از کودکی با هم بزرگ شدند و پدر یحیی کاهنی بود به نام زکریا که همان کاهن اعظم بود که وارد اتاق خداوند می شد و با خدا حرف می زد : که به او وعده داده شد که به تو پسری داده می شود که خبر خوش آمدن عیسی مسیح را اعلام می کند

وعده ظهور عیسی توسط ستاره شناسان :

ستاره شناسان افرادی هستند که به علومی دسترسی دارند که در فرهنگ ایرانی به آن علوم غریبه می گویند یعنی علمی که متعلق به غریبه ها ست ، غریبه ها هم همان فرشتگانی هستند که شورش کردند و از درگاه خداوند رانده شدند، عده ای با این فرشتگان در ارتباط هستند و از اطلاعات آنها استفاده می کنند

ستاره شناسان هم با این غریبه ها در ارتباط بودند و از زمان تولد عیسی آگاه شدند و با راهنمایی آنها به عیسی مسیح رسیدند

بخش دوم: داستان ایوب

۱. «در زمین عُوص، مردی بود که ایوب نام‌داشت؛ و آن مرد کامل و راست و خداترس بود و از بدی اجتناب می‌نمود.

۲ و برای او، هفت پسر و سه دختر زاییده شدند.

۳ و اموال او هفت هزار گوسفند و سه هزار شتر و پانصد جفت گاو و پانصد الاغ ماده بود و نوکران بسیار کثیر داشت و آن مرد از تمامی بنی مشرق بزرگتر بود.

۴ و پسرانش می‌رفتند و در خانه هر یکی از ایشان، در روزش مهمانی می‌کردند و فرستاده، سه خواهر خود را دعوت می‌نمودند تا با ایشان اکل و شرب بنمایند.

۵ و واقع می‌شد که چون دوره روزهای مهمانی ایشان بسر می‌رفت، ایوب فرستاده، ایشان را تقدیس می‌نمود و بامدادان برخاسته، قربانی‌های سوختنی، به شماره همه ایشان می‌گذرانید، زیرا ایوب می‌گفت: «شاید پسران من گناه کرده، خدا را در دل خود ترک نموده باشند» و ایوب همیشه چنین می‌کرد.

۶ و روزی واقع شد که پسران خدا آمدند تا به حضور خداوند حاضر شوند؛ و شیطان نیز در میان ایشان آمد.

۷ و خداوند به شیطان گفت: «از کجا آمدی؟» شیطان در جواب خداوند گفت: «از تردّد کردن در زمین و سیر کردن در آن».

۸ خداوند به شیطان گفت: «آیا در بنده من ایوب تفکّر کردی که مثل او در زمین نیست؟ مرد کامل و راست و خداترس که از گناه اجتناب می‌کند»!

۹ شیطان در جواب خداوند گفت: «آیا ایوب مجّاناً از خدا می‌ترسد؟

۱۰ آیا تو گِرْد او و گِرْد خانه او و گِرْد همه اموال او، به هر طرف حصار نکشیدی و اعمال دست او را برکت ندادی و مواشی او در زمین منتشر نشد؟

۱۱ لیکن الاَن دست خود را دراز کن و تمامی مایملک او را لمس نما و پیش روی تو، تو را ترک خواهد نمود».

۱۲ خداوند به شیطان گفت: «اینک همه اموالش در دست تو است؛ لیکن دستت را بر خود او دراز مکن.» پس شیطان از حضور خداوند بیرون رفت.

۱۳ و روزی واقع شد که پسران و دخترانش در خانه برادر بزرگ خود می‌خوردند و شراب می‌نوشیدند.

۱۴ و رسولی نزد ایوب آمده، گفت: «گاوان شیار می‌کردند و ماده الاغان نزد آنها می‌چریدند.

۱۵ و سابیان بر آنها حمله آورده، بردند و جوانان را به دم شمشیر کشتند و من به تنهایی رهایی یافتم تا تو را خبر دهم».

۱۶ و او هنوز سخن می‌گفت که دیگری آمده، گفت: «آتش خدا از آسمان افتاد و گله و جوانان را سوزانیده، آنها را هلاک ساخت و من به تنهایی رهایی یافتم تا تو را خبر دهم».

۱۷ و او هنوز سخن می‌گفت که دیگری آمده، گفت: «کلدانیان سه فرقه شدند و بر شتران هجوم آورده، آنها رابردند و جوانان را به دم شمشیر کشتند و من به تنهایی رهایی یافتم تا تو را خبر دهم».

۱۸ و او هنوز سخن می‌گفت که دیگری آمده، گفت: «پسران و دخترانت در خانه برادر بزرگ خود می‌خوردند و شراب می‌نوشیدند

۱۹ که اینک باد شدیدی از طرف بیابان آمده، چهار گوشه خانه را زد و بر جوانان افتاد که مردند و من به تنهایی رهایی یافتم تا تو را خبر دهم».

۲۰ آنگاه ایوب برخاسته، جامه خود را درید و سر خود را تراشید و به زمین افتاده، سجده کرد

۲۱ و گفت: «برهنه از رحم مادر خود بیرون آمدم و برهنه به آنجا خواهم برگشت! خداوند داد و خداوند گرفت! و نام خداوند متبارک باد»!

۲۲ در این همه، ایوب گناه نکرد و به خدا جهالت نسبت نداد.

(عهد قدیم: ایوب ۱)

توضیحات:

* دو داستان در کتاب مقدس آمده که ربطی به قوم بنی اسرائیل ندارند: یونس و ایوب

* ایوب شخص ثروتمندی بود و فرزندان زیادی داشت و شخصی بود که حتی شیطان جرات نزدیک شدن به وی را نداشت

* فرشتگان همه در حضور خدا بودند و شیطان هم حضور داشت و خدا تمام فرشتگان را به حضور طلبیده بود

خدا می پرسد : ای شیطان از کجا آمدی ؟

شیطان گفت: از تردد در زمین (چون شیطان بر روی زمین حکومت می کند)

خداوند می پرسد : آیا بنده من ایوب را دیدی ؟ او مردی درست و خداترس است و از گناه دوری می کند (خداوند در اینجا ایوب را به رخ شیطان می کشد ، چون شیطان بر ایوب تسلط نداشت)

شیطان در جواب می گوید : اگر خداترسی برای او سودی نداشت این کار را نمی کرد (یعنی خداترسی برای او منفعت دارد)

شیطان گفت: آیا تو اطراف او و خانه او و همه اموال او حصار نکشیدی ؟ و به اموال او برکت ندادی؟ (یعنی تو اجازه نمی دهی من به ایوب نزدیک شوم چطور می توانم بر او تسلط یابم) دارایی و اموال او را بگیر آنگاه خواهی دید آشکارا به تو کفر خواهد گفت

خداوند به شیطان گفت : دارایی او را بگیر خواهی دید که مرا ترک می کند یا نه ؟

وقتی دارایی او را گرفت و همه ثروتش را از دست داد ایوب به زمین افتاد و سجده کرد و با وجود بیماری؛ ایوب سخنی کفر به زبان نیاورد.

نزدیکان ایوب او را ملامت می کنند که تو چون انسان بدی هستی ،گرفتار مشکلات و بلایا شدی و چون گناهکار هستی خداوند ثروت و فرزندان تو را گرفت و مشکل از توست چون تو سزاوار مجازاتی (اینها سخنان شیطان است که بر زبان نزدیکان وی جاری میشود)

و اینجاست که ایوب لب به شکوه می گشاید : خدایا از کدامین گناه باید توبه کنم ؟؟ و خدا را زیر سئوال می برد...

* نتیجه : این داستان آشکار می کند که تمام بلایا از طرف شیطان است و اگر کسی با وجود همه اینها خدا را پرستید او لیاقت فرزندی خداوند را دارد – تنها کسی که بر روی زمین کفر نمی گفت ایوب است – و شیطان می خواست ثابت کند چون خداوند از ایوب محافظت می کند او گناه نمی کند و می خواست ثابت کند که ایوب هم مثل بقیه انسان هاست و لیاقت فرزندی خداوند را ندارد

(و زمانی که خداوند نیازها و دعاهای ما را برآورده نکرد ما هم بر ضد خدا می شویم و کفر می گوییم و دشمن خدا می شویم)

این داستان دارد ما را برای ظهور عیسی مسیح آماده می کند

شیطان بر روی زمین تردد دارد و چون بر روی زمین حکومت می کند تسلط کامل بر افکار ما دارد و هر فکر بد و گناه آلودی از سمت شیطان است تا هیچگونه رابطه صلح آمیزی بین ما و خداوند شکل نگیرد

تمام مصائب و مشکلات را بر ما وارد می کند و وقتی از سمت خدا کمک و معجزه ای رخ نداد ما با خداوند دشمن می شویم و تا زمانی که این دشمنی باشد و صلح برقرار نشود شیطان می تواند به حکومت خود ادامه دهد پس برای اینکه حکومت خود را از دست ندهد باید بین آدم و خداوند مدام دشمنی و اختلاف و مشکل ایجاد کند و باعث شود که آدم روبروی خدا بایستد و خداوند را زیر سئوال ببرند

اما یک مسیحی واقعی می گوید : که من ایمان دارم تمام مشکلات از سمت شیطان است و من با تمام وجود خدا را می پرستم و با خداوند رابطه پدر و فرزندی دارم و مشکلات من ربطی به خداوند ندارد

شیطان در داستان ایوب می گوید تمام دارایی و سلامتی او را بگیر تا مشخص شود باز هم خداپرست خواهد ماند یا نه و تو را به عنوان خدا و پدر قبول دارد یا نه

و داستان ایوب به ما نشان می دهد: که تمام تلاش شیطان برای این است که ما رودر روی خدا بایستیم و صلح و آشتی بین ما اتفاق نیافتند تا شیطان بتواند به حکومتی که از دست آدم گرفت ، ادامه دهد.

بخش سوم :داستان یونس

«۱. و کلام خداوند بر یونس بن اَمِتّای نازل شده، گفت:

۲ برخیز و به نینوا شهر بزرگ برو و بر آن ندا کن زیرا که شرارت ایشان به حضور من برآمده است.

۳ امّا یونس برخاست تا از حضور خداوند به تَرْشیش فرار کند و به یافا فرود آمده، کشتی‌ای یافت که عازم تَرْشیش بود. پس کرایه‌اش را داده، سوار شد تا همراه ایشان از حضور خداوند به تَرْشیش برود.

۴ و خداوند باد شدیدی بر دریا وزانید که تلاطم عظیمی در دریا پدید آمد چنانکه نزدیک بود که کشتی شکسته شود.

۵ و ملاّحان ترسان شده، هر کدام نزد خدای خود استغاثه نمودند و اسباب را که در کشتی بود به دریا ریختند تا آن را برای خود سبک سازند. امّا یونس در اندرون کشتی فرود شده، دراز شد و خواب سنگینی او را در ربود.

۶ و ناخدای کشتی نزد او آمده، وی را گفت: «ای که خفته‌ای، تو را چه شده است؟ برخیز و خدای خود را بخوان؛ شاید که خدا ما را بخاطر آورد تا هلاک نشویم«.

۷ و به یکدیگر گفتند: «بیایید قرعه بیندازیم تا بدانیم که این بلا به سبب چه کس بر ما وارد شده است؟» پس چون قرعه انداختند، قرعه به نام یونس درآمد.

۸ پس او را گفتند: «ما را اطّلاع ده که این بلا به سبب چه کس بر ما عارض شده؟ شغل تو چیست و از کجا آمده‌ای و وطنت کدام است و از چه قوم هستی؟

۹ او ایشان را جواب داد که: «من عبرانی هستم و از یهوه خدای آسمان که دریا و خشکی را آفریده است ترسان می‌باشم

۱۰ پس آن مردمان سخت ترسان شدند و او را گفتند: «چه کرده‌ای؟» زیرا که ایشان می‌دانستند که از حضور خداوند فرار کرده است چونکه ایشان را اطلاّع داده بود.

۱۱ و او را گفتند: «با تو چه کنیم تا دریا برای ما ساکـن شود؟» زیرا دریا در تلاطم همی افزود.

۱۲ او به ایشـان گفت: «مرا برداشتـه، به دریا بیندازید و دریا برای شما ساکن خواهد شد، زیـرا می‌دانم این تلاطم عظیم به سبب من بر شما وارد آمده است.

۱۳ امّا آن مردمان سعی نمودند تا کشتی را به خشکی برسانند امّا نتوانستند زیرا که دریا به ضدّ ایشان زیاده و زیاده تلاطم می‌نمود.

۱۴ پس نزد یهوه دعا کرده، گفتند: «آه ای خداوند به خاطر جان این شخص هلاک نشویم و خون بی‌گناه را بر ما مگذار زیرا تو ای خداوند هر چه می‌خواهی می‌کنی«.

۱۵ پس یونس را برداشته، در دریا انداختند و دریا از تلاطمش آرام شد.

۱۶ و آن مردمان از خداوند سخت ترسان شدند و برای خداوند قربانی‌ها گذرانیدند و نذرها نمودند.

۱۷ و امّا خداوند ماهی بزرگی پیدا کرد که یونس را فرو بُرْد و یونس سه روز و سه شب در شکم ماهی ماند.

(عهد قدیم - یونس ۱)

توضیحات:

قومی به نام آشوری ها در زمان حضرت یونس- حدود سه هزار سال پیش- زندگی می کردند که در آن زمان بی رحم ترین و وحشی ترین قوم بودند

خداوند یونس را مامور می کند که برای نصیحت و هدایت به سوی این قوم رفته و آنها را تهدید کند که توبه کنند و اگر توبه نکنند من رحم نمی کنم و نابودشان خواهم کرد

اما یونس نافرمانی می کند و به مسیری در جهت مخالف آن قوم حرکت می کند زیرا از این قوم وحشی می ترسد و می گوید این قوم نه تنها توبه نمی کنند بلکه من را خواهند کشت و هر بار که خداوند او را مامور می کند که به سمت این قوم رود یونس سرباز می زند

بار آخر، یونس تصمیم می گیرد با کشتی به دورترین نقطه رود تا خداوند او را از رفتن به سمت این قوم بازدارد زمانی که سوار کشتی می شود که به دورترین نقطه رود کشتی در دریا طوفانی گرفتار می شود ولی چون طوفان به یکباره اتفاق می افتد افراد که در کشتی می گویند حتما یک فرد گناهکار بین ماست که موجب خشم

خداوندشده است پس قرعه کشی می کنند و قرعه به نام یونس می افتد و او را به دریا می اندازند یونس حاضر است که در دریا غرق شود اما به طرف قوم آشور نرود و با خود می گوید :امکان ندارد که آنها توبه کنند

زمانی که یونس را در دریا می اندازند یک ماهی بزرگ یونس را می بلعد و چهل شبانه روز یونس در شکم ماهی زندانی می شود بعد از چهل روز یونس از شکم ماهی بیرون پرت می شود و به ساحلی می رسد که همان شهر قوم آشوراست و او مجبور به اطاعت از خدا می شود و برای هدایت به سمت قوم می رود- اما بعد از نصیحت یونس تمام قوم – حتی حیوانات – هم توبه کردند

عیسی آمد و نشان داد که ما باید اعتماد و اطاعت کنیم زیرا خواسته های آسمان که در آسمان در حال اجراست بر زمین هم اجرا شود زیرا خواسته های خدا بسیار قشنگ تر از خواسته های ماست

نکاتی که در این داستان ، مربوط به مسیحیت می شود:

موضوع اول : باید درک کنیم و اعتماد داشته باشیم که خواست و اراده خداوند قشنگ تر و بهتر از خواست ماست

موضوع دوم :یونس هم افکار زمینی داشت و با فکر زمینی (شیطانی) خود فکر می کرد و تصمیم می گرفت و اطاعت نمی کرد چون با خود فکر می کرد امکان ندارد که این قوم وحشی توبه کنند

پس وقتی تو افکار زمینی و شیطانی داری اطاعت نخواهی کرد و برعکسِ آنچه خدا گفته عمل خواهی کرد، علت اینکه ما از خداوند اطاعت نمی کنیم این است که همه چیز را با دید و فکر زمینی خود بررسی می کنیم

اما نمی دانیم که باید ایمان داشته باشیم و اطاعت کنیم زیرا خواست خداوند برای ما بهترین هاست و این دید شیطانیست و به خاطر همین برخلاف اراده خداوند عمل می کنیم مثل یونس که برخلاف خواست خدا حرکت می کرد

خداوند می خواهد از ما استفاده کند برای بازگرداندن فرزندان گمشده خود هر کدام ازما فرزندگمشده ای هستیم که توسط فرزندان دیگر بازگردانده شدیم واگر خدا بخواهد از شخصی استفاده کند و کاری را انجام دهد حتی اگر در شکم ماهی هم باشد آن کار را نجام می دهد

پس اگر قرار بر این باشد که من وسیله ای در دست خداوند باشم و خدا از من استفاده خواهد کرد حتی اگر مجبور باشد مرا در شکم ماهی قرار دهد تا در مسیر خاصی قرار گیرم

گاهی ما انسان ها را با افکار زمینی خود قضاوت می کنیم و می بینیم و می سنجیم و می پرسیم وشکایت داریم که چرا خداوند فلان شخص را نابود نمی کند

(خداوند می گوید شاید آن شخص برای کسانی که تو از آن بی خبری سود و منفعتی دارد که باید بماند و زنده باشد همانند پدری که خلافکار است که شاید برای دیگران ضرر برساند اما برای فرزندان خود مایه آرامش و قرار است،پس خداوند می فرماید باید دید خود را عوض کنید)

عیسی می گوید : آنچه خواست تو در آسمان هاست بر زمین نیز اجرا شود

در مسیحیت هم می گوید : که با اینکه گناهکاری اما مورد فیض خدا قرار می گیری

پس ما باید معانی و مفاهیم داستان ها و مثال های کتاب های مقدس را دریابیم تا درس بگیریم و هدایت شویم

<u>پس درس این دو داستان داشتن ایمان قلبی و با شناخت و اعتماد واطاعت کامل است</u>

بخش چهارم :ماجرای پولس

«۱.امّا سولس هنوز تهدید و قتل بر شاگردان خداوند همی دمید و نزد رئیس کَهَنَه آمد،

۲ و از او نامه‌ها خواست به سوی کنایسی که در دمشق بود تا اگر کسی را از اهل طریقت خواه مرد و خواه زن بیابد، ایشان را بند برنهاده، به اورشلیم بیاورد.

۳ و در اثنای راه، چون نزدیک به دمشق رسید، ناگاه نوری از آسمان دور او درخشید

۴ و به زمین افتاده، آوازی شنید که بدو گفت، ای شاؤل، شاؤل، برای چه بر من جفا می‌کنی؟

۵ گفت، خداوندا تو کیستی؟ خداوند گفت، من آن عیسی هستم که تو بدو جفا می‌کنی.

۶ لیکن برخاسته، به شهر برو که آنجا به تو گفته می‌شود چه باید کرد.

۷ امّا آنانی که همسفر او بودند، خاموش ایستادند چونکه آن صدا را شنیدند، لیکن هیچ‌کس را ندیدند.

۸ پس سولس از زمین برخاسته، چون چشمان خود را گشود، هیچ‌کس را ندید و دستش را گرفته، او را به دمشق بردند،

۹ و سه روز نابینا بوده، چیزی نخورد و نیاشامید.

۱۰ و در دمشق، شاگردی حنانِیا نام بود که خداوند در رؤیا بدو گفت، ای حنّانیا! عرض کرد، خداوندا لبّیک!

۱۱ خداوند وی را گفت، برخیز و به کوچهای که آن را راست می‌نامند بشتاب و در خانه یهودا، سولس نامِ طرسوسی را طلب کن زیرا که اینک، دعا می‌کند،

۱۲ و شخصی حنّانیا نام را در خواب دیده است که آمده، بر او دست گذارد تا بینا گردد.

۱۳ حنّانیا جواب داد که ای خداوند، درباره این شخص از بسیاری شنیده‌ام که به مقدّسین تو در اورشلیم چه مشقّتها رسانید،

۱۴ و در اینجا نیز از رؤسای کَهَنَه قدرت دارد که هر که نام تو را بخواند، او را حبس کند.

۱۵ خداوند وی را گفت، برو زیرا که او ظرف برگزیده من است تا نام مرا پیش امّت‌ها و سلاطین و بنی‌اسرائیل ببرد.

۱۶ زیرا که من او را نشان خواهم داد که چقدر زحمتها برای نام من باید بکشد.

۱۷ پس حنّانیا رفته، بدان خانه درآمد و دستها بر وی گذارده، گفت، ای برادر شاؤل، خداوند، یعنی عیسی که در راهی که می‌آمدی بر تو ظاهر گشت، مرا فرستاد تا بینایی بیابی و از روح‌القدس پر شوی.

۱۸ در ساعت از چشمان او چیزی مثل فلس افتاده، بینایی یافت و برخاسته، تعمید گرفت.

۱۹ و غذا خورده، قوّت گرفت و روزی چند با شاگردان در دمشق توقّف نمود.

۲۰ و بی‌درنگ، در کنایس به عیسی موعظه می‌نمود که او پسر خداست.

۲۱ و آنانی که شنیدند تعجّب نموده، گفتند، مگر این آن کسی نیست که خوانندگان این اسم را در اورشلیم پریشان می‌نمود و در اینجا محضِ این آمده است تا ایشان را بند نهاده، نزد رؤسای کَهَنَه برد؟

۲۲ امّا سولس بیشتر تقویت یافته، یهودیانِ ساکن دمشق را مجاب می‌نمود و مبرهن می‌ساخت که همین است مسیح.

۲۳ امّا بعد از مرور ایام چند یهودیانْ شورا نمودند تا او را بکشند.

۲۴ ولی سولس از شورای ایشان مطلّع شد و شبانه‌روز به دروازه‌ها پاسبانی می‌نمودند تا او را بکشند.

۲۵ پس شاگردان او را در شب در زنبیلی گذارده، از دیوار شهر پایین کردند.

۲۶ و چون سولس به اورشلیم رسید، خواست به شاگردان ملحق شود، لیکن همه از او بترسیدند زیرا باور نکردند که از شاگردان است.

۲۷ امّا بَرنابا او را گرفته، به نزد رسولان برد و برای ایشان حکایت کرد که چگونه خداوند را در راه دیده و بدو تکلّم کرده و چطور در دمشق به نام عیسی به دلیری موعظه می‌نمود.

۲۸ و در اورشلیم با ایشان آمد و رفت می‌کرد و به نام خداوند عیسی به دلیری موعظه می‌نمود.

۲۹ و با هلینستیان گفتگو و مباحثه می‌کرد. امّا درصدد کشتن او برآمدند.

۳۰ چون برادران مطّلع شدند، او را به قیصریّه بردند و از آنجا به طَرسُوس روانه نمودند.

۳۱ آنگاه کلیسا در تمامی یهودیّه و جلیل و سامره آرامی یافتند و بنا می‌شدند و در ترس خداوند و به تسلّی روح‌القدس رفتار کرده، همی افزودند.

۳۲ امّا پطرس در همهٔ نواحی گشته، نزد مقدّسین ساکن لُدّه نیز فرود آمد.

۳۳ و در آنجا شخصی اینیاس نام یافت که مدّت هشت سال از مرض فالج بر تخت خوابیده بود.

۳۴ پطرس وی را گفت، ای اینیاس، عیسی مسیح تو را شفا می‌دهد. برخیز و بستر خود را برچین که او در ساعت برخاست.

۳۵ و جمیع سَکَنه لُدّه و سارون او را دیده، به سوی خداوند بازگشت کردند.

۳۶ و در یافا، تلمیذهای طابیتا نام بود که معنی آن غزال است. وی از اعمال صالحه و صدقاتی که می‌کرد، پر بود.

۳۷ از قضا در آن ایّام او بیمار شده، بمرد و او را غسل داده، در بالاخانهای گذاردند.

۳۸ و چونکه لُدّه نزدیک به یافا بود و شاگردان شنیدند که پطرس در آنجا است، دو نفر نزد او فرستاده، خواهش کردند که در آمدن نزد ما درنگ نکنی.

۳۹ آنگاه پطرس برخاسته، با ایشان آمد و چون رسید او را بدان بالاخانه بردند و همهٔ بیوه‌زنان گریهکنان حاضر بودند و پیراهنها و جامه‌هایی که غزال وقتی که با ایشان بود دوخته بود، به وی نشان می‌دادند.

۴۰ امّا پطرس همه را بیرون کرده، زانو زد و دعا کرده، به سوی بدن توجه کرد و گفت، ای طابیتا، برخیز! که در ساعت چشمان خود را باز کرد و پطرس را دیده، بنشست.

۴۱ پس دست او را گرفته، برخیزانیدش و مقدّسان و بیوه‌زنان را خوانده، او را بدیشان زنده سپرد.

۴۲ چون این مقدّمه در تمامی یافا شهرت یافت، بسیاری به خداوند ایمان آوردند.

۴۳ و در یافا نزد دبّاغی شمعون نام روزی چند توقّف نمود.

(اعمال رسولان فصل ۹)

توضیحات :

پولس رسول ، از مبلغان مسیحیت بود ، و هرگز با عیسی مسیح دیدار مستقیمی نداشته است. در کتاب اعمال رسولان پولس پیشوای غیریهودیان و یعقوب را پیشوای یهودیان می داند.

پولس از یهودیانی بود که در پی آزار و اذیت و تهدید و کشتار مسیحیان می پرداخت

در راه یکی از سفرها یش، در جاده دمشق، شبانگاه شخص «عیسای مسیح» بر او ظاهر شد. مسیح او را به نام عبری اش خطاب کرد و این جمله را به او گفت: «شائول، شائول، چرا مرا آزار می‌رسانی؟» در ادامه مسیح شخصاً به او مأموریت داد، تا سفیر خداوند برای غیر یهودیان باشد. و او بعد از این مکاشفه به دین مسیحیت گروید

بعضی هم اعتقاد دارند که رفتار و تعلیمات پولس در راستای کتاب عهد قدیم و تورات بوده است .

اما او در یکی از سفرهای تبلیغاتی خود در اورشلیم دستگیر و کشته شد.

پولس نقش مهمی در گسترش آیین مسیحیت داشت

فصل بیست و ششم

سئوالات متداولی که از یک مسیحی ایماندارمی پرسند

که باید بتوانید توضیح بدهد و بتوانیم جواب بدهیم؟

۱.آیا در مسیحیت سه خدا هست ؟.آیا عیسی مسیح خداست ؟ واگر خداست پس چگونه شیطان که مخلوق است می تواند خالق خود را وسوسه کند ؟

جواب :

نکته اول : اگر عیسی خداست واز شیطان فریب نخورد پس جای افتخار نیست که خدا از مخلوق خود شیطان فریب نخورده است و کار مهم و خارق العاده ای محسوب نمی شود.

نکته دوم : در زمان قدیم (یونان – مصر و روم باستان)چون چند خدایی رایج بود و نمی توانستند که بپذیرند یک خدای واحد وجود دارد ؛ پس در زمان عیسی مسیح هم وقتی می خواستند مسیحیت را معرفی کنند می گفتند چند خدا وجود دارد؛ اگر می گفتند یک خدا هست کسی نمی پذیرفت و برای آنها قابل قبول نبود که یک خدا وجود داشته باشد بنابراین برای معرفی می گفتند در دین مسیحیت :سه خدا هست: پدر پسر روح القدس

و اینگونه برایشان قابل قبول و منطقی بود و دوهزار سال پیش مردم پذیرفته بودند که خدایان متعدد باید باشند نه یک خدای واحد

نکته سوم : اگر عیسی مسیح می گفت در نام پدر پسر و روح القدس تعمید بگیرید این حرف از روی آگاهی بود چون با بیان همین جمله مسیحیت در کمتراز ۳۰۰ سال تا غرب اروپا گسترش یافت زیرا رومیان و مصریان تک خدایی را نمی پذیرفتند پس عیسی نسبت به زمانه خود به معرفی مسیحیت پرداخت.

۲.چرا می گوییم نام پدر عیسی مسیح است نام روح القدس هم عیسی مسیح است؟

جواب :روح القدس ذره ای از روح خداوند است، کائنات هم انتها ندارد پس خالق هم صدها برابر بزرگتر از این کائنات است که توانسته چنین خلقت عظیمی داشته باشد اگر این خالق اینقدر باعظمت است پس با این بزرگی و عظمت ماورای درک و تصور ماست پس عیسی مسیح ذره ای از خداست در قالب عیسی مسیح.

مثال : خورشید خیلی عظیم و بزرگ است ولی ذره ای از نور آن به ما می رسد و همان مقدار نور هم به کره خاکی حیات بخشیده، پس ذره ای از روح خداوند در جسم عیسی مسیح قرار گرفت و روح القدس هم که همان روح جدا شده و تقدیس شده است که وارد جسم انسانی شد و شد عیسای مسیح و این همان خداست روح خداست که به اندازه ذره ای از این روح جدا شد و در جسم عیسی مسیح قرار گرفت و این روح از همان روحی آمده است که می خواهد ما او را پدر بنامیم و به اسم پدر بشناسیم پس نباید تفکیک بخاطر اسم سه خدای مجزا باشد.

* خداوند در عهد قدیم نسبت به شرایط خود را به شکل های مختلف نمایان می کرد وقتی می گوییم که عیسی خداست یعنی همان ذره ای که در وجود انسانی قرار گرفت همان قدرتی را دارد که خداوند دارد

و خداوند محدود به زمان و مکان نیست و قادر است که به هر شکلی که می خواهد خود را نشان دهد

پسر اگر کسی بگوید که خدای پسر به عنوان خدای مجزا نمی شناسیم بلکه ذره ای از روح خداست که در جسم انسانی آمد و عیسی مسیح هم خود خداست چون از خدا بود

۳.آیا عیسی مسیح پسرخداست ؟

جواب : بله ، همانطور که همه هستند عیسی هم فرزند خداست همانگونه که من فرزند خدا هستم چون من هم مانند عیسی مسیح روح خداوند را دریافت کردم و از روح خدا پر شدم و همانگونه که روح القدس را به عیسی داد به من هم داد .و خداوند می خواهد که فرزند داشته باشد فرزند وارث پدر است و صاحب اختیار هر چیزی که پدر دارد و فرزند هم باید این اختیار را داشته باشد که پدر را بپذیرد خداوند هم می فرماید این فرزند من است خوب یا بد او را می پذیرم اگر خوب است که بهترین ها نصیب اوست و اگر بد است وظیفه من است که او را هدایت کنم و مراقب او باشم زیرا او فرزند من و من پدر او هستم

خداوند با فرزند صالح خود مشکلی ندارد زیرا او کار خود را به درستی انجام می دهد او نگران فرزند ناخلف خود است زیرا اوست که نیاز به راهنمایی و هدایت دارد پدر این را می خواهد وای آیا فرزند هم این هدایت را انتخاب می کند ؟

اگر ما پذیرفتیم که خداوند را به پدری قبول کردیم و او را پدر خطاب کردیم حالا نوبت خداوند است که نقش پدر دلسوز و حامی را انجام بدهد و اینجاست که رابطه برقرار می شود برای برقراری ارتباط با خداوند نیاز به روح القدس است در واقع این روح القدس است که رابطه پدر و فرزندی را برقرار کرده

مثال : همانند یک ماهواره که با فرستادن امواج ارتباط را گیرنده ها برقرار می کنند و این امواج همان روح القدس هستند و اگر روح القدس نباشد رابطه پدر و فرزندی برقرار نمی شود

خداوند همانند نور است و باران که اگر کسی خود را از آن محروم کند خود طراوات و شادابی را از دست خواهد داد و دچار مشکلات وبیماری ورنج خواهد شد

پس خداوند به ساده ترین شکل ممکن خود را معرفی می کند

عیسی مسیح گفت " معبد (بدن خودش) را خراب کنید من سه روزه میسازم

مسیحیان بدن و تن هایشان معبد خداوند است چون خداوند ساکن شد مثل ذره ای از نور آفتا ب همانطور که نور آفتاب را دریافت کردی ایمان دارم که روح خدا را هم دریافت کردم و بدن من معبد خداوند است و خداوند را حس می کنم که هر روز در درون من رشد می کند

خداوند هم در عیسای مسیح وجود داشت خدا هم با افتخار گفت که من از این فرزند خود خوشنودم تو هم باید خوشنود باشی از خدایی که در وجود تو ساکن شده و یک عشق دو طرفه شکل می گیرد

همان طور که عیسی از خدا اطاعت کرد و وارث خدا شد من هم با تعمید گرفتن از خداوند اطاعت کرده و وارث خداوند شدم

۴.منظور از پسر چیست ؟

جواب : خداوند همه انسان ها را جایگاه فرزند خلقت کرده است

۵.آیا این درست است که خدای بزرگ خون خدای کوچک را ریخت که گناهان بقیه را پاک کند ؟چرا خدا خواست که خون عیسی را بریزد ؟خدای پسر باید به خاطر گناهان دیگران خونش ریخته شود ؟

جواب : خداوند می خواست نشان بدهد که می شود تحت هر شرایطی به خدا اعتماد داشت نه برای اینکه گناهان ما پاک شود بلکه برای اینکه درس بگیریم حتی اگر پای مرگ هم در میان باشد می شود از خداوند اطاعت کرد و این نهایت ایمان و اعتماد به خداست

عیسی مسیح کار بزرگی انجام داد به همگان ثابت کرد که خداوند اشتباه نکرد ما فرزندان آدم همیشه طلبکاریم و شاکی و می گوییم که ایراد از خداست ، پس عیسی نهایت فداکاری را انجام داد و به جای بهانه آوردن و زسر سئوال بردن خداوند به خداونداعتماد داشته باش

پس عیسی یک واسطه است برای اینکه ما را متوجه اشتباهمان بکند وآشتی برقرار شود

(به تمام این سئوالات در کتاب پاسخ داده شده است)

۶.منظور از " درخت حیات و درخت شناخت نیک و بد " چه می باشد ؟

۷.چرا آدم نمی توانست (اجازه نداشت)از درخت شناخت نیک و بد بخورد ؟

۸.چرا خداوند برای آدم ، در میان حیوانات دنبال یاور و همراه بود ؟

۹.« زن نامیده شود زیرا که از مرد گرفته شد » یعنی چه ؟

۱۰.خداوند با همه انسان ها نیکو و مهربان است ، پس چرا وقتی حوا از میوه آن درخت خورد ،خداوند عصبانی شد و درد زایمان را به زن داد ؟

۱۱.چرا خداوند نمی خواست که آدم و حوا از میوه آن درخت بخورند؟

۱۲.« یهوه (خداوند) پیراهن هایی از پوست بساخت » یعنی چه ؟ (پیدایش۳/آیه۲۱)

۱۳. « اینکه یکی از ما شده است » به چه معناست ؟ منظور از ما چه کسانی است ؟ مگر در زمان آفرینش فقط خداوند وجود نداشته است ؟ (پیدایش۳/آیه۲۲)

۱۴." کروبیان " چه کسانی هستند ؟

۱۵.چرا خداوند از قائن خشمگین شد ؟

۱۶.کسی غیر از هابیل و قائن وجود نداشت ؛ پس چرا قائن گفت:«هر که مرا یابد مرا خواهد کشت » مگر غیر از پسران خداوند کسان دیگری هم وجود داشتند؟ (پیدایش۴/آیه۱۴)

۱۷. " پسران خدا " چه کسانی هستند ؟ (پیدایش۶/ آیه۲)

۱۸. "غول پیکران " چه کسانی هستند ؟

فصل بیست و هفتم: انجیل های چهارگانه

* کتاب مقدس کلام خداست چون به پرسش ها و نیازهای من جواب می دهد

* در عهد قدیم خداوند مستقیم از طریق انبیا و پیامبران صحبت می کند

* در عهد جدید رسولان را داریم که از طرف خداوند انتخاب نشدند و خود ادعا دارند که صاحب علم وکرامت هستند

* انجیل ها حدود ۴۰تا۵۰ سال بعد از عیسی مسیح نوشته شدند ما حدود ۱۰۰ انجیل داریم که هر کسی که صاحب علم و سواد بوده برای خود یک کتاب انجیل تحریر کرده است.

اما در شورای کلیساهای اولیه تصمیم گرفتند ۴ انجیلی که بیشترین شباهت متنی را دارند انتخاب و بقیه را آتش زدند چون این چهارتا تایید سه کتاب دیگر بود (یعنی متی – لوقا – مرقس- یوحنا) هر انجیلی سه انجیل دیگر را هم تایید میکند

* و تعدادی از نامه های رسولان که تعداد آنها بسیار زیاد بود را انتخاب و ضمیمه انجیل نمودند چون حجم انجیل بسیار کم بود و همین اضافات به کتاب مقدس که به منظور قطور کردن آن بود باعث شد که معنا و مفهوم واقعی مسیحیت ار بین برود و مردم از روح القدس دور شده وکلیساهای مختلف بوجود آمدند و تعالیم غلط را وارد مسیحیت کردند

* انجیل مرقس: را یک یونانی نوشت به زبان عبرانی که زبان یهودیت است و آرامی یک زبان بین المللی در عهد قدیم است.مرقس را شاگر پطرس می دانند و ورایت های خود را از پترس گرفته است

* انجیل متی: که گفته های مسیح است و منسوب به متای حواری است و مفصل ترین انجیل است

انجیل لوقا: از حواریون نبوده و عیسی مسیح را ندیده و مسیحیت را از پولس فرا گرفته است

انجیل یوحنا : این آخرین انجیل است . یوحنا را حواری مورد علاقه مسیح می دانندو این انجیل متفاوت تر است نسبت به سه انجیل دیگر

فصل بیست و هشتم: همه آنچه که لازم است بدانیم

* آدم اول پدر نداشت، آدم دوم هم پدر نداشت هر دو خلق شدند و هر دو نیاز به خوراک و پوشاک داشتند و هر دو کاملا انسان بودند و در این زمینه هیچ فرقی با هم ندارند.

* آدم اول در حضور خدا بود ؛ولی به دلیل عدم شناخت خداوند حس خوبی نداشت و دوست داشت که از حضور خداوند بیرون رود و با اولین مورد اختلاف؛ از خدا سرپیچی کرد و چون واقعا می خواست که برود خداوند هم مانع او نشد. در واقع خدا او را بیرون نکرد آدم خود بیرون رفت چون می خواست از محدودیت ها رها شود و آزاد باشد که خود همه چیز را تجربه کند.

* آدم اگر گناه کرد به دلیل عدم شناخت بود و کسی نبود که به او آموزش و تعلیم دهد و می خواست خود با تجربه یاد بگیرد، آدم از حضور خدا لذت نمی برد و او حضور خدا را نخواست و با اینکه پر از روح القدس بود آن را پس زد و روح القدس را از دست داد.

* اما عیسی مسیح زمانی که به عنوان آدم ثانی خلق شد که عهد قدیم کامل نوشته شده بود و مریم مقدس (مادرش) کتاب را به او تعلیم می داد و عیسی مسیح کتاب جامعه را خوانده بود و می دانست که دنیا پوچ و نهایت همه تجربه ها ؛ بیهودگیست. عیسی مسیح به واسطه روح القدس خلق شد و وارد بدن مریم شد روح عیسای مسیح از روح خدا بود که تبدیل به عیسی مسیح شد عیسی مسیح فرزند خداست ما هم فرزند خداوند هستیم خداوند آدم را خلق کرد برای اینکه فرزند داشته باشد.خداوند همه ما را در جایگاه فرزند خلق کرد وعیسی مسیح زمانی که متولد شد نوزاد بود و کم کم یا گرفت و تعلیم دید.

* ما نیز گناه و سرپیچی را از آدم اول یعنی پدر اولیه همه انسان ها به ارث بردیم و این به همه نسل ها منتقل شد .

* اما عیسی مسیح چون پدر نداشت پس گناهی نیز به ارث نبرد و به همین دلیل شیطان بر وی هیچ نفوذ و تسلطی ندارد چون او روح شیطانی را ندارد و عیسی مسیح از نسل آدم نیست.

* پس لازم بود آدم دومی خلق شود که نشان داد که می شود تحت هر شرایطی به خدا اعتماد داشت و اطاعت کرد و اگر خدا گفت: بمیر و من تو را زنده خواهم کرد باید اطاعت کنی و انجام دهی چون چیزی بالاتر از خواست و اراده خدا نیست و عیسی هم اطاعت کرد

* فرمان خداوند هم به یک مسیحی این است که تعمید بگیر و اگر اطاعت کردی و از قضاوت کردن مردم و افکار شیطانی خود نهراسیدی پس تو هم مانند عیسی مسیح هستی زیرا این کار هم همانند صلیب رفتن عیسی مسیح سخت است.

* عیسی مسیح؛ به مدت سه روز به دنیای مردگان رفت چون کسانی که قبل از آدم عیسی مسیح از دنیا رفته بودند و در دنیای مردگان بودند و مورد فیض قرار نگرفتند پس عیسی به دنیای مردگان رفت که پیام نجات را به آنها نیز برساند و آنها تصمیم بگیرند.

* و پس از سه روز نیز از دنیای مردگان برخاست و اکنون به آسمان صعود کرده نیز در آسمان ها نزد خداوند است و به عنوان "کاهن اعظم" شفاعت ما را می کند زیرا ما هنوز هم گناهکاریم و عیسی مسیح هر روز شفاعت ما را نزد خداوند می کند.

* پس باید همچون عیسی زندگی کنیم تا از ثمرات روح القدس بهره مند شویم:

شاد باشیم

صبور باشیم

به آرامش برسیم

مهربان باشیم و از ثمرات حضور خداوند در زندگی خود بهره مند شویم.

کتاب مقدس هم می گوید : تا خدا با منست چه کسی بر ضد من است ؟

* پس عیسی مسیح انسانی است که پر از روح خداست و از نظر ما با خداوند فرقی ندارد.

* خداوند می فرماید : در یک صورت تو را می پذیرم که بپذیری که گناهکاری و خداوند هم که خدای محبت است و می داند که روح ما هم تحت سلطه شیطان است و ما نمی توانیم همانند عیسی مسیح باشیم پس ما به صورت نمادین بر روی صلیب می رویم و ما چون ظرفیت عیسی مسیح را نداریم که کشته شویم و بر روی صلیب برویم پس فقط کافیست که درون آب برویم و بیرون آییم و تعمید بگیریم.

* آدم گناه کرد و با نافرمانی خود و اطاعت نکردن؛ گناه را به دنیا آورد وبه ماهم یاد داد که نافرمانی کنیم و در برابر خدا بایستیم و خداوند را زیر سئوال ببریم و بخاطر اینکه گناه را وارد دنیا کرد، عده زیادی بخاطر گناه مردند، ولی عیسی مسیح اطاعت کرد و با خود فیض و بخشش خداوند را به دنیا آورد و به ما یاد داد که می شود با تمام وجود از خداوند اطاعت کرد و خداوند را دوست داشت.

* در واقع این کره خاکی جایی است که ما در آن خود را بشناسیم و خداوند را درک کنیم ، که یا به واسطه اطاعت کامل به حضور خداوند باز خواهیم گشت ویا در دنیای مردگان وارد شده و برای همیشه نابود می شویم.

* خداوند می خواهد ما به واسطه درک و شناخت به عشق خداوند برسیم ؛ خداوند عشق غریزی را نمی خواهد عشقی را می خواهد که با شناخت باشد و اطاعت و اعتماد کامل به خداوند داشته باشد. پس ما به واسطه عیسی مسیح است که اطاعت کردن و عشق واقعی را یاد می گیریم.

* شیطان می خواهد جلوی دریافت روح القدس را بگیرید و نمی خواهد کسی با خداوند رابطه داشته باشد و زمانی که یک فرد تعمید میگیرد دانه (روح القدس) در وجود شما کاشته می شود این دانه اگر رشد کرد کم کم به دنبال شناخت خدا خواهید رفت و می خواهید که به شناخت برسید

* همه هم به نام عیسی مسیح یک دانه را دریافت می کنند ولی اینکه این دانه در کجا قرار بگیرد بر اساس جایگاهی که در آن قرار دارد رشد می کند یا اینکه متوقف می شود و رشد نمی کند و کم کم از بین می رود و آن دانه ای که در زمین خوب و مرغوب می افتد رشد می کند.

* عیسی مسیح می فرماید؛خدا روح است و ما نمی توانیم برای خدا شکل در نظر بگیریم ولی می توانیم با صفت ها خداوند را معرفی کنیم و عیسی خداوند را با نام پدر به ما معرفی می کند و خداوند می خواهد که در جایگاه پدر باشد چون می خواهد این را تجربه کند و عشق بدهد وعشق بگیرد، خداوند هم در پیدایش می گوید : من آدم را شبیه خود آفریدم عیسی مسیح هم می فرماید: هر کس من را دیده انگار که خداوند را دیده است.

* پس من هم می خواهم همانند عیسی مسیح پر از روح القدس باشم تا هر کس که من را می بیند خداوند را در وجود من ببیند و این تفاوت دارد با آنکه بگوییم عیسی مسیح خود خدایی جداگانه است که مورد پرستش قرار می گیرد، عیسی مسیح هم می گوید من اختیارت خداوند را ندارم

* اما در کلیساها به غلط می گویند که اختیارات هستی بین سه خدا تقسیم شده است اگر یک خدا نباشد دو خدای دیگر قادر به انجام کاری نخواهند بود.

* تو به عنوان یک مسیحی باید بپذیری که هزاران مشکلات وجود دارند که از سمت شیطان آمده که تو را از خداوند واقعی دور نموده تا تو دستت را به سمت خدا بلند کنی و وقتی معجزه ای نبینی شک کنی و از خدا بیزار شوی. و باید بپذیری که در مدت کوتاهی که روی زمین هستی همیشه مشکلات برای تو هست در میان همه این مشکلات اگر خداوند را پذیرفتی و با همه وجودت عاشق خداوند بودی و در میانه رنج ها و مشکلات به خداوند اعتماد کامل داشتی تو فرزند واقعی خداوند هستی و خداوند تو را همچون عیسی وارث خود خواهد کرد و خداوند عشق بی قید وشرط و کامل تو را می خواهد و تو به عنوان یک فرزند خلق شدی و این در وجود تو نهادینه شده است و تو در حضور خداوند بودی که به واسطه گناه آدم از آن محروم شدی و اکنون برای پس گرفتن آن تلاش می کنی و این در درون همه انسان هاست که برای رسیدن به خداوند در حال تلاشند

* اینکه اکنون در چه جایگاه یا وضعیتی قرار داری مهم نیست؛ آنچه مهم است اینست که تلاش کنی که به خداوند برسی و به جایگاهی که از دست دادی برگردی.

* آدم بر روی زمین با خداوند معاشرت می کرد نه در بهشت و همان طور که آدم در حضور خدا بود این اتفاق باید از نو بیافتد و این وعده خداوند است، پس برای بازگشتن به آن جایگاه، باید خداوند را با تمام وجودت بپرستی و تنها خداوند را ستایش و پرستش کنی و غیر خدا هیچ خدایی را نپرستی و تمام قلبت برای خدا باشد و با همسایه ات در صلح و آشتی و محبت باشی زیرا همانگونه که تو فرزند خدا هستی او نیز فرزند خداوند است و خدا می خواهد که بین فرزندانش صلح و محبت باشد و در این صورت است که خداوند روح القدس را به تو می بخشد

* و زمانی که روح القدس را دریافت کردی و ارتباط با خداوند برقرار شد، حال خداوند می خواهد شما را هدایت کند که آنگونه که طبق خواست خداست زندگی کنید؛ همه ما انسان ها در درونمان وجدان داریم که معمولا بعد

193

از انجام هر گناه یا اشتباهی در درون ما نمودار می شود؛ اما زمانی که هدایت خدا شامل تو باشد؛ قبل از انجام هر کاری وجدان تو ، تو را هدایت و راهنمایی می کند نه بعد از مرتکب شدن گناه .

* «اما کسی که وجدانش از آنچه می کند ناراحت است نباید به هیچ وجه به آن کار دست بزند چون در این صورت مرتکب گناه شده است زیرا وجدانش آن کار را گناه می داند پس اگر قصد انجام کاری را دارید که آن کار را گناه می پندارید آن را انجام ندهید زیرا کاری که با وجدان ناراحت انجام شود گناه است»(رومیان فصل ۱۴- آیه ۲۳)

* کتاب مقدس باید برای سئوالات شما جواب داشته باشد*

فصل بیست و نهم :چکیده مطالب کتاب

- ✓ خداوند به قصد و نیت و هدف خاصی این دنیا را خلق کرده است، خداوندی است که طرح و برنامه دارد و بی دلیل کاری انجام نمی دهد . خداوند قصد بزرگی دارد و ما قدرت درک آن خداوند را نداریم.
- ✓ خداوند بر اساس کتاب مقدس خود را به ساده ترین شکل به ما معرفی می کند: با رابطه پدر- فرزندی
- ✓ عیسی مسیح می فرماید: ما قدرت درک خداوند را نداریم و با مثال ها ما را راهنمایی می کند : ای پدری که در آسمانی نامت مقدس باد

- ❖ و هر چیزی که در این دنیا پیش می آید طبق طرح و برنامه خداوند است و خداوند آن را می داند و از آن آگاه است
- ❖ تمام مراحل حیات بشری مثل یک پروسه و برنامه کامپیوتری که مراحل آن توسط یک برنامه نویس حرفه ای طراحی و پیش بینی شده است، طراحی شده و تا زمانی که این طرح و برنامه به پایان برسد این برنامه ها ادامه دارد.
- ❖ در زمان عیسی مسیح برنامه خداوند به پایان رسید ، یک زمانی همه این برنامه ها و بازی ها تمام می شود عیسی از آسمان بر می گردد و با شیطان می جنگد و شیطان را شکست می دهد و هستی پایان می یابد و فقط کسانی که عیسی مسیح را انتخاب کردند می مانند.
- ❖ و مهره های این بازی هم : حوا- آدم – شیطان هستند
- ❖ فرق یک مسیحی با غیر مسیحی در این است که همگی وارد دنیای مردگان می شویم و ما می میریم چون گناهکاریم ؛ ولی یک مسیحی از دنیای مردگان برمیخیزد و به حضور خداوند می رود و همچون فرشته ای بدون هیچ جنسیتی به نزد خداوند می روید و شما به عنوان یک مسیحی بخاطر اینکه عیسای مسیح را انتخاب کردی هیاتی جاودانی می یابی و به حضور خداوند می روی و از دنیای مردگان خارج می شوی

- خداوند هزاران انسان را آفریده است و در بین این همه انسان خلق شده فقط دنبال کسی است که در بین این همه مشکلات و سختی ها و در این دنیای پر آشوب و بدبختی – که همه اینها به خاطر حکومت شیطان است – به همه چیز پشت پا زده و طالب خداوند باشد.

- خداوند کسی را می خواهد که در بین همه این گرفتاری ها و در بدترین شرایط هم خداوند را بخواهد و طالب او باشد جز این باشد خداوند نیز او را نمی خواهد

- و عیسی مسیح کسی بود که با وجود همه وسوسه های شیطان و همه سختی ها و تحت هر شرایطی طالب خداوند بود

- و شیطان همان خمیرمایه ای که قرار است محرک ما باشد و انسان ها را به چالش بکشاند

- الان شیطان است که بر روی کره زمین حکومت می کند و بر افکار ما تسلط کامل دارد و به همین دلیل است که ما به همه چیز شک می کنیم

- افکار پلید از طرف شیطان است چون بر قلب و فکر ما تسلط دارد

- اما شیطان از طرف انسان ها و آدمیزاد هیچگاه پرستشگر پیدا نمی کند و به همین دلیل به آوردن خدایان مختلف انسان را از خدای واقعی دور کرد

- خداوند می توانست همه چیز را به بهترین شکل ممکن خلق کند، اما دیگر حق انتخابی وجود نداشت.

- اگر در میان این همه حق انتخاب و خدایان مختلف ، خداوند واقعی را یافتی و به او اعتماد کردی و طالبش بودی آن وقت تو فرزند واقعی خداوند هستی و خداوند هم خواهان توست ؛ چون خداوند دنبال فرزند و طالب واقعی خود می گردد

- یکی از نشان های دریافت روح القدس ؛ شکرگذاری است اینکه ناخودآگاه بابت هر چیزی شکرگذار خداوند هستی

- زمانی که روح القدس را دریافت می کنی از اینجا به بعد دیگر این وظیفه خداوند است و به تو کمک می کند که کم کم از گناه دور شوی

- یک مسیحی واقعی می گوید : من می دانم که گناهکارم و لایق خداوند نیستم اما باز هم مورد لطف و فیض خداوند قرار گرفتم و خداوند من گناهکار را پذیرفته و این وظیفه خداوند است که من را بپذیرد و ما قرار نیست پاک مطلق باشیم و هیچ گناهی نکنیم به خاطر اینکه ما موجودات نفسانی هستیم با اینکه روح ما می خواهد از گناه دوری کند اما جسممان ، ما را به سمت گناه می کشاند ، س به واسطه روح القدس کم کم از گناه دور خواهیم شد.
- چیزی که برخلاف میل خداوند باشد نتیجه خوبی ندارد ، عاقبت قائن هم آدم کشت چون جبار بود و از نسل شیطان
- اما نسل زن عیسی مسیح می باشد چون تنها کسی است که پدر زمینی ندارد
- خداوند در پیدایش می فرماید : بین نسل زن – یعنی عیسی مسیح – و نسل شیطان – یعنی افعی زادگان – دشمنی می گذارد . تو پاشنه او را خواهی گزید – یعنی مار- و نسل زن هم سر تو را خواهد کوبید – یعنی عیسی مسیح با وسوسه نشدن و بر روی صلیب رفتن انگار سر مار را کوبید و عیسی مسیح هم بر روی صلیب زخمی شد . کف دست و ساق پایش میخ فرو رفت و این همان شیطان بود که پاشنه او را زد
- افعی زادگان کسانی بودند که عیسی مسیح را به صلیب کشیدند
- پس خداوند به انسان ها – آدم – زمان داد که تجربه کنند و به اشتباه خود پی ببرند ، و بعد از عیسی مسیح کسی حق ندارد بگوید که من نمی دانستم و آگاه نبودم
- عیسی مسیح الان به عنوان یک شفاعتگر نزد خداوند حضور دارد و هر روز شفاعت ما مسیحی ها را نزد خداوند می کند.
- و خداوند می فرماید: تنها فرزندان من مسیحیهای واقعی هستند و من به غیر فرزندانم به کسی رحم نخواهم کرد
- و تنها وظیفه یک مسیحی بشارت دادن دیگران است و اینگونه نیست که بخاطر یک نفر که مسیحی هست بقیه اطرافیان وی که گناهکار و مسیحی نیستند بخشیده شوند

❖ کسی که فرزند ابلیس باشد وجدان ندارد و هر کاری که انجام می دهد و هرظلم و ستمی که می کند از آن لذت می برد زیرا از نظر خود بهترین کار را برای پدر خود – شیطان – انجام می دهد و اگر برخلاف آن عمل کند حس خوبی نخواهد داشت

❖ در برابر این همه دینی که شیطان به وجود آورد که خداوند واقعی گم شود خداوند هم عیسی مسیح را می فرستد.

❖ ابتدا باید شیطان و هدف و کارهایی که انجام داده را بشناسیم ؛الان شیطان دارد بر زمین و کره خاکی حکومت می کند پس عیسی مسیح می خواهد که ما را از این شیطان برهاند

❖ پنج کتاب اول(عهد قدیم) را موسی تحت الهام خداوند نوشته است؛ در زمان پیدایش که حضرت موسی وجود نداشته است پس خداوند برای وی مثال زده و با ساده ترین شکل ممکن پیدایش را توضیح می دهد

❖ تعداد زیادی از فرشتگان که از درگاه خداوند بیرون شدند ، بر روی کره زمین سرگردانند ، این فرشتگان همان ارواح ناپاکی هستند که موجب بیماری و رنج و مشکلات هستند.عیسی مسیح موقع شفا دادن بیماران می گفتند ای ارواح ناپاک دور شوید ، منظور همان فرشتگان سرگردان هستند؛ که موجب یاس و افسردگی و در انسان ها هستند وقتی می گویند یک نفر دیوانه شده یا افسرده و بیمار شده است ، منظور همین است که جسم او توسط این ارواح ناپاک تسخیر شده است

❖ وقتی یک فرشته سرگردان از درگاه خداوند رانده می شود ، بدن و جسم یک انسان را تسخیر می کند و نود درصد این تسخیر زمانی اتفاق می افتد که قرار است به یک جنین روح دمیده شود به همین دلیل است که یک نوزاد گاهی نابینا یا ناقص متولد می شود.

❖ قوم بنی اسرائیل هشتصد- نهصد سال به مخالفت با خداوند هستند و با خدواند درگیرند توبه – سرکشی

❖ قوم بنی اسرائیل به دلیل سرپیچی از دستورات خداوند چهل سال در بیابان سرگردان بودند ، در واقع این هم جزو طرح و برنامه خداوند است که چهل سال لازم بود که شریعت را به بنی اسرائیل آموزش دهد و چهل سال لازم بود که قوم بنی اسرائیل احکام و شریعت را یاد بگیرند .پس زمانی لازم بود که شریعتی که توسط خداوند به موسی داده شد را به قوم تعلیم دهد و شریعت را کامل دریافت کنند

❖ اما اکنون لازم نیست که طبق این ۶۱۳ احکام زندگی کنیم الان خداوند فقط دوچیز از یک انسان و فرزند واقعی می خواهد: با همه جان و دل خود خداوند را دوست داشته باشد و تو را خدایان دیگر نباشد.

❖ عیسی مسیح مثال می زند : که ریزترین دانه ها ، دانه خردل است وقتی این دانه کاشته می شود و رشد می کند همانند یک درخت رشد می کند و بزرگ می شود در طی مدت زمان کوتاهی به درختی بزرک تبدیل می شود؛ زمانی هم که تو روح القدس را دریافت می کنی و خداوند وارد زندگی تو می شود تو ابتدا حضور آن را حس نخواهی کرد و شاید هم متوجه حضور روح القدس نشوی اما به مرور زمان همانطور که یک دانه را که میکاری با آبیاری و رسیدگی و نور ،تبدیل به درختی تنومند می شود روح القدس هم با توجه رشد خواهد کرد و این توجه فقط با اعتماد کردن به خداوند است که رشد می کند

❖ و یک مسیحی زمانی که غسل تعمید می گیرد روح القدس را دریافت می کند زیرا من هم همانند عیسی از حکم خداوند اطاعت کردم و ایمان و اشتیاق دارم که همانند عیسی مسیح روح القدس را دریافت کنم

❖ پس من ایمان دارم که خدایی هست و روز قیامتی وجود دارد و قرار است من به حضور خداوند بروم و چارچوب و چگونگی این امر در کتاب مقدس مشخص شده است چارچوبی که در آن چگونگی پذیرش تو به عنوان فرزند خدا در این کتاب مشخص شده است و اگر تو،عیسی مسیح را پذیرفتی خداوند هم تو را خواهد پذیرفت و این شروع ماجرا خواهد بود.

❖ هر کس که عیسی مسیح را بپذیرد هر چیزی که شامل حال عیسی می شود شامل حال او نیز خواهد شد

❖ در زمان انتخاب : زمانی انتخاب معنا پیدا می کند که هر دو گزینه انتخاب در یک سطح باشندهر کدام را که انتخاب کنی: عیسی مسیح (ادم دوم) یا آدم اول؛ اگر می خواهی مسیحی باشی باید همانند آدم دوم باشی و اگر مسیح را انتخاب نکنی یعنی شبیه آدم اول هستی

❖ عیسی مسیح هم برای اینکه پیغام نجات خود را به مردگان برساند سه روز به دنیای مردگان رفت چون مردگان قبل از آمدن عیسی مسیح از دنیا رفته بودند و عیسی را نمی شناختند و عدالت خداوند این است این پیام را به آنها هم برساند که آنها نیز حق انتخاب داشته باشند.هر کس در دنیای مردگان پذیرفت روحش به نزد خداوند خواهد رفت

- کسی که مسیحیت را نپذیرد به دنیای مردگان نخواهد رفت و کلا خاک می شود روح در کنار جسم در درون خاک گیر می افتد جهنم هم جاییست در تاریکی ابدی؛ روحت یا همچون فرشته تا ابد به حضور خداوند می رود و یا در کنار جسمت زیر خاک مدفون می شود یعنی روحت رها نخواهد شد و این جهنم مسیحیان است.
- در مسیحیت هیچکس به پاکی مطلق نخواهد رسید اما می تواند در مسیر بهتر شدن تغییر کند
- در پروتستان زمانی غسل تعمید می گیرند که مسیح را شناخته باشند نه در زمان نوزادی و تولد
- خداوند هم می خواهد از بین هزاران خدایی که وجود دارد او را بشناسیم و پیدا کنیم و بخواهیم
- رسولان هم مردگان را زنده می کردند چون پر از روح خداوند بودند
- درکلیسای پروتستان تعمید نوزاد منسوخ شده است هر کس عیسی مسیح را درک کند غسل تعمید می شود
- خداوند می فرماید اگر می خواهی روح القدس را دریافت کنی باید اطاعت کنی و هر کس اطاعت کند می تواند در حضور من باشد و از مهر و محبت من برخوردار خواهد شد
- عیسی مسیح می گوید تو باید من رو بخوری یعنی بفهمی و درک کنی و با تمام وجودت من را بشناسی (بدنم نان و خون من شراب است) تمام وجود عیسی مسیح را باید درک کنیم
- خون مسیح ریخته شد که ما یاد بگیریم باید از خداوند اطاعت کنیم
- اگر عیسی می توانست معجزات بزرگ انجام دهد چون پر از روح خداوند بود ، ما هم اگر به آن سطح برسیم همچون عیسی می توانیم معجزه کنیم اگر ایمان داشته باشی می توانی کوه را جابجا کنی، دانه را خداوند به ما می دهد و ما باید آن را پرورش دهیم
- عیسی مسیح نشان داد که باید در هر شرایطی به خداوند اعتماد کنی عیسی مسیح از خداوند اطاعت کرد چون به خدا اعتماد کامل داشت. اطاعت از اعتماد می آید عیسی هم اعتماد داشت که بعد از سه روز از دنیای مردگان برخواهد خواست و زنده خواهد شد پس چون اعتماد کامل داشت بر روی صلیب رفت

* خداوند نمی توانست جسم شود خدا روح است پس ذره ای از خدا در عیسی قرار گرفت و شد عیسی مسیح تو هم می توانی مانند عیسی مسیح باشی که هر کسی در کنارت آرامش داشته باشد عیسی مسیح می فرماید هر کس من را ببیند انگار خدا را دیده است

* پس عیسی مسیح با یکی بودن حرف و عملش بزرگترین فداکاری را انجام داد؛ عیسی مسیح ماهیت واقعی خداوند را برای ما آشکار کرد و مزدش را هم گرفت و وارث خداوند شد و هر کس این را بپذیرد با عیسی مسیح هم وارث می شود و ما هم وقتی پر از روح القدس شویم شبیه عیسی مسیح می شویم

* خداوند برای اینکه اهداف خود را پیش ببرد برای افراد خاصی طرح برنامه دارد ولی نه برای همه انسان ها.

* عیسی مسیح خلق شده است چون بدون هیچ پدر زمینی و به واسطه روح القدس بوجود آمده است

* آدم ثانی یعنی باید تمام خصوصیات آدم اول را داشته باشد و تمام خصائص انسانی را هم داشته باشد تنها فرقی که عیسی مسیح با بقیه داشت این بود که پر از روح خدا بود

* روح ما از خدا جدا شده اما ذات خدایی صددرصد از ما گرفته نشد و فقط ارتباط معنوی ما با خداوند قطع شد چون همه ما انسان ها مشتاق خدا هستیم هم روح زمینی داریم و هم روح آسمانی

* به واسطه تسلطی که شیطان بر روح و روان ما دارد کنترل کامل بر خود نداریم، بعد از نافرمانی آدم و خارج شدن وی از حضور خداوند یک جدایی پیش می آید، آدم خود مقصر بود چون خدا را نمی شناخت و او را مانع آزادی خود می دانست و این جدایی باعث شد از روح القدسی که داشت محروم شود؛ آدم تا زمانی می توانست حاکم زمین باشد که خود مطیع خدا باشد و زمانی حاکم است که پسر خدا باشد

* عیسی مسیح بخاطر اطاعتش شد وارث خداوند و وارث هستی

* روح شیطان به این دلیل ناپاک است چون روح القدس را ندارد و از حضور خداوند بیرون آمد وفقط بر ما انسان ها تسلط ندارد بر حیات وحش و حیوانات هم تسلط دارد.

* انسان با روحی که پر از خدا بود و با آن می توانست فرمانروایی کند و فقط در یک صورت می توانست فرمانروایی کند که مطیع باشد اما آدم این فرمانروایی بر زمین را نخواست پس این فرمانروایی از وی گرفته شد ، و شیطان که طالب آن بود آن را گرفت و گفت کاری می کنم که آمیزاد از خداوند نافرمانی

کند و به خداوند ثابت شود که آدم لیاقت فرزندی و حکومت بر زمین را ندارد و اینگونه من صاحب حکومت خواهم شد

❖ اما همه اینها بازی و طرح و نقشه خداوند است وهمه اینها مثال است که به ساده ترین شکل ممکن آنچه اتفاق افتاده است را بیان کند

❖ انسان آخرین مخلوق خداوند بود قبل از ما جهان به تکامل رسیده بود.تمام حیوانات اهلی و وحشی خلق شده بودند و بعد انسان خلق شد خداوند ابتدا کره زمین را آفرید ، سپس تمام حیوانات اهلی و وحشی را آفرید و وقتی همه چیز به تکامل رسید ؛ انسان را آفرید

❖ هر سه خداوند در دین مسیحیت یک نام دارند و او هم نام <u>عیسی مسیح</u> است؛ چون ما هر چیزی را در نام عیسی مسیح می خواهیم .چون خداوند در جایگاه پدر است و می خواهد پدر باشد و خدا روح است و در هر شکلی که بخواهد قادر است که تجلی یابد

❖ و عیسی مسیح هم بواسطه کارهای بزرگی و معجزاتی که انجام می داد و انچه که می دید و کارهایی که قادر به انجام آن بود پس پر از روح خدا بود و چون خداوند خالق است

❖ عیسی مسیح پیامبری بود مثل بقیه انسان ها، که کلام خدا را برای ما بازگو می کرد و صددرصد انسان بود ، تنها فرق وی با ما این بود که روحی که در ما دمیده شده از این جهان خاکی و تحت سلطه شیطان است، ولی روح عیسی مسیح از آسمان آمد و چون متعلق به این جهان خاکی نبود توانست در برابر شیطان مقاومت کند و شیطان هیچ تسلطی بر آن روح نداشت.

❖ برای چه لازم بود که یک انسان دوم خلق شود ؟ به این دلیل که خداوند بارها امتحان کرد و ثابت شد که هیچ فردی در روی زمین یافت نمی شود که توان مقاومت در برابر شیطان را داشته باشند.

❖ عیسی مسیح کسی بود که توسط خداوند مسح شده ، یعنی انتخاب شد خداوند تعداد زیادی را مسح کرد و برگزید که برابر شیطان بایستند اما نتوانستند چون همه این افراد با اینکه انتخاب خداوند بودند اما روح زمینی داشتند پس خداوند باید کسی می فرستاد که تحت سلطه شیطان نباشد و روحش باید از آسمان آمده باشد

❖ ما هم در ابتدا این روح را داشتیم و در حضور خداوند بودیم اما چون شناخت کافی از خداوند نداشتیم و نمی دانستیم که خداوند چه نقشی برای ما دارد و همه چیز برای ما بی معنا بود پس آن ارتباطی که باید بین ما و خداوند بوجود نیامد

❖ آدم اول تحت سلطه شیطان قرار گرفت و به اسارت گرفته شد و عیسی مسیح - آدم ثانی- آمد که ما را از اسارت نجات دهد و الان ما همه سرگردانیم و می خواهیم که به خانه بازگردیم و ما انسان ها در تلاش هستیم که به هر قیمتی خدا را بشناسیم

❖ برای شناخت خداوند دو راه وجود دارد: از طریق عقل و قلب؛ ما هیچوقت با عقل به تنهایی به شناخت کامل خداوند نمی رسیم اما اگر باه قلب خود رجوع کنیم و با هر دو به سمت شناخت خدا حرکت کنیم به نتیجه خواهیم رسید و خدا را خواهیم شناخت

❖ عیسی مسیح برای ما بسیار مهم است چون اگر عیسی مسیح نبود ما به هیچ عنوان به شناختی از خداوند نمی رسیدیم و بزرگترین فداکاری را برای ما انجام داد و ثابت کرد که در سخت ترین شرایط هم می شود از خداوند اطاعت کرد و ما بواسطه عیسی مسیح است که خداوند را درک کرده و شناختیم که باید با تمام جان و دل خدا را پرستش کرد

❖ آدم اول همیشه می گفت خواست و اراده من ، و آدم ثانی می گفت خواست و اراده خداوند ، خداوند هم کسی(فرزندی) را می خواهد که فقط خواست خدا را قبول کند؛اگر قبول کردی مورد لطف و محبت خداوند قرار خواهی گرفت و فرزند خدا خواهی بود وگرنه محروم خواهی شد و دچار مرگ ابدی خواهی شد.

❖ روح القدس پل ارتباطی ما با خداوند است

❖ اگر خداوند را همانند یک پدر بدانی دیگر محدودیت ها آزارت نخواهند داد و احساس اسارت نمیکنی (هر جا خدا هست آنجا آزادی ست) پدر سخت می گیرد چون یک پدر است و پدر احترام تو را می خواهد باید خداوند را به عنوان پدر بپذیریم.

- و تو اگر به پدر خود مهر و محبتی داری به واسطه ثروت یا دارایی و مقام او نیست بلکه چون پدر توست او را دوست داری و او هر کاری برای تو خواهد کرد که تو خوشحال باشی و خدا هم همینطور است و هیچوقت تورا تنها نخواهد گذاشت

- هر سه خداوند در دین مسیحیت یک نام دارد:عیسی مسیح همان نام پسر پدر و روح است و هر کس در نام سه خداوند غسل تعمید بگیرد روح القدس را دریافت خواهد کرد و روح القدس باید در درون تو رشد کند با خواندن کتاب مقدس ، با تفکر، کم کم خداوند بر تو آشکار خواهد شد و به تو کمک می کند که به تدریج رشد و تغییر کنی

- «زیرا تنها نامی که به ما داده شده است نام عیسی مسیح است و خداوند هیچ نامی ندارد روحی که وارد جسم عیسی مسیح شد نام عیسی را به خود گرفت و در هیچکس جز او نجات نیست» (اعمال رسولان ۱۲-۴)

- پدر هم اسم خداوند نیست بلکه یک صفت است برای شناخت خداوند.

- شیطان در زمان انتخاب کردن ما را به سمت بیهودگی می برد چون بر ذهن ما تسلط دارد

- اگر ایمان تو ثمره ای نداشته باشد و تو را تغییر ندهد به درد نخواهد خورد و اگر کسی ایمان خود را ازترس تمسخر دیگران مخفی کند آن را از دست خواهد داد

- باید بتوانی در مورد ایمانت برای دیگران توضیح بدهی و مثال های عیسی مسیح را بیان کنی

- باید بتوانیم به شناخت برسیم که عیسی مسیح که بود چه کرد چرا بر روی صلیب رفت و همه اینها را کامل درک کنی و به شناخت کامل عیسی مسیح و خداوند برسی و با همین درک و شناخت، اگر تعمید گرفتی یک مسیحی واقعی هستی.

- کسی که بتواند از عیسی مسیح حرف بزند و معرفی کند و توضیح بدهد یک مسیحی است

- چرا عیسای مسیح شفاعت ما را می کند ؟چون هنوز گناهکاریم و با اینکه مسیحی شدیم و تعمید گرفتم اما گناه می کنیم و عیسی در نزد خداوند شفاعت می کند که خداوندا از اینها بگذر که به نام من تعمید گرفتند.

❖ و همه چیز به انتخاب های ما برمیگردد

❖ یکی از اصول های مسیحیت : برای درک خداوند هر چیزی را در قالب پدر و فرزندی بیاور آنوقت درک آن برای تو آسان خواهد شد

❖ خداوند همیشه در کنار توست و نمی گذارد صلیبی که بر دوش گرفتی تو را از پای درآورد زیرا شیطان هم تا حدی بر ما تسلط دارد مقابله کردن با وسوسه ها وافکار شیطانی سخت و دشوار است و شیطان آنقدر مقابله می کند که خداوند ما را رها کند، وسوسه ها بی نهایت زیاد می شوند اما سرانجام خداوند همیشه راه غلبه را بر ما آشکار خواهد کرد زیرا شیطان مخلوق است و مخلوق هیچگاه حریف خالق نخواهد شد

❖ تنها راه رسیدن به خداوند؛ عیسی مسیح است .خداوند می گوید تنها و فقط کسانی که با نام عیسی مسیح تعمید گرفتند را فرزند می شناسم

❖ یک پیامبر(موسی) آمد و قوم بنی اسرائیل را نجات داد و پیامبری دیگر آمد (عیسی)بشریت را رهانید.

❖ در شریعت موسی ۶۱۳ حکم و شریعت وجود دارد که همان نصیحت ها و بایدها و نبایدهای است که باید به آن عمل کرد ؛ اما در مسیحیت دو حکم وجود دارد:

1.خدی خود را با تمام جان و قلبت دوست بدار

2.به همسایه خود محبت کن

❖ در واقع عیسی مسیح ما را از انجام شریعت رها کرد، چون که ما از عهده انجام آن برنمیاییم

❖ ثروت خود را بر روی زمین نیاندوزید دنبال چیزهای فانی این دنیا نباشید و ثروت را در آسمان بیاندوزید وقتی خدا را خوشنود می کنید این بزرگترین ثروت است

❖ تو نمی توانی صاحب دو پدر باشی هم روح زمینی را داشته باشی که در اسارت شیطان است و هم روح القدس را

- زمانی که شخصی مسیحی می شود و خدا وارد زندگی او می شود تازه شروع ماجراست و چون خدا می خواهد فرزند خود را پس بگیرد و شیطان هم تمام تلاش خود را می کند که مانع این امر شود و خیلی اوقات در این کشمکش انسان ها کم می آورند و از مسیحیت خارج می شوند

- کسی که به درک کامل و درستی از مسیح و خداوند نرسد و بدون شناخت تعمید گرفته باشد خیلی راحت شیطان او را به مسیر اول باز می گرداند چون شناخت کاملی ندارد و خدا را درک نکرده و به شناخت نرسیده است .

- تعمید همان اهدا روح القدس است و وقتی که ندانی چه چیزی را دریافت کردی و ارزش آن را ندانی ، به زودی آن را از دست خواهی داد؛ همانند این است که یک قطعه جواهر را در خیابان بیابی، اما چون جواهر شناس نیستی و فرق شیشه و الماس را نمی دانی آن را رها کنی اما اگر کسی قصد شناخت داشته باشد آن را نزد متخصص خواهد برد که تشخیص دهد شیشه است یا الماس ودر پی شناخت و آگاهی خواهد بود.

- مسیحیت یعنی من شبیه عیسی مسیح شدم و می خواهم. همانند عیسی مسیح زندگی کنم

- عیسی مسیح طبق کتاب مقدس زندگی می کرد و خدا هم از از او راضی بود

- کتاب مقدس همراه با تمثیل ها و پیچیدگی و معما بیان شده است؛ عیسی مسیح کتاب مقدس را با زبان ساده به ما آموخت و زندگی کردن بر طبق کتاب مقدس را به ما یا داد.

فصل سی ام: مثال های زیبای کتاب مقدس

سراسر عشق. سراسر محبت

عیسی مسیح به وسیله مَثَل ها، تعالیم زیادی را آموزش داده به گونه ای که یک سوم تعالیمش از این طریق بوده است:

همچون نور و نمک

«- شما نمک جهانید! لیکن اگر نمک فاسد گردد به کدامین چیز باز نمکین شود؟ دیگر مصرفی ندارد جز آنکه بیرون افکنده پایمال شود

- شما نور عالمید شهری که بر کوهی بنا شود نتوان پنهان کرد

- و چراغ را نمی افروزند تا آن را زیر پیمانه نهند بلکه تا بر چراغدان گذارند آنگاه به همه کسانی که در خانه باشند روشنایی می بخشد

- همچنین بگذارید نور شما بر مردم بتابد تا اعمال نیکوی شما را دیده پدر را که در آسمان است تمجید نمایند» (متی فصل۵: ۱۳- ۱۶)

- شما نمک جهان هستید شما نور جهان هستید «اگر شماها نباشید این دنیا را نابود می کنم» و این اتفاق قبلا یک بار افتاد زمان حضرت لوط که شهر نابود شد. خداوند به ابراهیم گفت: اگر یک ایمان دار هم باشد نابود نمی کنم ولی نبود و خدا هم جهان را نابود کرد

- شما نور این جهان هستید شما همچون شهری هستید که در شب می درخشد شما نور عالمید شهری که بر کوه بنا شود نتوان پنهان کرد.

همچون باران و آفتاب

«دشمنان خود را دوست بدارید و هرکه شما را لعنت کند برای او دعای برکت کنید، به آنانی که از شما نفرت دارند نیکی کنید و برای آنانی که به شما ناسزا می گویند و شما را آزار می دهند دعای خیر نمایید ،اگر چنین کنید از بندگان راستین خداوند خواهید بود، زیرا او آفتاب خود را بر همگان می تاباند چه بر خوبان چه بر بدان ،باران خود را بر نیکوکاران و ظالمان می باراند»

اگر فقط کسانی که شما را دوست دارند را دوست داشته باشید پس چه فرقی با بقیه دارید ؟؟ اگر فقط با دوستانتان دوستی کنید چه فرقی دارید ؟ پس شما اینچنین کنید، کامل باشید زیرا خداوند کامل است

همچون کودکان

«تا از گناهانتان دست نکشید و به سوی خدا باز نگردید و مانند بچه کوچک نشوید هرگز نخواهید توانست وارد ملکوت خدا گردید .پس هرکس خود را مانند این بچه کوچک، فروتن سازد در ملکوت خدا بزرگترین خواهد بود»

همچون پدر

اگر ایمان داری که خدای تو پدر آسمانی توست و خود می گوید که از نیازهای تو آگاه است و کافیست که تو تلاش کنی و من به تو برکت می دهم و پیشاپیش نیازهای تو در حرکتم؛ خدایی که

پدر آسمانی من است از من حمایت می کند به من برکت می دهد و نیازهای واقعی من را می داند و نمی گذارد که من در رنج و مشکلات بمانم

* فقط باید به ملکوت خداوند دل ببندید و اعتماد کنید و به خداوند ایمان داشته باشید

همچون یک برزگر

۱.و باز به کناره دریا به تعلیم دادن شروع کرد و جمعی کثیر نزد او جمع شدند بطوری که به کشتی سوار شده، بر دریا قرار گرفت و تمامی آن جماعت بر ساحل دریا حاضر بودند

۲.پس ایشان را به مَثَلها چیزهای بسیار می‌آموخت و در تعلیم خود بدیشان گفت،

۳.گوش گیرید! اینک، برزگری بجهت تخم پاشی بیرون رفت

۴.چون تخم می‌پاشید، قدری بر راه ریخته شده، مرغان هوا آمده آنها را برچیدند

۵. پاره‌ای بر سنگلاخ پاشیده شد، در جایی که خاک بسیار نبود. پس چون که زمین عمق نداشت به زودی رویید

۶.چون آفتاب برآمد، سوخته شد و از آنرو که ریشه نداشت خشکید

۷.و قدری در میان خارها ریخته شد و خارها نمّو کرده، آن را خفه نمود که ثمری نیاورد

۸.و مابقی در زمین نیکو افتاد و حاصل پیدانمود که رویید و نمّو کرد و بارآورد

۹.پس گفت، هر که گوش شنوا دارد، بشنود

به ایشان گفت، به شما دانستن سرّ ملکوت خدا عطا شده، امّا به آنانی که بیرونند، همه‌چیز به مثلها می‌شود،

تا نگران شده بنگرند و نبینند و شنوا شده بشنوند و نفهمند، مبادا بازگشت کرده گناهان ایشان آمرزیده شود.

برزگر کلام را می‌کارد

و اینانند به کناره راه، جایی که کلام کاشته می‌شود؛ و چون شنیدند فوراً شیطان آمده کلام کاشته شده در قلوب ایشان را می‌رباید

ایضاً کاشته شده در سنگلاخ، کسانی می‌باشند که چون کلام را بشنوند، در حال آن را به خوشی قبول کنند،

و لکن ریشه‌ای در خود ندارند، بلکه فانی می‌باشند؛ و چون صدمه‌ای یا زحمتی به‌سبب کلام روی دهد در ساعت لغزش می‌خورند.

و کاشته شده در خارها آنانی می‌باشند که چون کلام را شنوند،

اندیشه‌های دنیوی و غرور دولت و هوس چیزهای دیگر داخل شده، کلام را خفه می‌کند و بی‌ثمر می‌گردد.

و کاشته شده در زمین نیکو آنانند که چون کلام را شنوند آن را می‌پذیرند و ثمر می‌آورند.»(مرقس فصل ۴ : آیات ۱ تا ۴۱)

همچون دانه خردلی

٭ «بار دیگر مَثَلی برای ایشان زده، گفت، ملکوت آسمان مثل دانه خردلی است که شخصی گرفته، در مزرعه خویش کاشت

و هرچند از سایر دانه‌ها کوچکتر است، ولی چون نمّو کند بزرگترین و درختی می‌شود چنانکه مرغان هوا آمده در شاخه‌هایش آشیانه می‌گیرند» مثال کتاب مقدس دانه خردل یک روز خداوند اینقدر در درون شما رشد می کند که حتی حیوانات و پرندگان هم به شما پناه می آورند.

همچون کارفرمایی دلسوز:

۱.»ملکوت آسمان صاحب خانه‌ای را ماند که بامدادان بیرون رفت تا عَمَله بجهت تاکستان خود به مزد بگیرد.

۲.پس با عمله، روزی یک دینار قرار داده، ایشان را به تاکستان خود فرستاد

۳.و قریب به ساعت سوم بیرون رفته، بعضی دیگر را در بازار بیکار ایستاده دید.

۴.ایشان را نیز گفت، شما هم به تاکستان بروید و آنچه حقّ شما است به شما می‌دهم. پس رفتند

۵.باز قریب به ساعت ششم و نهم رفته، همچنین کرد

۶.و قریب به ساعت یازدهم رفته، چند نفر دیگر بیکار ایستاده یافت. ایشان را گفت، از بهر چه تمامی روز در اینجا بیکار ایستاده‌اید؟

۷.گفتندش، هیچ کس ما را به مزد نگرفت. بدیشان گفت، شما نیز به تاکستان بروید و حقّ خویش را خواهید یافت

۸.و چون وقت شام رسید، صاحب تاکستان به ناظر خود گفت، مزدوران را طلبیده، از آخرین گرفته تا اوّلین مزد ایشان را ادا کن

۹.پس یازده ساعتیان آمده، هر نفری دیناری یافتند

۱۰.و اوّلین آمده، گمان بردند که بیشتر خواهند یافت. ولی ایشان نیز هر نفری دیناری یافتند

۱۱.امّا چون گرفتند، به صاحب خانه شکایت نموده،

۱۲.گفتند که، این آخرین، یک ساعت کار کردند و ایشان را با ما که متحمّل سختی و حرارت روز گردیده‌ایم مساوی ساخته‌ای؟

۱۳.او در جواب یکی از ایشان گفت، ای رفیق بر تو ظلمی نکردم. مگر به دیناری با من قرار ندادی؟

۱۴.حقّ خود را گرفته برو. می‌خواهم بدین آخری مثل تو دهم.

۱۵.آیا مرا جایز نیست که از مال خود آنچه خواهم بکنم؟ مگر چشم تو بد است از آن رو که من نیکو هستم؟

۱۶. بنابراین اوّلین آخرین و آخرین اوّلین خواهند شد، زیرا خوانده شدگان بسیارند و برگزیدگان کم.(متی فصل ۲۰)

* خداوند بخشنده است و به همه پاداش می دهد اما بی دلیل نیست همه انسان ها در نهاد خود به خداوند ایمان و اعتقاد دارند و همه منتظرند که خداوند خودش را بر آنان آشکار کند و این بر عهده مسیحیان است که بشارت دهند و به کسانی که امید دارند خدا را معرفی کنند،از نظر خداوند همان امید برابر با کار و تلاش است.

همچون پرندگان و گل و سوسن

برای خوراک و پوشاک غصه نخورید. برای همین زندگی و بدنی که دارید شاد باشید. آیا ارزش زندگی و بدن، بیشتر از خوراک و پوشاک نیست؟

به پرندگان نگاه کنید، غصه ندارند که چه بخورند. نه می‌کارند و نه درو می‌کنند ولی پدر آسمانی شما خوراک آنها را فراهم می‌سازد. آیا شما برای خدا خیلی بیشتر از این پرندگان ارزش ندارید؟

و چرا برای لباس و پوشاک غصه می‌خورید؟ به گل‌های سوسن که در صحرا هستند نگاه کنید، آنها برای لباس غصه نمی‌خورند. با این حال به شما می‌گویم که سلیمان هم با تمام شکوه و ثروت خود هرگز لباسی به زیبائی این گل های صحرایی نپوشید. پس اگر خدا در فکر گل‌هایی است که امروز هستند و فردا از بین می‌روند، چقدر بیشتر در فکر شماست، ای کم ایمانان.

پس غصه‌ی خوراک و پوشاک را نخورید چون بی‌ایمانان در باره‌ی این چیزها دائماً فکر می‌کنند و سخن می‌گویند. شما با ایشان فرق دارید. پدر آسمانی شما کاملاً می‌داند شما به چه نیاز دارید. اگر شما در زندگی خود به خدا بیش از هر چیز دیگر اهمیت دهید و دل ببندید، او همه‌ی این نیازهای شما را برآورده خواهد ساخت.

پس غصه‌ی فردا را نخورید، چون خدا در فکر فردای شما نیز می‌باشد. مشکلات هر روز برای همان روز کافی‌ست، لازم نیست مشکلات روز بعد را نیز به آن بیفزائید.

انجیل متی، ۳۴- ۲۵ :۶

فراتر از پرندگان

قیمت یک گنجشک چقدر است؟ خیلی ناچیز. ولی حتی یک گنجشک نیز بدون اطلاع پدر آسمانی شما بر زمین نمی‌افتد. تمام موهای سر شما نیز حساب شده است. پس نگران نباشید. در نظر خدا شما خیلی بیشتر از گنجشک‌های دنیا ارزش دارید.

انجیل متی، ۳۱ – ۲۹ : ۱۰

همچون تاجران:

ملکوت الهی را می‌توان چنین توصیف کرد که تاجری مقداری جنس داشت. روزی مرواریدی را پیدا کرد. از آنجایی که تاجر بسیار باهوش بود تمام آن اجناس را فروخت و همان یک‌مروارید را خرید. وضعیت شما نیز همین طور است، در جستجوی آن گنج باشید، که تمام‌نشدنی است، پایدارست که هیچ بیدی آن را از بین نمی‌برد، و هیچ کرمی آن را تباه‌نمی‌سازد. "

✽ ✽ ✽ ✽ ✽ ✽ ✽ ✽ ✽ ✽ ✽ ✽ ✽

✽ همه این معانی را عیسی با آن گروه به مثلها گفت و بدون مثل به ایشان هیچ نگفت، تا تمام گردد کلامی که به زبان نبی گفته شد، دهان خود را به مثلها باز می‌کنم و به چیزهای مخفی شده از بنای عالم

(متی فصل ۱۳: آیات ۳۱ تا ۳۵)

فصل سی و یکم: سخنان زیبای عیسی مسیح

* خوشا به حال آنان که نیاز خود را به خدا احساس می‌کنند، زیرا ملکوت آسمان از آن ایشان است

خوشا به حال ماتم‌زدگان، زیرا ایشان تسلی خواهند یافت

خوشا به حال فروتنان، زیرا ایشان مالک تمام جهان خواهند گشت

خوشا به حال گرسنگان و تشنگان عدالت، زیرا سیر خواهند شد

خوشا به حال آنان که مهربان و باگذشت‌اند، زیرا از دیگران گذشت خواهند دید

خوشا به حال پاک‌دلان، زیرا خدا را خواهند دید

خوشا به حال آنان که برای برقراری صلح در میان مردم کوشش می‌کنند، زیرا اینان فرزندان خدا نامیده خواهند شد

خوشا به حال آنان که به سبب نیک کردار بودن آزار می‌بینند، زیرا ایشان از برکات ملکوت آسمان بهره‌مند خواهند شد

انجیل متی، ۱۰-۱ :۵

---

* گمان نکنید هر که خود را مؤمن نشان دهد. به بهشت خواهد رفت ممکن است عده ای حتی مرا خداوند خطاب کنند اما به حضور خدا راه نیابند فقط آنانی می توانند به حضور خدابرسند که اراده پدر آسمانی را به جا آورند.

* خداوند را که خدای توست. با تمام قلب و جان و عقل خود دوست داشته باش این اولین و مهم ترین دستور خداست دومین دستور مهم نیز مانند اولی است: همسایه ی خود رادوست بدار به همان اندازه که خود را دوست می داری تمام احکام خدا و گفتار انبیاء در این حکم خلاصه می شود و اگر شما این دو را انجام دهید. در واقع همه را انجام داده اید.

* بخواهید تا به شما داده شود. بجویید تا بیابید. در بزنید تا به روی شما باز شود زیرا هر که چیزی بخواهد. به دست خواهد آورد و هر که بجوید خواهد یافت کافی است در بزنید که در به رویتان باز می شود.

* ثروت خود را بر روی این زمین نیندوزید زیرا ممکن است بید یا زنگ به آن آسیب رسانند و یا دزد آن را برباید.ثروت تان را در آسمان بیندوزید. در جایی که از بید و زنگ و دزد خبری نیست. اگر ثروت شما در آسمان باشد. فکر و دل تان نیز در آن جا خواهد بود.

* چشم. چراغ وجود انسان است. اگر چشم تو پاک باشد. تمام وجودت نیز پاک و روشن خواهد بود ولی اگر چشمت با شهوت و طمع تیره شده باشد. تمام وجودت هم در تاریکی عمیقی فرو خواهد رفت.

* مرواریدهای خود را نزد خوک ها نگذارید چون قادر به تشخیص ارزش آنها نمی باشند آنها مرواریدها را لگد مال می کنند و برگشته و به شما حمله ور خواهند شد به همین ترتیب چیزهای مقدس را در اختیار انسان های بدکار نگذارید.

* درخت کامل نمی شود مگر با میوه ای گوارا .همچنین دین داری کامل نمی شود مگر با دوری از گناهان

* بخواهید تا به شما داده شود. بجوئید تا بیابید. در بزنید تا به روی شما باز شود. زیرا هر که چیزی بخواهد به‌دست خواهد آورد. و هر که بجوید، خواهد یافت. کافی‌ست در بزنید که دربروی‌تان باز می‌شود. اگر کودکی از پدرش نان بخواهد، آیا پدرش به او سنگ می‌دهد؟ اگر از او ماهی بخواهد، به او مار می‌دهد؟ پس شما که این‌قدر سنگدل و گناهکار هستید، به فرزندان‌تان چیزهای خوب می‌دهید. چقدر بیشتر پدر آسمانی‌تان برکات خود را به شما خواهد بخشید. اگر از او بخواهید.

پس آنچه می‌خواهید دیگران برای شما بکنند، شما همان را برای آنها بکنید. این است خلاصه‌ی تورات و کتب انبیاء.(انجیل متی، ۱۲- ۷ : ۷)

* هیچ کس را در روی زمین پدر، نگوئید چون شما یک پدر آسمانی دارید که خداست. و نگذارید کسی شما را "پیشوا" بخواند، چون یک پیشوا دارید که مسیح باشد.(انجیل متی، ۱۰- ۹: ۲۳)

* در این دنیا حکمرانان بر مردم آقایی می کنند و رؤسا به زیر دستان خود دستور می دهند. ولی شما چنین نباشید. اگر کسی از شما می خواهد در میان شما از همه بزرگ تر باشد.باید خدمتگزار همه باشد. و اگر می خواهد مقامش از همه بالاتر باشد. باید غلام همه باشد.چون من که مسیحم نیامدم تا به من خدمت کنند.من آمدم تا به مردم خدمت کنم وجانم را در راه نجات بسیاری فدا سازم.

* به‌خاطر آورید که من با شما بودم ولی شما مرا نشناختید.

خوشا به حال کسانی که مرا شناخته‌اند!

وای به حال کسانی که سخنانم را شنیده ولی باور نکرده‌اند.

خوشا به حال کسانی که با این که مرا ندیده‌اند، به من ایمان آورده‌اند. "

* اگر پیشوایان‌تان به شما می‌گویند، ملکوت الهی در آسمان است، پس پرندگان آسمان قبل از شما به آنجا خواهند رسید و اگر آنها می‌گویند، ملکوت الهی در درون دریاست، پس ماهیان دریا قبل از شما به آنجا خواهند رسید.

در حالی که ملکوت در درون و بیرون شماست. زمانی که خود را شناختید، آگاه می‌گردید و آن‌گاه پی خواهید برد که شما فرزند خدای زنده هستید، اما اگر خود را نشناسید در فقر زندگی خواهید کرد و آن‌را تجسم خواهید بخشید.

ای پدر آسمانی ، تو را در نام عیسی مسیح می خوانم، زیرا با عیسی تو را دیدم ، تو را شناختم و ایماندار شدم

فصل سی و دوم: ورود شیطان به کلیسا (رخنه شیطان)

ترجمه تفسیری : اول تیموتائوس - فصل ۴

۱- اما روح القدس صریحا می فرماید که در زمان های آخر الزمان برخی در کلیسا از پیروی مسیح رویگردان شده بدنبال معلمینی خواهند رفت که از شیطان الهام می گیرند.

۲- این معلم نماها با بی پروایی دروغ خواهندگفت و آنقدر آنها را تکرار خواهند کرد که دیگر وجدانشان آنها را معذب نخواهد ساخت.

۳- بعنوان مثال خواهند گفت که ازدواج کردن و گوشت خوردن کار اشتباهی است در حالیکه می دانیم خدا این چیزها را عنایت فرموده تا ایماندارانی که پیرو حقیقتند با شکرگزاری از آنها بهره مند شوند.

۴- هر چه که خدا آفریده خوب است و باید با شادی از آنها استفاده کنیم البته باید برای آنها از خدا شکرگزاری نمود.

۵- وطلب برکت کرد زیرا خوراک با دعا و کلام خدا پاک می شود.

۶- اگر این امور را به دیگران تعلیم دهی خادمی شایسته برای عیسی مسیح خواهی بود که از ایمان و تعلیم صحیح بهره گرفته است تعلیمی که آن را پیروی کرده است.

ترجمه تفسیری رساله دوم پطرس- فصل۲

معلمین دروغین و عاقبت کار آنها :

۱- اما در آن روزگاران انبیای دروغین نیز بودند همانطور که در میان شما نیز معلمین دروغین پیدا خواهند شد که با نیرنگ دروغ هایی درباره خدا بیان خواهند کرد و حتی با سرور خود مسیح که ایشان را با خون خود خریده است سر به مخالفت برخواهند داشت اما ناگهان سرنوشتی هولناک دچار آن ها خواهد شد.

۲- عده ای بسیار تعالیم مضر و خلاف اخلاق ایشان را پیروی خواهند کرد و به سبب همین افراد راه مسیح مورد اهانت و تمسخر قرار خواهد گرفت

۳- این معلم نماها از روی طمع با هر گونه سخنان نادرست خواهند کوشید پول شما را به چنگ آورند اما خدا از مدتها پیش ایشان را محکوم فرموده پس نابودی شان نزدیک است.

۴- خدا حتی از سر تقصیر فرشتگانی که گناه کردند نگذشت بلکه ایشان را در ظلمت جهنم محبوس فرمود تا زمان داوری فرا برسد.

رساله اول یوحنا ۵:۴ این معلمین دروغین از این دنیا هستند به همین علت سخنانشان درباره امور دنیوی است و مردم دنیوی نیز به گفته های ایشان توجه می کنند

رساله یهودا ۴:۱ زیرا عده ای خدانشناس با نیرنگ وارد کلیسا شده اند و تعلیم می دهند که ما پس از مسیحی شدن می توانیم هر چه دلمان می خواهد انجام دهیم بدون آنکه از مجازات الهی بترسیم عاقبت هولناک این معلمین دروغین و گمراه از مدتها پیش تعیین شده است زیرا با سرور و خداوند یگانه ما عیسی مسیح سر به مخالفت برداشته اند.

اعمال رسولان ۲۹:۲۰ می دانم وقتی بروم معلمین دروغین مانند گرگان درنده به جان شما خواهند افتاد و به گله رحم نخواهند کرد

دوم قرنتیان ۱۲:۵ فکر نکنید که بار دیگر شروع به خودستایی کرده ایم نه بلکه می خواهیم دلیلی داشته باشید تا بتوانید به ما افتخار کنید و جواب آن دسته از معلمین دروغین را بدهید که به مقام و موقعیت و ظاهر خود افتخار می کنند نه به باطن و خصایل درونی

غلاطیان ۱۷:۴ آن معلمین دروغین که می کوشند رضایت و توجه شما را جلب کنند هیچ نیت خیری ندارند تلاش آنان اینست که شما را از من جدا سازند تا شما به ایشان توجه بیشتری کنید.

اخبار و وقایع

BBC NEWS | رسی

صفحه اول کرونا پخش زنده ویدیو

اپ فرانسیس با آزار جنسی در لیسای کاتولیک چه خواهد کرد؟

پی افشای رسوایی‌های جنسی در کلیساهای کاتولیک، پ فرانسیس، رهبر کاتولیک‌های جهان از مقام‌های ارشد

bbc.com/persian/w

dw.com

پخش زنده

دویچه وله فارسی جهان

مرگ نوزاد هنگام غسل تعمید: کلیسا خود را مقصر نمی‌داند

09.02.202

س از مرگ یک نوزاد هنگام غسل تعمید بحث در باره نین‌های دینی و نقش کلیسای ارتدکس در جامعه بالا گرفته ست. یک اسقف گفت، نوزاد احتمالا از پرخوری خفه شده ست.

dw.com

پخش زنده

مقامات کلیسای ارتدکس این کشور هنوز در بسیاری از زمینه‌های سیاسی و اجتماعی موضع‌گیری قاطعانه می‌کنند و خود را در بسیاری از مسائل دارای صلاحیت می‌دانند، به‌ویژه در زمینه سیاست خانواده و آموزش.

در این راستا آنها اغلب مواضع ضدلیبرال، بنیادگرایانه و ضدمدرنیسم ارائه می‌کنند.

اسقف تئودوسی معتقد است که به احتمال زیاد شیر مادر باعث خفگی نوزاد شده است نه غسل تعمید

رومانی بر خلاف کشورهای غرب اروپا تاکنون جدایی کامل دین از حکومت را تجربه نکرده است. در قانون اساسی سال ۱۹۲۳ این کشور مسیحیت ارتدکس به عنوان دین رسمی ذکر

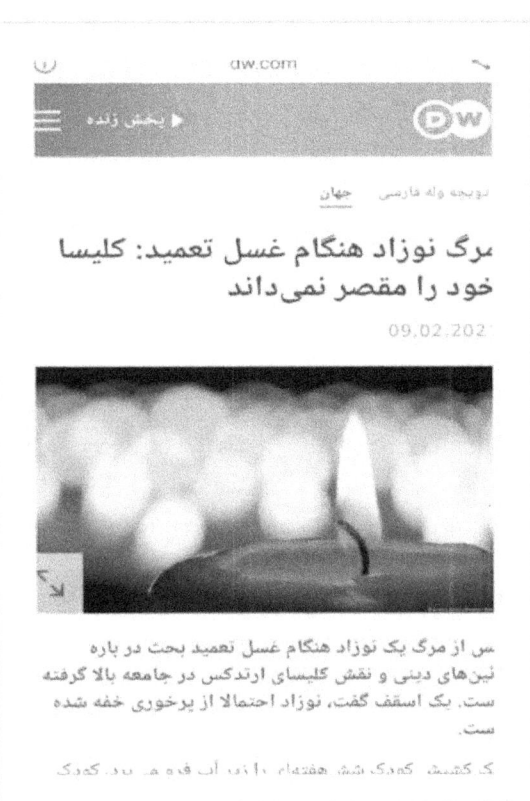

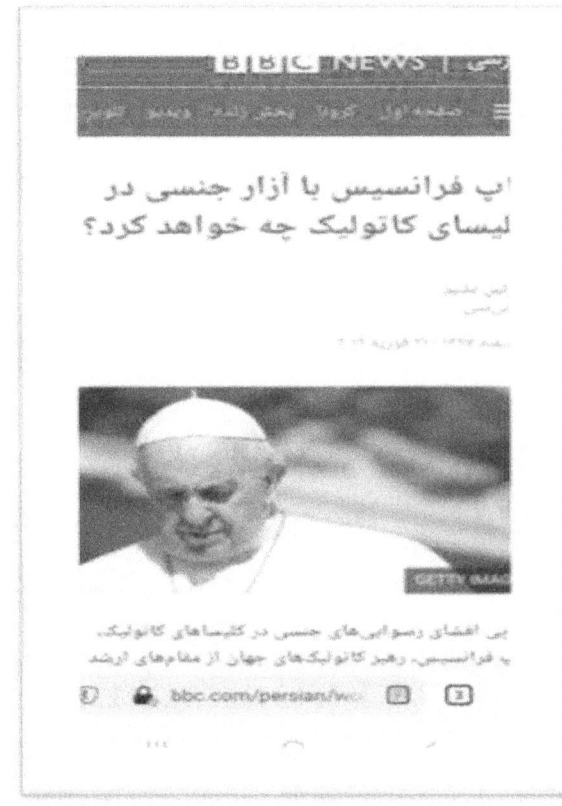

رومانی بر خلاف کشورهای غرب اروپا تاکنون جدایی کامل دین از حکومت را تجربه نکرده است. در قانون اساسی سال ۱۹۲۳ این کشور مسیحیت ارتدکس به عنوان دین رسمی ذکر شده است که بر دیگر ادیان برتری دارد. در رتبه‌بندی موسساتی که دارای بیشترین اعتماد اجتماعی هستند کلیسای ارتدکس همواره در رده‌های بالا قرار دارد.

کلیسای ارتدکس خود را بی‌تقصیر می‌داند

مقامات کلیسا در بسیاری از موارد از مصونیت ویژه‌ای برخوردار هستند و خود را در قبال پیامدهای آنچه که تبلیغ می‌کنند یا انجام می‌دهند مسئول نمی‌دانند.

در رابطه با مرگ نوزاد سوچاوایی نه تنها هنوز کسی مسئولیتی به عهده نگرفته است بلکه اسقف تئودوسی، یکی از جنجالی‌ترین اسقف‌های کلیسای ارتدکس گفته است که به احتمال زیاد مادر کودک به او بیش از حد شیر داده و این باعث مرگ فرزندش شده است.

اسقف تئودوسی در واکنش به طومار ۶۰هزارنفری تاکید کرده است که مراسم غسل تعمید «در هزار سال آینده» هم به همین شکل سنتی برگزار خواهد شد.

به کانال دویچه وله فارسی در تلگرام بپیوندید

او حتی خواستار غسل نوزادان در آب سرد شده است، زیرا به

ز احتمال مرگ نوزاد اقدام به این کار کرده و در واقع مرتکب قتل شده است یا خیر.

یش از ۶۰ هزار نفر طوماری را امضا کرده‌اند و خواهان لغو غسل تعمید به شکل سنتی، یعنی سه بار غسل کامل نوزادان شده‌اند.

کلیسای پرنفوذ

کثر شهروندان رومانی مسیحی ارتدکس هستند. بیشتر آنها خود را "کاملاً مذهبی" نمی‌دانند اما اغلب، به‌ویژه در مناطق وستایی، درگیر یک تفکر سنت‌گرایانه مسیحی هستند. کلام کشیش برای بسیاری از آنها حجت است و حتی در شهرهای زرگ بسیاری از مردم مناسک بی‌شمار مسیحی را به‌جا می‌اورند.

مقامات کلیسای ارتدکس این کشور هنوز در بسیاری از زمینه‌های سیاسی و اجتماعی موضع‌گیری قاطعانه می‌کنند و خود را در بسیاری از مسائل دارای صلاحیت می‌دانند، به‌ویژه ر زمینه سیاست خانواده و آموزش.

ر این راستا آنها اغلب مواضع ضدلیبرال، بنیادگرایانه و ضدمدرنیسم ارائه می‌کنند.

ر پی افشای رسوایی‌های جنسی در کلیساهای کاتولیک،
اپ فرانسیس، رهبر کاتولیک‌های جهان از مقام‌های ارشد
لیساها خواسته برای پیدا کردن راه حلی برای این موضوع
ر یک نشست فوق‌العاده در واتیکان شرکت کنند.

ر همین چند وقت پیش تأیید کرد گروهی از کشیش‌ها از
اهبه‌های صومعه‌ای در فرانسه به عنوان "برده جنسی"
ستفاده می‌کردند.

اپ بعد از مذاکره با انجمن کاردینال‌ها موسوم به "گروه سی
" (C۹) تصمیم به برپایی این کنفرانس جهانی گرفت. سی ۹
روه متشکل از ۹ کاردینال مشاور است که بلافاصله بعد از
تخاب پاپ فرانسیس شکل گرفت.

ن طور که پیداست پاپ برای هدایت این جریان و پیدا کردن
اه حلی عملی برای یکی از بزرگ‌ترین بحران‌هایی که کلیسا با
ن درگیر است، تحت فشار زیادی قرار دارد.

- کاردینال سابق کلیسای کاتولیک به اتهام آزارجنسی کودکان خلع لباس شد
- پاپ در ارتباط با رسوایی آزار جنسی کودکان طلب بخشش کرد
- حمایت پاپ از هزاران کودک آزاردیده در کلیساهای پنسیلوانیا
- پاپ اعضای هیات مبارزه با آزارجنسی واتیکان را تغییر داد

ر روز از یک گوشه دنیا داستانی در مورد آزار و اذیت جنسی
نیده می‌شود و در این میان کلیساها همیشه برای سرپوش
ذاشتن بر جنایات کشیش‌ها مورد سرزنش قرار گرفته‌اند؛
ویکردی که به صلاحیت اخلاقی این قشر ضربه شدیدی وارد
رده است.

اپ فرانسیس علاوه بر این باید با تصورات، نگرش‌ها و
واعدی که منجر به شکل‌گیری فرهنگ آزار و اذیت جنسی در
لیسا شده هم برخورد کند؛ چالشی که ظاهرا ابعاد وسیعی
ارد.

پخش زنده

… برگزار خواهد شد.

به کانال دویچه وله فارسی در تلگرام بپیوندید

او حتی خواستار غسل نوزادان در آب سرد شده است، زیرا به گفته او این عمل باعث خواهد شد که از نظر معنوی "حساس" شوند و از نظر جسمی قوی، طوری که در آینده دچار سرماخوردگی نخواهند شد.

تئودوسی در سال‌های اخیر خبرساز شده است، نه تنها به دلیل مواضع جنجال‌برانگیزش بلکه به دلیل فساد، اظهارات نادرست و کلاهبرداری. او به همین دلیل چندین بار محاکمه شده اما تاکنون محکوم نشده است.

تصاویری از روز غسل تعمید روس‌ها در آب یخ

- کشیش‌های کاتولیک در استرالیا 'کودکان را آزار جنسی داده‌اند'

افشاگری جیسون بری راه را برای بررسی‌های روزنامه بوستون گلوب در سال ۲۰۰۲ باز کرد. تحقیقاتی که از آزارهای جنسی و سرپوش‌گذاری‌های کلیساها در ابعادی گسترده‌تر پرده برمی‌داشت. روزنامه‌نگارانی که این تحقیق را انجام دادند، برنده جایزه پولیتزر شدند و ماجرایشان در فیلمی به نام "اسپات‌لایت" به تصویر کشیده شد.

فیلم اسپات‌لایت که بر اساس ماجرای سه خبرنگار روزنامه بوستون گلوب به نقش‌های مایکل رزندس (چپ)، والتر وی. رابینسون و ساشا فایفر (راست) ساخته شد، اسکار گرفت

رسوایی‌ها اما تمامی نداشت.

سال گذشته از مجموع ۸ اسقف‌نشین ایالت پنسیلوانیا، ۶ اسقف‌نشین مورد بررسی دقیق قرار گرفتند. جاش شاپیرو،

جیسون بری روزنامه‌نگار از اولین افرادی بود که وسعت آزار و اذیت‌های جنسی در کلیسا را فاش کرد.

نشست واتیکان میزبان اسقف‌ها از بیش از ۱۳۰ کشور مختلف جهان خواهد بود و اولین قدم در راه برخورد با بیماری مزمنی است که دست کم از دهه ۱۹۸۰ گریبان کلیسا را گرفته.

وقتی جیسون بری، خبرنگار یک روزنامه محلی در لوئیزیانای آمریکا ماجرای تعرض‌های جنسی کشیشی به نام گیلبرت گائوت را دنبال کرد، فکر نمی‌کرد با این کار از یک رسوایی با ابعادی جهانی پرده برمی‌دارد که بعد از ۳۰ سال هنوز شعله‌هایش خاموش نشده.

گزارش‌های جیسون بری سال ۱۹۹۲ در قالب یک کتاب به نام " به سوی وسوسه هدایت‌مان کن" چاپ شد.

مورد دیگر مربوط به تعرض جنسی یک کشیش به پسری ۹ ساله میشد. کشیش بعد از این کار دهان پسربچه را با آب مقدس شسته بود تا او را "تطهیر" کند.

این گزارش نتیجه‌گیری کرده که سرپوش‌گذاری کلیسا از طریق انتقال کشیش‌های خاطی به مناطق دیگر و عدم گزارش جرم آن‌ها به پلیس، راه را برای آزار جنسی کودکان باز کرده است.

ادعاهای تعرض جنسی

فرانکو مولاکال پیش از آن که اسقف ناحیه شمال هند شود، در زادگاه خود کرالا، شهر کوچک واقع در ساحل جنوب غربی این کشور کشیش بود.

او در سپتامبر ۲۰۱۸ به اتهام تجاوز به یک راهبه بازداشت شد. راهبه ادعا می‌کرد مولاکال در صومعه به طور مرتب به او تجاوز می‌کرده. مولاکال به طور موقت خلع لباس شد اما همه اتهامات را رد کرد. او به خبرنگاران گفت این اتهامات " بی اساس و ساختگی" بوده‌اند.

13:59 64%

سال گذشته از مجموع ۸ اسقف‌نشین ایالت پنسیلوانا، ۶ اسقف‌نشین مورد بررسی دقیق قرار گرفتند. جاش شاپیرو، دادستان ایالتی پنسیلوانیا ۵۰۰ هزار مدرک مربوط به اسقف‌نشین‌ها را بررسی و عده زیادی را به دادگاه احضار کرد. ده‌ها نفر شهادت دادند و برخی از کشیش‌ها هم اعتراف کردند. گزارش آقای شاپیرو که در دسامبر منتشر شد، به شدت تکان‌دهنده بود

او در گزارش خود نوشت: "بالغ بر ۱۰۰۰ کودک قربانی در اسناد و مدارک خود کلیسا قابل شناسایی بودند و بیش از ۳۰۰ کشیش هم متهم به آزار جنسی میشدند."

در این گزارش که بیش از ۱۰۰۰ صفحه است و ۷۰ سال اخیر را در بر میگیرد، نمونه‌هایی بسیار وحشتناکی مطرح شده.

در اسقف‌نشین اسکرانتوم، یک کشیش به یک دختر جوان تجاوز کرد و وقتی باردار شد، دختر سقط جنین کرد. اسقف این منطقه در نامه‌ای نوشت: "روزهای سختی را میگذرانی و می‌دانم چقدر غمگین هستی. من را در غم خود شریک بدان."

این نامه نه برای آن دختر که برای کشیش نوشته شده بود.

در یک اسقف‌نشین دیگر، یک کشیش برای عیادت دختر ۷ سالهای که لوزداتش را عمل کرده بود به بیمارستان رفت و به او تجاوز کرد.

راهبه‌های کاتولیک در شهر کرالای هند خواستار بازداشت فرانکو مولاکال، اسقف شهر جالندر به اتهام تجاوز شدند.

ن راهبه در نامهای که به مافوق‌های خود نوشت، ادعا کرد این سقف در فاصله زمانی میان ماه مه ۲۰۱۴ و سپتامبر ۲۰۱۶ به او ناوز می‌کرده.

بق گزارش‌ها مقامات کلیسا برای پایان دادن به این آشفتگی راهبه‌ها دستور دادند ایالت را ترک کنند. اما راهبه‌ها در ماه ویه از فرماندار کرالا خواستند از طرف آن‌ها در این ماجرا تالت کند. آن‌ها می‌گفتند چون برای محل زندگی خود به بیش‌ها و اسقف‌ها وابسته هستند، مورد سوءاستفاده قرار گیرد و می‌ترسند اگر جلوی کشیش متعرض بایستند، از وی کلیسا طرد شوند.

بق گزارش‌ها در مالاوی که بیش از ۱۰ درصد جمعیت زیر ۶۴ ال آن ایدز دارند، راهبه‌ها بیشتر در معرض خطر آزار هستند.

ضمائم :

۱- جامعه (عهد قديم)

۲- روميان (عهد جديد)

۳- انجيل متى

فصل ۱

۱ کلام جامعه بن داود که در اورشلیم پادشاه بود:

۲ باطل اباطیل، جامعه می‌گوید، باطل اباطیـل، همه چیـز باطل است.

۳ انسان را از تمامی مشقّتش که زیر آسمان می‌کشد چه منفعت است؟

۴ یک طبقه می‌روند و طبقه دیگر می‌آیند و زمین تا به ابـد پایـدار می‌مانـد.

۵ آفتـاب طلوع می‌کند و آفتاب غروب می‌کند و به جایی که از آن طلوع نمود می‌شتابد.

۶ باد بطرف جنوب می‌رود و بطرف شمال دور می‌زند؛ دورزنان دورزنان مـی‌رود و بـاد به مدارهـای خـود برمـی‌گردد.

۷ جمیـع نهرهـا به دریـا جـاری می‌شـود اما دریا پر نمی‌گردد؛ به مکانی که نهرها از آن جاری شد به همان جا باز برمی‌گردد.

۸ همه چیزها پـر از خستگـی اسـت که انسـان آن را بیـان نتوانـد کـرد. چشـم از دیـدن سیـر نمی‌شـود و گـوش از شنیدن مملو نمی‌گردد.

۹ آنچه بوده است همان است که خواهد بود، و آنچه شده است همان است که خواهد شد و زیـر آفتاب هیـچ چیـز تـازه نیست.

۱۰ آیا چیـزی هست که درباره‌اش گفته شـود ببیـن این تازه است؟ در دهرهایی که قبـل از مـا بـود آن چیز قدیم بود.

۱۱ ذکری از پیشینیان نیست، و از آیندگان نیـز که خواهند آمد، نزد آنانی که بعد از ایشان خواهند آمد، ذکری نخواهد بود.

۱۲ من که جامعه هستم بر اسرائیل در اورشلیم پادشاه بودم،

۱۳ و دل خود را بر آن نهادم که در هر چیزی که زیر آسمان کرده می‌شود، با حکمت تفحّص و تجسّس نمایم. این مشقّت سخت است که خدا به بنی‌آدم داده است که به آن زحمت بکشند.

۱۴ و تمامی کارهایی را که زیر آسمان کرده می‌شود، دیدم که اینک همه آنها بطالت و در پی باد زحمت کشیدن است.

۱۵ کج را راست نتوان کرد و ناقص را بشمار نتوان آورد.

۱۶ در دل خود تفکّر نموده، گفتم: اینک من حکمت را به غایت افزودم، بیشتر از همگانی که قبل از من بر اورشلیم بودند؛ و دل من حکمت و معرفت را بسیار دریافت نمود؛

۱۷ و دل خود را بر دانستن حکمت و دانستن حماقت و جهالت مشغول ساختم. پس فهمیدم که این نیز در پی باد زحمت کشیدن است.

۱۸ زیرا که در کثرت حکمت کثرت غم است و هر که عِلم را بیفزاید، حزن را می‌افزاید.

فصل ۲

۱ من در دل خود گفتم: الا َن بیا تا تو را به عیش و عشرت بیازمایم؛ پس سعادتمندی را ملاحظه نما. و اینک آن نیز بطالت بود.

۲ درباره خنده گفتم که مجنون است و درباره شادمانی که چه می‌کند.

۳ در دل خود غور کردم که بدن خودرا با شراب بپرورم، با آنکه دل من مرا به حکمت (ارشاد نماید) و حماقت را بدست آورم تا ببینم که برای بنی‌آدم چه چیز نیکو است که آن را زیر آسمان در تمامی ایام عمر خود به عمل آورند.

۴ کارهای عظیم برای خود کردم و خانه‌ها برای خود ساختم و تاکستانها به جهت خود غرس نمودم.

۵ باغها و فردوسها به جهت خود ساختم و در آنها هر قسم درخت میوه‌دار غرس نمودم.

۶ حوضهای آب برای خود ساختم تا درختستانی را که در آن درختان بزرگ می‌شود، آبیاری نمایم.

۷ غلامان و کنیزان خریدم و خانه‌زادان داشتم و مرا نیز بیشتر از همه کسانی که قبل از من در اورشلیم بودند، اموال از رمه و گله بود.

۸ نقره و طلا و اموال خاصّه پادشاهان و کشورها نیز برای خود جمع کردم؛ و مغنّیان و مغنّیات و لذّات بنی‌آدم یعنی بانو و بانوان به جهت خود گرفتم.

۹ پس بزرگ شدم و بر تمامی کسانی که قبل از من در اورشلیم بودند برتری یافتم و حکمتم نیز با من برقرار ماند،

۱۰ و هر چه چشمانم آرزو می‌کرد از آنها دریغ نداشتم، و دل خود را از هیچ خوشی باز نداشتم زیرا دلم در هر محنت من شادی می‌نمود و نصیب من از تمامی مشقّتم همین بود.

۱۱ پس به تمامی کارهایی که دستهایم کرده بود و به مشقّتی که در عمل نمودن کشیده بودم نگریستم؛ و اینک تمامی آن بطالت و در پی باد زحمت کشیدن بود و در زیر آفتاب هیچ منفعت نبود.

۱۲ پس توجّه نمودم تا حکمت و حماقت و جهالت را ملاحظه نمایم؛ زیرا کسی که بعد ازپادشاه بیاید چه خواهد کرد؟ مگر نه آنچه قبل از آن کرده شده بود؟

۱۳ و دیدم که برتری حکمت بر حماقت مثل برتری نور بر ظلمت است.

۱۴ چشمان مرد حکیم در سر وی است؛ اما احمق در تاریکی راه می‌رود. با وجود آن دریافت کردم که به هر دو ایشان یک واقعه خواهد رسید.

۱۵ پس در دل خود تفکّر کردم که چون آنچه به احمق واقع می‌شود، به من نیز واقع خواهد گردید، پس من چرا بسیار حکیم بشوم؟ و در دل خود گفتم: این نیز بطالت است،

۱۶ زیرا که هیچ ذکری از مرد حکیم و مرد احمق تا به ابد نخواهد بود. چونکه در ایام آینده همه چیز بالتّمام فراموش خواهد شد. و مرد حکیم چگونه می‌میرد آیا نه مثل احمق؟

۱۷ لهذا من از حیات نفرت داشتم زیرا اعمالی که زیر آفتاب کرده می‌شود، در نظر من ناپسند آمد چونکه تماماً بطالت و در پی باد زحمت کشیدن است.

۱۸ پس تمامی مشقّت خود را که زیر آسمان کشیده بودم مکروه داشتم، از اینجهت که باید آن را به کسی که بعد از من بیاید واگذارم.

۱۹ و کیست بداند که او حکیم یا احمق خواهد بود، و معهذا بر تمامی مشقّتی که من کشیدم و بر حکمتی که زیر آفتاب ظاهر ساختم، او تسلّط خواهد یافت. این نیز بطالت است.

۲۰ پس من برگشته، دل خویش را از تمامی مشقّتی که زیر آفتاب کشیده بودم مأیوس ساختم.

۲۱ زیرا مردی هست که محنت او با حکمت و معرفت و کامیابی است و آن را نصیب شخصی خواهد ساخت که در آن زحمت نکشیده باشد.این نیز بطالت و بلای عظیم است.

۲۲ زیرا انسان را از تمامی مشقّت و رنج دل خود که زیر آفتاب کشیده باشد چه حاصل می‌شود؟

۲۳ زیرا تمامی روزهایش حزن، و مشقّتش غم است؛ بلکه شبانگاه نیز دلش آرامی ندارد. این هم بطالت است.

۲۴ برای انسان نیکو نیست که بخورد و بنوشد و جان خود را از مشقّتش خوش سازد. این را نیز من دیدم که از جانب خدا است.

۲۵ زیرا کیست که بتواند بدون او بخورد یا تمتّع برد؟

۲۶ زیرا به کسی که در نظر او نیکو است، حکمت و معرفت و خوشی را می‌بخشد؛ اما به خطاکار مشقّت اندوختن و ذخیره نمودن را می‌دهد تا آن را به کسی که در نظر خدا پسندیده است بدهد. این نیز بطالت و در پی باد زحمت کشیدن است.

فصل۳

۱ برای هر چیز زمانی است و هر مطلبی را زیر آسمان وقتی است.

۲ وقتی برای ولادت و وقتی برای موت. وقتی برای غرس نمودن و وقتی برای کندن مغروس.

۳ وقتی برای قتل و وقتی برای شفا. وقتی برای منهدم ساختن و وقتی برای بنا نمودن.

۴ وقتی برای گریه و وقتی برای خنده. وقتی برای ماتم و وقتی برای رقص.

۵ وقتی برای پراکنده ساختن سنگها و وقتی برای جمع ساختن سنگها. وقتی برای در آغوش کشیدن و وقتی برای اجتناب از در آغوش کشیدن.

۶ وقتی برای کسب و وقتی برای خسارت. وقتی برای نگاه‌داشتن و وقتی برای دورانداختن.

۷ وقتی برای دریدن و وقتی برای دوختن. وقتی برای سکوت و وقتی برای گفتن.

۸ وقتی برای محبت و وقتی برای نفرت. وقتی برای جنگ و وقتی برای صلح.

۹ پس کارکننده را از زحمتی که می‌کشد چه منفعت است؟

۱۰ مشقّتی را که خدا به بنی‌آدم داده است تا در آن زحمت کشند، ملاحظه کردم.

۱۱ او هر چیز را در وقتش نیکو ساخته است و نیز ابدیت را در دلهای ایشان نهاده، بطوری که انسان کاری را که خدا کرده است، از ابتدا تا انتها دریافت نتواند کرد.

۱۲ پس فهمیدم که برای ایشان چیزی بهتر از این نیست که شادی کنند و در حیات خود به نیکویی مشغول باشند.

۱۳ و نیز بخشش خدا است که هر آدمی بخورد و بنوشد و از تمامی زحمت خود نیکویی بیند.

۱۴ و فهمیدم که هر آنچه خدا می‌کند تا ابدالا‌ُباد خواهد ماند، و بر آن چیزی نتوان افزود و از آن چیزی نتوان کاست و خدا آن را به عمل می‌آورد تا از او بترسند.

۱۵ آنچه هست از قدیم بوده است و آنچه خواهد شد قدیم است؛ و آنچه را که گذشته است، خدا می‌طلبد.

۱۶ و نیز مکان انصاف را زیر آسمان دیدم که در آنجا ظلم است و مکان عدالت را که در آنجا بی‌انصافی است.

۱۷ و در دل خود گفتم که خدا عادل و ظالم را داوری خواهد نمود زیرا که برای هر امر و برای هر عمل در آنجا وقتی است.

۱۸ و درباره امور بنی‌آدم در دل خود گفتم: این واقع می‌شود تا خدا ایشان را بیازماید و تا خود ایشان بفهمند که مثل بهایم می‌باشند.

۱۹ زیرا که وقایع بنی‌آدم مثل وقایع بهایم است؛ برای ایشان یک واقعه است؛ چنانکه این می‌میرد به همانطور آن نیز می‌میرد و برای همه یک نَفَس است و انسان‌بر بهایم برتری ندارد چونکه همه باطل هستند.

۲۰ همه به یکجا می‌روند و همه از خاک هستند و همه به خاک رجوع می‌نمایند.

۲۱ کیست روح انسان را بداند که به بالا صعود می‌کند یا روح بهایم را که پایین بسوی زمین نزول می‌نماید؟

۲۲ لهذا فهمیدم که برای انسان چیزی بهتر از این نیست که از اعمال خود مسرور شود، چونکه نصیبش همین است. و کیست که او را بازآورد تا آنچه را که بعد از او واقع خواهد شد مشاهده نماید؟

فصل۴

۱ پس من برگشته، تمامی ظلمهایی را که زیر آفتاب کرده می‌شود، ملاحظه کردم. و اینک اشکهای مظلومان و برای ایشان تسلّی‌دهنده‌ای نبود! و زور بطرف جفاکنندگان ایشان بود اما برای ایشان تسلّی‌دهنده‌ای نبود!

۲ و من مردگانی را که قبل از آن مرده بودند، بیشتر از زندگانی که تا بحال زنده‌اند آفرین گفتم.

۳ و کسی را که تا بحال بوجود نیامده است، از هر دو ایشان بهتر دانستم چونکه عمل بد را که زیر آفتاب کرده می‌شود، ندیده است.

۴ و تمامی محنت و هر کامیابی را دیدم که برای انسان باعث حسد از همسایه او می‌باشد. و آن نیز بطالت و در پی باد زحمت کشیدن است.

۵ مرد کاهل دستهای خود را بر هم نهاده، گوشت خویشتن را می‌خورد.

۶ یک کف پر از راحت از دو کف پر از مشقّت و در پی باد زحمت کشیدن بهتر است.

۷ پس برگشته، بطالت دیگر را زیر آسمان ملاحظه نمودم.

۸ یکی هست که ثانی ندارد و او را پسری یا برادری نیست و مشقّتش را انتها نی وچشمش نیز از دولت سیر نمی‌شود. و می‌گوید از برای که زحمت کشیده، جان خود را از نیکویی محروم سازم؟ این نیز بطالت و مشقّت سخت است.

۹ دو از یک بهترند چونکه ایشان را از مشقّتشان اجرت نیکو می‌باشد؛

۱۰ زیرا اگر بیفتند، یکی از آنها رفیق خود را خواهد برخیزانید. لکن وای بر آن یکی که چون بیفتد دیگری نباشد که او را برخیزاند.

۱۱ و اگر دو نفر نیز بخوابند، گرم خواهند شد اما یک نفر چگونه گرم شود.

۱۲ و اگر کسی بر یکی از ایشان حمله آورد، هر دو با او مقاومت خواهند نمود. و ریسمان سه‌لا بزودی گسیخته نمی‌شود.

۱۳ جوان فقیر و حکیم از پادشاه پیر و خرف که پذیرفتن نصیحت را دیگر نمی‌داند بهتر است.

۱۴ زیرا که او از زندان به پادشاهی بیرون می‌آید و آنکه به پادشاهی مولود شده است فقیر می‌گردد.

۱۵ دیدم که تمامی زندگانی که زیر آسمان راه می‌روند، بطرف آن پسر دوّم که بجای او برخیزد، می‌شوند.

۱۶ و تمامی قوم یعنی همه کسانی را که او بر ایشان حاکم شود انتها نیست. لیکن اعقاب ایشان به او رغبت ندارند. به درستی که این نیز بطالت و در پی باد زحمت کشیدن است.

فصل۵

۱ چون به خانه خدا بروی، پای خود را نگاه دار، زیرا تقّرب جستن به جهت استماع، از گذرانیدن قربانی‌های احمقان بهتر است، چونکه ایشان نمی‌دانند که عمل بد می‌کنند.

۲ با دهان خود تعجیل منما و دلت برای گفتن سخنی به حضور خدا نشتابد زیرا خدا در آسمان است و توبر زمین هستی؛ پس سخنانت کم باشد.

۳ زیرا خواب از کثرت مشقّت پیدا می‌شود و آواز احمق از کثرت سخنان.

۴ چون برای خدا نذر نمایی در وفای آن تأخیر منما زیرا که او از احمقان خشنود نیست؛ پس به آنچه نذر کردی وفا نما.

۵ بهتر است که نذر ننمایی از اینکه نذر نموده، وفا نکنی.

۶ مگذار که دهانت جسد تو را خطاکار سازد؛ و در حضور فرشته مگو که این سهواً شده است. چرا خدا به سبب قول تو غضبناک شده، عمل دستهایت را باطل سازد؟

۷ زیرا که این از کثرت خوابها و اباطیل و کثرت سخنان است؛ لیکن تو از خدا بترس.

۸ اگر ظلم را بر فقیران و برکندن انصاف و عدالت را در کشوری بینی، از این امر مشوّش مباش، زیرا آنکه بالاتر از بالا است، ملاحظه می‌کند، و حضرت اعلی فوق ایشان است.

۹ و منفعت زمین برای همه است بلکه مزرعه، پادشاه را نیز خدمت می‌کند.

۱۰ آنکه نقره را دوست دارد از نقره سیر نمی‌شود، و هر که توانگری را دوست دارد از دخل سیر نمی‌شود.این نیز بطالت است.

۱۱ چون نعمت زیاده شود، خورندگانش زیاد می‌شوند؛ و به جهت مالکش چه منفعت است غیر از آنکه آن را به چشم خود می‌بیند؟

۱۲ خواب عمله شیرین است خواه کم و خواه زیاد بخورد؛ اما سیری مرد دولتمند او را نمی‌گذارد که بخوابد.

۱۳ بلایی سخت بود که آن را زیر آفتاب دیدم یعنی دولتی که صاحبش آن را برای ضرر خودنگاه داشته بود.

۱۴ و آن دولت از حادثه بد ضایع شد و پسری آورد اما چیزی در دست خود نداشت.

۱۵ چنانکه از رحم مادرش بیرون آمد، همچنان برهنه به حالتی که آمد خواهد برگشت و از مشقّت خود چیزی نخواهد یافت که به دست خود ببرد.

۱۶ و این نیز بلای سخت است که از هر جهت چنانکه آمد همچنین خواهد رفت؛ و او را چه منفعت خواهد بود از اینکه در پی باد زحمت کشیده است؟

۱۷ و تمامی ایام خود را در تاریکی می‌خورَد و با بیماری و خشم، بسیار محزون می‌شود.

۱۸ اینک آنچه من دیدم که خوب و نیکو می‌باشد، این است که انسان در تمامی ایام عمر خود که خدا آن را به او می‌بخشد بخورد و بنوشد و از تمامی مشقّتی که زیر آسمان می‌کشد، به نیکویی تمتّع ببرد زیرا که نصیبش همین است.

۱۹ و نیز هر انسانی که خدا دولت و اموال به او ببخشد و او را قوّت عطا فرماید که از آن بخورد و نصیب خود را برداشته، از محنت خود مسرور شود، این بخشش خدا است.

۲۰ زیرا روزهای عمر خود را بسیار به یاد نمی‌آورد چونکه خدا او را از شادی دلش اجابت فرموده است.

فصل ۶

۱ مصیبتی هست که زیر آفتاب دیدم و آن برمردمان سنگین است:

۲ کسی که خدا به او دولت و اموال و عزّت دهد، به حدّی که هر چه جانش آرزو کند برایش باقی نباشد، اما خدا او را قوّت نداده باشد که از آن بخورد بلکه مرد غریبی از آن بخورد. این نیز بطالت و مصیبت سخت است.

۳ اگر کسی صد پسر بیاورد و سالهای بسیارزندگانی نماید، به طوری که ایام سالهایش بسیار باشد اما جانش از نیکویی سیر نشود و برایش جنازه‌ای برپا نکنند، می‌گویم که سقط‌شده از او بهتر است.

۴ زیرا که این به بطالت آمد و به تاریکی رفت و نام او در ظلمت مخفی شد.

۵ و آفتاب را نیز ندید و ندانست. این بیشتر از آن آرامی دارد.

۶ و اگر هزار سال بلکه دو چندان آن زیست کند و نیکویی را نبیند، آیا همه به یکجا نمی‌روند؟

۷ تمامی مشقّت انسان برای دهانش می‌باشد؛ و معهذا جان او سیر نمی‌شود.

۸ زیرا که مرد حکیم را از احمق چه برتری است؟ و برای فقیری که می‌داند چه طور پیش زندگان سلوک نماید، چه فایده است؟

۹ رؤیت چشم از شهوت نفس بهتر است. این نیز بطالت و در پی باد زحمت کشیدن است.

۱۰ هر چه بوده است به اسم خود از زمان قدیم مسمّی شده است و دانسته شده است که او آدم است و به آن کسی که از آن تواناتر است منازعه نتواند نمود.

۱۱ چونکه چیزهای بسیار هست که بطالت را می‌افزاید. پس انسان را چه فضیلت است؟

۱۲ زیرا کیست که بداند چه چیز برای زندگانی انسان نیکو است، در مدّتِ ایامِ حیاتِ باطلِ وی که آنها را مثل سایه صرف می‌نماید؟ و کیست که انسان را از آنچه بعد از او زیر آفتاب واقع خواهد شد مخبر سازد؟

فصل ۷

۱ مصیبتی هست که زیر آفتاب دیدم و آن برمردمان سنگین است:

۲ کسی که خدا به او دولت و اموال و عزّت دهد، به حدّی که هر چه جانش آرزو کند برایش باقی نباشد، اما خدا او را قوّت نداده باشد که از آن بخورد بلکه مرد غریبی از آن بخورد. این نیز بطالت و مصیبت سخت است.

۳ اگر کسی صد پسر بیاورد و سالهای بسیارزندگانی نماید، به طوری که ایام سالهایش بسیار باشد اما جانش از نیکویی سیر نشود و برایش جنازه‌ای برپا نکنند، می‌گویم که سقط‌شده از او بهتر است.

۴ زیرا که این به بطالت آمد و به تاریکی رفت و نام او در ظلمت مخفی شد.

۵ و آفتاب را نیز ندید و ندانست. این بیشتر از آن آرامی دارد.

۶ و اگر هزار سال بلکه دو چندان آن زیست کند و نیکویی را نبیند، آیا همه به یکجا نمی‌روند؟

۷ تمامی مشقّت انسان برای دهانش می‌باشد؛ و معهذا جان او سیر نمی‌شود.

۸ زیرا که مرد حکیم را از احمق چه برتری است؟ و برای فقیری که می‌داند چه طور پیش زندگان سلوک نماید، چه فایده است؟

۹ رؤیت چشم از شهوت نفس بهتر است. این نیز بطالت و در پی باد زحمت کشیدن است.

۱۰ هر چه بوده است به اسم خود از زمان قدیم مسمّی شده است و دانسته شده است که او آدم است و به آن کسی که از آن تواناتر است منازعه نتواند نمود.

۱۱ چونکه چیزهای بسیار هست که بطالت را می‌افزاید. پس انسان را چه فضیلت است؟

۱۲ زیرا کیست که بداند چه چیز برای زندگانی انسان نیکو است، در مدّتِ ایامِ حیاتِ باطلِ وی که آنها را مثل سایه صرف می‌نماید؟ و کیست که انسان را از آنچه بعد از او زیر آفتاب واقع خواهد شد مخبر سازد؟

فصل ۸

۱ نیک‌نامی از روغن معطّر بهتر است و روز مُمات از روز ولادت.

۲ رفتن به خانه ماتم از رفتن به خانه ضیافت بهتر است زیرا که این‌آخرتِ همه مردمان است و زندگان این را در دل خود می‌نهند.

۳ حزن از خنده بهتر است زیرا که از غمگینی صورت، دل اصلاح می‌شود.

۴ دل حکیمان در خانه ماتم است و دل احمقان در خانه شادمانی.

۵ شنیدن عتاب حکیمان بهتر است از شنیدن سرود احمقان،

۶ زیرا خنده احمقان مثل صدای خارها در زیر دیگ است و این نیز بطالت است.

۷ به درستی که ظلم، مردِ حکیم را جاهل می‌گرداند و رشوه، دل را فاسد می‌سازد.

۸ انتهای امر از ابتدایش بهتر است؛ و دل حلیم از دل مغرور نیکوتر.

۹ در دل خود به زودی خشمناک مشو زیرا خشم در سینه احمقان مستقّر می‌شود.

۱۰ مگو چرا روزهای قدیم از این زمان بهتر بود، زیرا که در این خصوص از روی حکمت سؤال نمی‌کنی.

۱۱ حکمت مثل میراث نیکو است بلکه به جهت بینندگان آفتاب نیکوتر.

۱۲ زیرا که حکمت ملجایی است و نقره ملجایی؛ اما فضیلتِ معرفت این است که حکمت صاحبانش را زندگی می‌بخشد.

۱۳ اعمال خدا را ملاحظه نما زیرا کیست که بتواند آنچه را که او کج ساخته است راست نماید؟

۱۴ در روز سعادتمندی شادمان باش و در روز شقاوت تأمل نما زیرا خدا این را به ازاء آن قرار داد که انسان هیچ چیز را که بعد از او خواهد شد دریافت نتواند کرد.

۱۵ این همه را در روزهای بطالت خود دیدم. مرد عادل هست که در عدالتش هلاک می‌شود ومرد شریر هست که در شرارتش عمر دراز دارد.

۱۶ پس گفتم به افراط عادل مباش و خود را زیاده حکیم مپندار مبادا خویشتن را هلاک کنی.

۱۷ و به افراط شریر مباش و احمق مشو مبادا پیش از اجلت بمیری.

۱۸ نیکو است که به این متمسّک شوی و از آن نیز دست خود را برنداری زیرا هر که از خدا بترسد، از این هر دو بیرون خواهد آمد.

۱۹ حکمت مرد حکیم را توانایی می‌بخشد بیشتر از ده حاکم که در یک شهر باشند.

۲۰ زیرا مرد عادلی در دنیا نیست که نیکویی ورزد و هیچ خطا ننماید.

۲۱ و نیز به همه سخنانی که گفته شود دل خود را منه، مبادا بنده خود را که تو را لعنت می‌کند بشنوی.

۲۲ زیرا دلت می‌داند که تو نیز بسیار بارها دیگران را لعنت نموده‌ای.

۲۳ این همه را با حکمت آزمودم و گفتم به حکمت خواهم پرداخت اما آن از من دور بود.

۲۴ آنچه هست، دور و بسیار عمیق است. پس کیست که آن را دریافت نماید؟

۲۵ پس برگشته دل خود را بر معرفت و بحث و طلب حکمت و عقل مشغول ساختم تا بدانم که شرارت حماقت است و حماقت دیوانگی است.

۲۶ و دریافتم که زنی که دلش دامها و تله‌ها است و دستهایش کمندها می‌باشد، چیز تلختر از موت است. هر که مقبول خدا است، از وی رستگار خواهد شد اما خطاکار گرفتار وی خواهد گردید.

۲۷ جامعه می‌گوید که اینک چون این را با آن مقابله کردم تا نتیجه را دریابم این را دریافتم،

۲۸ که جان من تا به حال آن را جستجو می‌کند و نیافتم. یک مرد از هزار یافتم اما از جمیع آنها زنی نیافتم.

۲۹ همانا این را فقط دریافتم که خدا آدمی را راست آفرید، اما ایشان مخترعات بسیارطلبیدند.

فصل ۹

۱ کیست که مثل مرد حکیم باشد وکیست که تفسیر امر را بفهمد؟ حکمت روی انسان را روشن می‌سازد و سختی چهره او تبدیل می‌شود.

۲ من تو را می‌گویم حکم پادشاه را نگاه دار و این را به سبب سوگند خدا.

۳ شتاب مکن تا از حضور وی بروی و در امر بد جزم منما زیرا که او هر چه می‌خواهد به عمل می‌آورد.

۴ جایی که سخن پادشاه است قوّت هست و کیست که به او بگوید چه می‌کنی؟

۵ هر که حکم را نگاه دارد هیچ امر بد را نخواهد دید. و دل مرد حکیم وقت و قانون را می‌داند.

۶ زیرا که برای هر مطلب وقتی و قانونی است چونکه شرارت انسان بر وی سنگین است.

۷ زیرا آنچه را که واقع خواهد شد او نمی‌داند؛ و کیست که او را خبر دهد که چگونه خواهد شد؟

۸ کسی نیست که بر روح تسلّط داشته باشد تا روح خود را نگاه دارد و کسی بر روز موت تسلّط ندارد؛ و در وقت جنگ مرخّصی نیست و شرارت صاحبش را نجات نمی‌دهد.

۹ این همه را دیدم و دل خود را بر هر عملی که زیر آفتاب کرده شود مشغول ساختم، وقتی که انسان بر انسان به جهت ضررش حکمرانی می‌کند.

۱۰ و همچنین دیدم که شریران دفن شدند، و آمدند و از مکان مقدّس رفتند و در شهری که در آن چنین عمل نمودند، فراموش شدند. این نیز بطالت است.

۱۱ چونکه فتوی بر عمل بد بزودی مجرا نمی‌شود، از این جهت دل بنی‌آدم در اندرون ایشان برای بدکرداری جازم‌می‌شود.

۱۲ اگر چه گناهکار صد مرتبه شرارت ورزد و عمر دراز کند، معهذا می‌دانم برای آنانی که از خدا بترسند و به حضور وی خائف باشند، سعادتمندی خواهد بود.

۱۳ اما برای شریر سعادتمندی نخواهد بود و مثل سایه، عمر دراز نخواهد کرد چونکه از خدا نمی‌ترسد.

۱۴ بطالتی هست که بر روی زمین کرده می‌شود، یعنی عادلان هستند که بر ایشان مثل عمل شریران واقع می‌شود و شریران‌اند که بر ایشان مثل عمل عادلان واقع می‌شود. پس گفتم که این نیز بطالت است.

۱۵ آنگاه شادمانی را مدح کردم زیرا که برای انسان زیر آسمان چیزی بهتر از این نیست که بخورد و بنوشد و شادی نماید و این در تمامی ایام عمرش که خدا در زیر آفتاب به وی دهد، در محنتش با او باقی ماند.

۱۶ چونکه دل خود را بر آن نهادم تا حکمت را بفهمم و تا شغلی را که بر روی زمین کرده شود ببینم (چونکه هستند که شب و روز خواب را به چشمان خود نمی‌بینند(،

۱۷ آنگاه تمامی صنعت خدا را دیدم که انسان، کاری را که زیر آفتاب کرده می‌شود، نمی‌تواند درک نماید و هر چند انسان برای تجسّس آن زیاده‌تر تفحّص نماید، آن را کمتر درک می‌نماید؛ و اگر چه مرد حکیم نیز گمان برد که آن را می‌داند، اما آن را درک نخواهد نمود.

فصل ۱۰

۱ زیرا که جمیع این مطالب را در دل خود نهادم و این همه را غور نمودم که عادلان و حکیمان و اعمال ایشان در دست خداست. خواه محبت و خواه نفرت، انسان آن را نمی‌فهمد. همه چیز پیش روی ایشان است.

۲ همه چیز برای همه کس مساوی است. برای عادلان و شریران یک واقعه است؛ برای خوبان و طاهران و نجسان؛ برای آنکه ذبح می‌کند و برای آنکه ذبح نمی‌کند واقعه یکی است. چنانکه نیکانند همچنان گناهکارانند؛ و آنکه قسم می‌خورد و آنکه از قسم خوردن می‌ترسد مساوی‌اند.

۳ در تمامی اعمالی که زیر آفتاب کرده می‌شود، از همه بدتر این است که یک واقعه بر همه می‌شود؛ و اینکه دل بنی‌آدم از شرارت پر است و مادامی که زنده هستند، دیوانگی در دل ایشان است و بعد از آن به مردگان می‌پیوندند.

۴ زیرا برای آنکه با تمامی زندگان می‌پیوندد، امید هست چونکه سگ زنده از شیر مرده بهتر است.

۵ زانرو که زندگان می‌دانند که باید بمیرند، اما مردگان هیچ نمی‌دانند و برای ایشان دیگر اجرت نیست چونکه ذکر ایشان فراموش می‌شود.

۶ هم محبت و هم نفرت و حسد ایشان، حال نابود شده است و دیگر تا به ابد برای ایشان از هر آنچه زیر آفتاب کرده می‌شود، نصیبی نخواهد بود.

۷ پس رفته، نان خود را به شادی بخور و شراب خود را به خوشدلی بنوش چونکه خدا اعمال تو را قبل از این قبول فرموده است.

۸ لباس تو همیشه سفید باشد و بر سر تو روغن کم نشود.

۹ جمیع روزهای عمر باطل خود را که او تو را در زیر آفتاب بدهد، با زنی که دوست می‌داری در جمیع روزهای بطالت خود خوش بگذران. زیرا که از حیات خود و از زحمتی که زیر آفتاب می‌کشی نصیب تو همین است.

۱۰ هر چه دستت به جهت عمل نمودن بیابد، همان را با توانایی خود به عمل آور چونکه در عالم اموات که به آن می‌روی نه کار و نه تدبیر و نه علم و نه حکمت است.

۱۱ برگشتم و زیر آفتاب دیدم که مسابقت برای تیزروان و جنگ برای شجاعان و نان نیز برای حکیمان و دولت برای فهیمان و نعمت برای عالمان نیست، زیرا که برای جمیع ایشان وقتی و اتفاقی واقع می‌شود.

۱۲ و چونکه انسان نیز وقت خود را نمی‌داند، پس مثل ماهیانی که در تور سخت گرفتار و گنجشکانی که در دام گرفته می‌شوند، همچنان بنی‌آدم به وقت نامساعد، هر گاه آن بر ایشان ناگهان بیفتد، گرفتار می‌گردند.

۱۳ و نیز این حکم را در زیر آفتاب دیدم و آن نزد من عظیم بود:

۱۴ شهری کوچک بود که مردان در آن قلیل‌العدد بودند و پادشاهی بزرگ بر آن آمده، آن را محاصره نمود و سنگرهای عظیم برپا کرد.

۱۵ و در آن شهر مردی فقیرِ حکیم یافت شد، که شهر را به حکمت خود رهانید، اما کسی آن مرد فقیر را بیاد نیاورد.

۱۶ آنگاه من گفتم حکمت از شجاعت بهتر است، هر چند حکمت این فقیر را خوار شمردند و سخنانش را نشنیدند.

۱۷ سخنان حکیمان که به آرامی گفته شود، از فریاد حاکمی که در میان احمقان باشد زیاده مسموع می‌گردد.

۱۸ حکمت از اسلحه جنگ بهتر است. اما یک خطاکار نیکویی بسیار را فاسد تواند نمود.

فصل ۱۱

۱ مگسهای مرده روغن عطّار را متعفّن وفاسد می‌سازد، و اندک حماقتی از حکمت و عزّت سنگینتر است.

۲ دل مرد حکیم بطرف راستش مایل است و دل احمق بطرف چپش.

۳ و نیز چون احمق به راه می‌رود، عقلش ناقص می‌شود و به هر کس می‌گوید که احمق هستم.

۴ اگر خشم پادشاه بر تو انگیخته شود، مکان‌خود را ترک منما زیرا که تسلیم، خطایای عظیم را می‌نشاند.

۵ بدی‌ای هست که زیر آفتاب دیده‌ام مثل سهوی که از جانب سلطان صادر شود.

۶ جهالت بر مکان‌های بلند برافراشته می‌شود و دولتمندان در مکان اسفل می‌نشینند.

۷ غلامان را بر اسبان دیدم و امیران را مثل غلامان بر زمین روان.

۸ آنکه چاه می‌کند در آن می‌افتد و آنکه دیوار را می‌شکافد، مار وی را می‌گزد.

۹ آنکه سنگها را می‌کند، از آنها مجروح می‌شود و آنکه درختان را می‌برد از آنها در خطر می‌افتد.

۱۰ اگر آهن کند باشد و دمش را تیز نکنند، باید قوّت زیاده بکار آورد؛ اما حکمت به جهت کامیابی مفید است.

۱۱ اگر مار پیش از آنکه افسون کنند بگزد، پس افسونگر چه فایده دارد؟

۱۲ سخنان دهان حکیم فیض بخش است، اما لبهای احمق خودش را می‌بلعد.

۱۳ ابتدای سخنان دهانش حماقت است و انتهای گفتارش دیوانگی موذی می‌باشد.

۱۴ احمق سخنان بسیار می‌گوید، اما انسان آنچه را که واقع خواهد شد نمی‌داند؛ و کیست که او را از آنچه بعد از وی واقع خواهد شد مخبر سازد؟

۱۵ محنت احمقان ایشان را خسته می‌سازد چونکه نمی‌دانند چگونه به شهر باید رفت.

۱۶ وای بر تو ای زمین وقتی که پادشاه تو طفل است و سرورانت صبحگاهان می‌خورند.

۱۷ خوشابحال تو ای زمین هنگامی که پادشاه تو پسر نجبا است و سرورانت در وقتش برای تقویت می‌خورند و نه برای مستی.

۱۸ از کاهلی سقف خراب می‌شود و از سستی دستها، خانه آب پس می‌دهد.

۱۹ بزم به جهت لهو و لعب می‌کنند و شراب زندگانی را شادمان می‌سازد، اما نقره همه چیز را مهیا می‌کند.

۲۰ پادشاه را در فکر خود نیز نفرین مکن و دولتمند را در اطاق خوابگاه خویش لعنت منما زیرا که مرغ هوا آواز تو را خواهد برد و بالدار، امر را شایع خواهد ساخت.

فصل ۱۲

۱ نان خود را بروی آبها بینداز، زیرا که بعد از روزهای بسیار آن را خواهی یافت.

۲ نصیبی به هفت نفر بلکه به هشت نفر ببخش زیرا که نمی‌دانی چه بلا بر زمین واقع خواهد شد.

۳ اگر ابرها پر از باران شود، آن را بر زمین می‌باراند و اگر درخت بسوی جنوب یا بسوی شمال بیفتد، در همانجا که درخت افتاده است خواهد ماند.

۴ آنکه به باد نگاه می‌کند، نخواهد کِشت و آنکه به ابرها نظر نماید، نخواهد دروید.

۵ چنانکه تو نمی‌دانی که راه باد چیست یا چگونه استخوانها در رحم زن حامله بسته می‌شود؛ همچنین عمل خدا را که صانع کلّ است نمی‌فهمی.

۶ بامدادان تخم خود را بکار و شامگاهان دست خود را باز مدار زیرا تو نمی‌دانی کدام یک از آنها این یا آن کامیاب خواهد شد یا هر دو آنها مثل هم نیکو خواهد گشت.

۷ البته روشنایی شیرین است و دیدن آفتاب برای چشمان نیکو است.

۸ هر چند انسان سالهای بسیار زیست نماید و در همه آنها شادمان باشد، لیکن باید روزهای تاریکی را به یاد آورد چونکه بسیار خواهد بود. پس هر چه واقع می‌شود بطالت است.

۹ ای جوان در وقت شباب خود شادمان باش ودر روزهای جوانی‌ات دلت تو را خوش سازد و در راههای قلبت و بر وفق رؤیت چشمانت سلوک نما، لیکن بدان که به سبب این همه خدا تو را به محاکمه خواهد آورد.

۱۰ پس غم را از دل خود بیرون کن و بدی را از جسد خویش دور نما زیرا که جوانی و شباب باطل است.

فصل ۱۳

۱ پس آفریننده خود را در روزهای جوانی‌ات بیاد آور قبل از آنکه روزهای بلا برسد و سالها برسد که بگویی مرا از اینها خوشی نیست.

۲ قبل از آنکه آفتاب و نور و ماه و ستارگان تاریک شود و ابرها بعد از باران برگردد؛

۳ در روزی که محافظان خانه بلرزند و صاحبان قوّت، خویشتن را خم نمایند و دستاس‌کنندگان چونکه کم‌اند باز ایستند و آنانی که از پنجره‌ها می‌نگرند تاریک شوند.

۴ و درها در کوچه بسته شود و آواز آسیاب پست گردد و از صدای گنجشک برخیزد و جمیع مغنیات ذلیل شوند.

۵ و از هر بلندی بترسند و خوفها در راه باشد و درخت بادام شکوفه آورد و ملخی بار سنگین باشد و اشتها بریده شود. چونکه انسان به خانه جاودانی خود می‌رود و نوحه‌گران در کوچه گردش می‌کنند.

۶ قبل از آنکه مفتول نقره گسیخته شود و کاسه طلا شکسته گردد و سبو نزد چشمه خرد شود و چرخ بر چاه منکسر گردد،

۷ و خاک به زمین برگردد به طوری که بود، و روح نزد خدا که آن را بخشیده بود رجوع نماید.

۸ باطل اباطیل جامعه می‌گوید: همه چیز بطالت است.

۹ و دیگر چونکه جامعه حکیم بود باز هم، معرفت را به قوم تعلیم می‌داد و تفکّر نموده، غور رسی می‌کرد و مثل‌های بسیار تألیف نمود.

۱۰ جامعه تفحّص نمود تا سخنان مقبول را پیدا کند و کلمات راستی را که به استقامت مکتوب باشد.

۱۱ سخنان حکیمان مثل سُکهای گاورانی است و کلمات اربابِ جماعت مانند میخهای محکم شده می‌باشد، که از یک شبان داده شود.

۱۲ و علاوه بر اینها، ای پسر من پند بگیر. ساختنِ کتابهای بسیار انتها ندارد و مطالعه زیاد، تَعَب بدن است.

۱۳ پس ختم تمام امر را بشنویم. از خدا بترس و اوامر او را نگاه دار چونکه تمامی تکلیف انسان این است.

۱۴ زیرا خدا هر عمل را با هر کار مخفی خواه نیکو و خواه بد باشد، به محاکمه خواهد آورد.

فصل ۱

۱ پولُس، غلام عیسی مسیح و رسول خوانده شده و جدا نموده شده برای انجیل خدا،

۲ که سابقاً وعدهٔ آن را داده بود به وساطت انبیای خود در کتب مقدّسه،

۳ دربارهٔ پسر خود که بحسب جسم از نسل داود متولّد شد،

۴ و بحسب روح قدّوسیّت، پسر خدا به قوّت معروف گردید از قیامت مردگان، یعنی خداوند ما عیسی مسیح،

۵ که به او فیض و رسالت را یافتیم برای اطاعت ایمان در جمیع امّت‌ها به‌خاطر اسم او،

۶ که در میان ایشان شما نیز خوانده شده عیسی مسیح هستید،

۷ به همه که در روم محبوب خدا و خوانده شده و مقدّسید، فیض و سلامتی از جانب پدر ما خدا و عیسی مسیح خداوند بر شما باد.

۸ اوّل شکر می‌کنم خدای خود را به وساطت عیسی مسیح دربارهٔ همگی شما که ایمان شما در تمام عالم شهرت یافته است؛

۹ زیرا خدایی که او را به روح خود در انجیل پسرش خدمت می‌کنم، مرا شاهد است که چگونه پیوسته شما را یاد می‌کنم،

۱۰ و دائماً در دعاهای خود مسألت می‌کنم که شاید الآن آخر به ارادهٔ خدا سعادت یافته، نزد شما بیایم.

۱۱ زیرا بسیار اشتیاق دارم که شما را ببینم تا نعمتی روحانی به شما برسانم که شما استوار بگردید،

۱۲ یعنی تا در میان شما تسلّی یابیم از ایمان یکدیگر، ایمان من و ایمان شما.

۱۳ لکن ای برادران، نمی‌خواهم که شما بی‌خبر باشید از اینکه مکرّراً ارادهٔ آمدن نزد شما کردم و تا به حال ممنوع شدم تا ثمری
حاصل کنم در میان شما نیز چنانکه در سایر امّت‌ها.

۱۴ زیرا که یونانیان و بَرْبِریان و حکما و جهلا را هم مدیونم.

۱۵ پس همچنین بقدر طاقت خود مستعدّم که شما را نیز که در روم هستید بشارت دهم.

۱۶ زیرا که از انجیل مسیح عار ندارم چونکه قوّت خداست، برای نجات هر کس که ایمان آورد، اوّل یهود و پس یونانی،

۱۷ که در آن عدالت خدا مکشوف می‌شود، از ایمان تا ایمان، چنانکه مکتوب است که عادل به ایمان زیست خواهد نمود.

۱۸ زیرا غضب خدا از آسمان مکشوف می‌شود بر هر بی‌دینی و ناراستی مردمانی که راستی را در ناراستی باز می‌دارند.

۱۹ چونکه آنچه از خدا می‌توان شناخت، در ایشان ظاهر است زیرا خدا آن را بر ایشان ظاهر کرده است.

۲۰ زیرا که چیزهای نادیدهٔ او، یعنی قوّت سَرْمَدی و اُلوهیّتش از حین آفرینش عالم به‌وسیلهٔ کارهای او فهمیده و دیده می‌شود
تا ایشان را عذری نباشد.

۲۱ زیرا هر چند خدا را شناختند، ولی او را چون خدا تمجید و شکر نکردند بلکه در خیالات خود باطل گردیده، دل بی‌فهم ایشان
تاریک گشت.

۲۲ ادّعای حکمت می‌کردند و احمق گردیدند.

۲۳ و جلال خدای غیرفانی را به شبیه صورت انسان فانی و طیور و بهایم و حشرات تبدیل نمودند.

۲۴ لهذا خدا نیز ایشان را در شهوات دل خودشان به ناپاکی تسلیم فرمود تا در میان خود بدنهای خویش را خوار سازند،
۲۵ که ایشان حقّ خدا را به دروغ مبدّل کردند و عبادت و خدمت نمودند مخلوق را به عوض خالقی که تا ابدالآباد متبارک است. آمین.
۲۶ از این سبب خدا ایشان را به هوسهای خباثت تسلیم نمود، به نوعی که زنانشان نیز عمل طبیعی را به آنچه خلاف طبیعت است تبدیل نمودند.
۲۷ و همچنین مردان هم استعمال طبیعی زنان را ترک کرده، از شهوات خود با یکدیگر سوختند. مرد با مرد مرتکب اعمال زشت شده، عقوبت سزاوار تقصیر خود را در خود یافتند.
۲۸ و چون روا نداشتند که خدا را در دانش خود نگاه دارند، خدا ایشان را به ذهن مردود واگذاشت تا کارهای ناشایسته بجا آورند.
۲۹ مملّو از هر نوع ناراستی و شرارت و طمع و خباثت؛ پُر از حسد و قتل و جدال و مکر و بدخویی؛
۳۰ غمّازان و غیبتکنندگان و دشمنان خدا و اهانتکنندگان و متکبّران و لافزنان و مُبْدِعان شرّ و نامطیعانوالدین؛
۳۱ بی‌فهم و بیوفا و بی‌الفت و بیرحم.
۳۲ زیرا هر چند انصاف خدا را می‌دانند که کنندگان چنین کارها مستوجب موت هستند، نه فقط آنها را می‌کنند بلکه کنندگان را نیز خوش می‌دارند.

فصل ۲

۱ لهذا ای آدمی که حکم می‌کنی، هر کهباشی عذری نداری زیرا که به آنچه بر دیگری حکم می‌کنی، فتوا بر خود می‌دهی، زیرا تو که حکم می‌کنی، همان کارها را به عمل می‌آوری.
۲ و می‌دانیم که حکم خدا بر کنندگانِ چنین اعمال بر حقّ است.
۳ پس ای آدمی که بر کنندگانِ چنین اعمال حکم می‌کنی و خود همان را می‌کنی، آیا گمان می‌بری که تو از حکم خدا خواهی رست؟
۴ یا آنکه دولت مهربانی و صبر و حلم او را ناچیز می‌شماری و نمی‌دانی که مهربانی خدا تو را به توبه می‌کشد؟
۵ و به‌سبب قساوت و دل ناتوبهکار خود، غضب را ذخیره می‌کنی برای خود در روز غضب و ظهور داوری عادله خدا
۶ که به هر کس برحسب اعمالش جزا خواهد داد،
۷ امّا به آنانی که با صبر در اعمال نیکو طالب جلال و اکرام و بقایند، حیات جاودانی را؛
۸ و امّا به اهل تعصّب که اطاعت راستی نمی‌کنند بلکه مطیع ناراستی می‌باشند، خشم و غضب
۹ و عذاب و ضیق بر هر نَفْس بشری که مرتکب بدی می‌شود، اوّل بر یهود و پس بر یونانی؛
۱۰ لکن جلال و اکرام و سلامتی بر هر نیکوکار، نخست بر یهود و بر یونانی نیز.
۱۱ زیرا نزد خدا طرفداری نیست،

۱۲ زیرا آنانی که بدون شریعت گناه کنند، بیشریعت نیز هلاک شوند و آنانی که با شریعت گناه کنند، از شریعت بر ایشان حکم خواهد شد.

۱۳ از آن جهت که شنوندگانِ شریعت در حضور خدا عادل نیستند بلکه کنندگانِ شریعت عادل شمرده خواهند شد.

۱۴ زیرا هرگاه امّت‌هایی که شریعت ندارند کارهای شریعت را به طبیعت بجا آرند، اینان هرچند شریعت ندارند، برای خود شریعت هستند،

۱۵ چونکه از ایشان ظاهر می‌شود که عمل شریعت بر دل ایشان مکتوب است و ضمیر ایشان نیز گواهی می‌دهد و افکار ایشان با یکدیگر یا مَذِمّت می‌کنند یا عذر می‌آورند،

۱۶ در روزی که خدا رازهای مردم را داوری خواهد نمود به وساطت عیسی مسیح برحسب بشارت من.

۱۷ پس اگر تو مُسَمّی به یهود هستی و بر شریعت تکیه می‌کنی و به خدا فخر می‌نمایی،

۱۸ و اراده او را می‌دانی و از شریعت تربیت یافته، چیزهای افضل را می‌گزینی،

۱۹ و یقین داری که خود هادی کوران و نور ظلمتیان

۲۰ و مُؤَدِّب جاهلان و معلّم اطفال هستی و در شریعت صورت معرفت و راستی را داری،

۲۱ پس ای کسی که دیگران را تعلیم می‌دهی، چرا خود را نمی‌آموزی؟ و وعظ می‌کنی که دزدی نباید کرد، آیا خود دزدی می‌کنی؟

۲۲ و از زنا کردن نهی می‌کنی، آیا خود زانی نیستی؟ و از بتها نفرت داری، آیا خود معبدها را غارت نمی‌کنی؟

۲۳ و به شریعت فخر می‌کنی، آیا به تجاوز از شریعت خدا را اهانت نمی‌کنی؟

۲۴ زیرا که به‌سبب شما در میان امّت‌ها اسم خدا را کفر می‌گویند، چنانکهمکتوب است.

۲۵ زیرا ختنه سودمند است هرگاه به شریعت عمل نمایی. امّا اگر از شریعت تجاوز نمایی، ختنه تو نامختونی گشته است.

۲۶ پس اگر نامختونی، احکام شریعت را نگاه دارد، آیا نامختونیِ او ختنه شمرده نمی‌شود؟

۲۷ و نامختونیِ طبیعی هرگاه شریعت را بجا آرد، حکم خواهد کرد بر تو که با وجود کتب و ختنه از شریعت تجاوز می‌کنی.

۲۸ زیرا آنکه در ظاهر است، یهودی نیست و آنچه در ظاهر در جسم است، ختنه نی.

۲۹ بلکه یهود آن است که در باطن باشد و ختنه آنکه قلبی باشد، در روح نه در حرف که مدح آن نه از انسان بلکه از خداست.

فصل۳

۱ پس برتری یهود چیست؟ و یا از ختنه چه فایده؟

۲ بسیار از هر جهت؛ اوّل آنکه بدیشان کلام خدا امانت داده شده است.

۳ زیرا که چه بگوییم اگر بعضی ایمان نداشتند؟ آیا بی‌ایمانی ایشان امانت خدا را باطل می‌سازد؟

۴ حاشا! بلکه خدا راستگو باشد و هر انسان دروغگو، چنانکه مکتوب است، تا اینکه در سخنان خود مُصَدّق شوی و در داوری خود غالب آیی.

۵ لکن اگر ناراستی ما عدالت خدا را ثابت می‌کند، چه گوییم؟ آیا خدا ظالم است وقتی که غضب می‌نماید؟ بطور انسان سخن می‌گویم.

۶ حاشا! در این صورت خدا چگونه عالم را داوری خواهد کرد؟

۷ زیرا اگر به دروغ من، راستیِ خدا برای جلال او افزون شود، پس چرا بر من نیز چون گناهکار حکم شود؟

۸ و چرا نگوییم،چنانکه بعضی بر ما افترا می‌زنند و گمان می‌برند که ما چنین می‌گوییم، بدی بکنیم تا نیکویی حاصل شود؟ که قصاص ایشان به انصاف است.

۹ پس چه گوییم؟ آیا برتری داریم؟ نه به هیچ‌وجه! زیرا پیش ادّعا وارد آوردیم که یهود و یونانیان هر دو به گناه گرفتارند.

۱۰ چنانکه مکتوب است که کسی عادل نیست، یکی هم نی.

۱۱ کسی فهیم نیست، کسی طالب خدا نیست.

۱۲ همه گمراه و جمیعاً باطل گردیده‌اند. نیکوکاری نیست یکی هم نی.

۱۳ گلوی ایشان گور گشاده است و به زبانهای خود فریب می‌دهند. زهر مار در زیر لب ایشان است،

۱۴ و دهان ایشان پر از لعنت و تلخی است.

۱۵ پایهای ایشان برای خون ریختن شتابان است.

۱۶ هلاکت و پریشانی در طریق‌های ایشان است،

۱۷ و طریق سلامتی را ندانسته‌اند.

۱۸ خدا ترسی در چشمانشان نیست.

۱۹ الآن آگاه هستیم که آنچه شریعت می‌گوید، به اهل شریعت خطاب می‌کند تا هر دهانی بسته شود و تمام عالم زیر قصاص خدا آیند.

۲۰ از آنجا که به اعمال شریعت هیچ بشری در حضور او عادل شمرده نخواهد شد، چونکه از شریعت دانستن گناه است.

۲۱ لکن الحال بدون شریعت، عدالت خدا ظاهر شده است، چنانکه تورات و انبیا بر آنشهادت می‌دهند؛

۲۲ یعنی عدالت خدا که به‌وسیلهٔ ایمان به عیسی مسیح است، به همه و کلّ آنانی که ایمان آورند. زیرا که هیچ تفاوتی نیست،

۲۳ زیرا همه گناه کرده‌اند واز جلال خدا قاصر می‌باشند،

۲۴ و به فیض او مجّاناً عادل شمرده می‌شوند به وساطت آن فدیهای که در عیسی مسیح است.

۲۵ که خدا او را از قبل معیّن کرد تا کفّاره باشد به‌واسطهٔ ایمان به‌وسیلهٔ خون او تا آنکه عدالت خود را ظاهر سازد، به‌سبب فرو گذاشتن خطایای سابق در حین تحمّل خدا،

۲۶ برای اظهار عدالت خود در زمان حاضر، تا او عادل شود و عادل شمارد هرکسی را که به عیسی ایمان آورد.

۲۷ پس جای فخر کجا است؟ برداشته شده است! به کدام شریعت؟ آیا به شریعت اعمال؟ نی بلکه به شریعت ایمان.

۲۸ زیرا یقین می‌دانیم که انسان بدون اعمال شریعت، محض ایمان عادل شمرده می‌شود.

۲۹ آیا او خدای یهود است فقط؟ مگر خدای امّت‌ها هم نیست؟ البتّه خدای امّت‌ها نیز است.

۳۰ زیرا واحد است خدایی که اهل ختنه را از ایمان، و نامختونان را به ایمان عادل خواهد شمرد.

۳۱ پس آیا شریعت را به ایمان باطل می‌سازیم؟ حاشا! بلکه شریعت را استوار می‌داریم.

فصل ۴

۱ پس چه چیز را بگوییم که پدر ما ابراهیم بحسب جسم یافت؟

۲ زیرا اگر ابراهیم به اعمال عادل شمرده شد، جای فخر دارد امّا نه در نزد خدا.

۳ زیرا کتاب چه می‌گوید؟ ابراهیم بهخدا ایمان آورد و آن برای او عدالت محسوب شد.

۴ لکن برای کسی که عمل می‌کند، مزدش نه از راه فیض بلکه از راه طلب محسوب می‌شود.

۵ و امّا کسی که عمل نکند، بلکه ایمان آورد به او که بی‌دینان را عادل می‌شمارد، ایمان او عدالت محسوب می‌شود.

۶ چنانکه داود نیز خوشحالی آن کس را ذکر می‌کند که خدا برای او عدالت محسوب می‌دارد، بدون اعمال،

۷ خوشابحال کسانی که خطایای ایشان آمرزیده شد و گناهانشان مستور گردید؛

۸ خوشابحال کسی که خداوند گناه را به وی محسوب نفرماید.

۹ پس آیا این خوشحالی بر اهل ختنه گفته شد یا برای نامختونان نیز؟ زیرا می‌گوییم ایمان ابراهیم به عدالت محسوب گشت.

۱۰ پس در چه حالت محسوب شد، وقتی که او در ختنه بود یا در نامختونی؟ در ختنه نی، بلکه در نامختونی؛

۱۱ و علامت ختنه را یافت تا مُهر باشد بر آن عدالت ایمانی که در نامختونی داشت، تا او همهٔ نامختونان را که ایمان آورند پدر
باشد تا عدالت برای ایشان هم محسوب شود؛

۱۲ و پدر اهل ختنه نیز، یعنی آنانی را که نه فقط مختونند بلکه سالک هم می‌باشند بر آثار ایمانی که پدر ما ابراهیم در نامختونی
داشت.

۱۳ زیرا به ابراهیم و ذریّت او، وعده‌ای که او وارث جهان خواهد بود، از جهت شریعت داده نشد بلکه از عدالت ایمان.

۱۴ زیرا اگر اهل شریعت وارث باشند، ایمان عاطل شد و وعده باطل.

۱۵ زیرا که شریعت باعث غضب است، زیراجایی که شریعت نیست تجاوز هم نیست.

۱۶ و از این جهت از ایمان شد تا محض فیض باشد تا وعده برای همگی ذریّت استوار شود نه مختصّ به ذریّت شرعی بلکه به ذریّت
ایمانی ابراهیم نیز که پدر جمیع ما است،

۱۷ [چنانکه مکتوب است که تو را پدر امّت‌های بسیار ساخته‌ام]، در حضور آن خدایی که به او ایمان آورد که مردگان را زنده می‌کند
و ناموجودات را به وجود می‌خواند؛

۱۸ که او در ناامیدی به امید ایمان آورد تا پدر امّت‌های بسیار شود، برحسب آنچه گفته شد که ذریّت تو چنین خواهند بود.

۱۹ و در ایمان کم قوّت نشده، نظر کرد به بدن خود که در آن وقت مرده بود، چونکه قریب به صد ساله بود و به رَحِم مرده سارَه.

۲۰ و در وعدهٔ خدا از بی‌ایمانی شک ننمود، بلکه قوّیالایمان گشته، خدا را تمجید نمود،

۲۱ و یقین دانست که به وفای وعدهٔ خود نیز قادر است.

۲۲ و از این جهت برای او عدالت محسوب شد.

۲۳ ولکن اینکه برای وی محسوب شد، نه برای او فقط نوشته شد،

۲۴ بلکه برای ما نیز که به ما محسوب خواهد شد، چون ایمان آوریم به او که خداوند ما عیسی را از مردگان برخیزانید،

۲۵ که به‌سبب گناهان ما تسلیم گردید و به‌سبب عادل شدن ما برخیزانیده شد.

فصل۵

۱ پس چونکه به ایمان عادل شمرده شدیم،نزد خدا سلامتی داریم بوساطت خداوند ما عیسی مسیح،

۲ که به وساطت او دخول نیز یافته‌ایم به‌وسیلهٔ ایمان در آن فیضی که در آنپایداریم و به امید جلال خدا فخر می‌نماییم.

۳ و نه این تنها بلکه در مصیبتها هم فخر می‌کنیم، چونکه می‌دانیم که مصیبت صبر را پیدا می‌کند،

۴ و صبر امتحان را و امتحان امید را.

۵ و امید باعث شرمساری نمی‌شود زیرا که محبّت خدا در دلهای ما به روح‌القدس که به ما عطا شد ریخته شده است.

۶ زیرا هنگامی که ما هنوز ضعیف بودیم، در زمان معیّن، مسیح برای بی‌دینان وفات یافت.

۷ زیرا بعید است که برای شخص عادل کسی بمیرد، هرچند در راه مرد نیکو ممکن است کسی نیز جرأت کند که بمیرد.

۸ لکن خدا محبّت خود را در ما ثابت می‌کند از اینکه هنگامی که ما هنوز گناهکار بودیم، مسیح در راه ما مرد.

۹ پس چقدر بیشتر الآن که به خون او عادل شمرده شدیم، به‌وسیلهٔ او از غضب نجات خواهیم یافت.

۱۰ زیرا اگر در حالتی که دشمن بودیم، بوساطت مرگ پسرش با خدا صلح داده شدیم، پس چقدر بیشتر بعد از صلح یافتن بوساطت حیات او نجات خواهیم یافت.

۱۱ و نه همین فقط بلکه در خدا هم فخر می‌کنیم به‌وسیلهٔ خداوند ما عیسی مسیح که بوساطت او الآن صلح یافته‌ایم.

۱۲ لهذا همچنان که بوساطت یک آدم گناه داخل جهان گردید و به گناه موت؛ و به اینگونه موت بر همهٔ مردم طاری گشت، از آنجا که همه گناه کردند.

۱۳ زیرا قبل از شریعت، گناه در جهان می‌بود، لکن گناه محسوب نمی‌شود در جایی که شریعت نیست.

۱۴ بلکه از آدم تا موسی موت تسلّط می‌داشت بر آنانی نیز که بر مثال تجاوز آدم که نمونهٔ آن آینده است، گناه نکرده بودند.

۱۵ و نه چنانکه خطا بود، همچنان نعمت نیز باشد. زیرا اگر به خطای یک شخص بسیاری مردند، چقدر زیاده فیض خدا و آن بخششی که به فیض یک انسان، یعنی عیسی مسیح است، برای بسیاری افزون گردید.

۱۶ و نه اینکه مثل آنچه از یک گناهکار سر زد، همچنان بخشش باشد؛ زیرا حکم شد از یک برای قصاص لکن نعمت از خطایای بسیار برای عدالت رسید.

۱۷ زیرا اگر به‌سبب خطای یک نفر و به‌واسطه‌ٌٌ آن یک موت سلطنت کرد، چقدر بیشتر آنانی که افزونی فیض و بخشش عدالت را می‌پذیرند، در حیات سلطنت خواهند کرد به‌وسیله یک، یعنی عیسی مسیح.

۱۸ پس همچنان که به یک خطا حکم شد بر جمیع مردمان برای قصاص، همچنین به یک عمل صالح بخشش شد بر جمیع مردمان برای عدالت حیات.

۱۹ زیرا به همین قسمی که از نافرمانی یک شخص بسیاری گناهکار شدند، همچنین نیز به اطاعت یک شخص بسیاری عادل خواهند گردید.

۲۰ امّا شریعت در میان آمد تا خطا زیاده شود. لکن جایی که گناه زیاده گشت، فیض بی‌نهایت افزون گردید.

۲۱ تا آنکه چنانکه گناه در موت سلطنت کرد، همچنین فیض نیز سلطنت نماید به عدالت برای حیات جاودانی بوساطت خداوند ما عیسی مسیح.

فصل۶

۱ پس چه گوییم؟ آیا در گناه بمانیم تا فیضافزون گردد؟

۲ حاشا! مایانی که از گناهمردیم، چگونه دیگر در آن زیست کنیم؟

۳ یا نمی‌دانید که جمیع ما که در مسیح عیسی تعمید یافتیم، در موت او تعمید یافتیم؟

۴ پس چونکه در موت او تعمید یافتیم، با او دفن شدیم تا آنکه به همین قسمی که مسیح به جلال پدر از مردگان برخاست، ما نیز در تازگی حیات رفتار نماییم.

۵ زیرا اگر بر مثال موت او متّحد گشتیم، هرآینه در قیامت وی نیز چنین خواهیم شد.

۶ زیرا این را می‌دانیم که انسانیّت کهنه ما با او مصلوب شد تا جسد گناه معدوم گشته، دیگر گناه را بندگی نکنیم.

۷ زیرا هر که مُرد، از گناه مبرّا شده است.

۸ پس هرگاه با مسیح مردیم، یقین می‌دانیم که با او زیست هم خواهیم کرد.

۹ زیرا می‌دانیم که چون مسیح از مردگان برخاست، دیگر نمی‌میرد و بعد از این موت بر او تسلّطی ندارد.

۱۰ زیرا به آنچه مرد یک مرتبه برای گناه مرد و به آنچه زندگی می‌کند، برای خدا زیست می‌کند.

۱۱ همچنین شما نیز خود را برای گناه مرده انگارید، امّا برای خدا در مسیح عیسی زنده.

۱۲ پس گناه در جسم فانی شما حکمرانی نکند تا هوسهای آن را اطاعت نمایید،

۱۳ و اعضای خود را به گناه مسپارید تا آلات ناراستی شوند، بلکه خود را از مردگان زنده شده به خدا تسلیم کنید و اعضای خود را تا آلات عدالت برای خدا باشند.

۱۴ زیرا گناه بر شما سلطنت نخواهد کرد، چونکه زیر شریعت نیستید بلکه زیر فیض.

۱۵ پس چه گوییم؟ آیا گناه بکنیم از آنرو که زیر شریعت نیستیم بلکه زیر فیض؟ حاشا!

۱۶ آیا نمی‌دانید که اگر خویشتن را به بندگی کسی تسلیمکرده، او را اطاعت نمایید، شما آنکس را که او را اطاعت می‌کنید بنده هستید، خواه گناه را برای مرگ، خواه اطاعت را برای عدالت.

۱۷ امّا شکر خدا را که هرچند غلامان گناه می‌بودید، لیکن الآن از دل، مطیع آن صورت تعلیم گردیده‌اید که به آن سپرده شده‌اید.

۱۸ و از گناه آزاد شده، غلامان عدالت گشته‌اید.

۱۹ بطور انسان، به‌سبب ضعف جسم شما سخن می‌گویم، زیرا همچنان که اعضای خود را بندگی نجاست و گناه برای گناه سپردید، همچنین الآن نیز اعضای خود را به بندگی عدالت برای قدّوسیّت بسپارید.

۲۰ زیرا هنگامی که غلامان گناه می‌بودید از عدالت آزاد می‌بودید.

۲۱ پس آن وقت چه ثمر داشتید از آن کارهایی که الآن از آنها شرمنده‌اید که انجام آنها موت است؟

۲۲ امّا الحال چونکه از گناه آزاد شده و غلامان خدا گشته‌اید، ثمر خود را برای قدّوسیّت می‌آورید که عاقبتِ آن، حیات جاودانی است.

۲۳ زیرا که مزد گناه موت است، امّا نعمت خدا حیات جاودانی در خداوند ما عیسی مسیح.

فصل۷

۱ ای برادران آیا نمی‌دانید [زیرا که با عارفین شریعت سخن می‌گویم] که مادامی که انسان زنده است، شریعت بر وی حکمرانی دارد؟

۲ زیرا زن منکوحه برحسب شریعت به شوهرِ زنده بسته است، امّا هرگاه شوهرش بمیرد، از شریعتِ شوهرش آزاد شود.

۳ پس مادامی که شوهرش حیات دارد، اگر به مرد دیگر پیوندد، زانیه خوانده می‌شود. لکن هرگاه شوهرش بمیرد،از آن شریعت آزاد است که اگر به شوهری دیگر داده شود، زانیه نباشد.

۴ بنابراین، ای برادرانِ من، شما نیز بوساطت جسد مسیح برای شریعت مرده شدید تا خود را به دیگری پیوندید، یعنی با او که از مردگان برخاست، تا بجهت خدا ثمر آوریم.

۵ زیرا وقتی که در جسم بودیم، هوسهای گناهانی که از شریعت بود، در اعضای ما عمل می‌کرد تا بجهت موت ثمر آوریم.

۶ امّا الحال چون برای آن چیزی که در آن بسته بودیم مُردیم، از شریعت آزاد شدیم، به‌حدّی که در تازگی روح بندگی می‌کنیم نه در کُهنگی حرف.

۷ پس چه گوییم؟ آیا شریعت گناه است؟ حاشا! بلکه گناه را جز به شریعت ندانستیم. زیرا که شهوت را نمی‌دانستم، اگر شریعت نمی‌گفت که، طمع مورز.

۸ لکن گناه از حکم فرصت جسته، هر قسم طمع را در من پدید آورد، زیرا بدون شریعت گناه مرده است.

۹ و من از قبل بدون شریعت زنده می‌بودم؛ لکن چون حکم آمد، گناه زنده گشت و من مردم.

۱۰ و آن حکمی که برای حیات بود، همان مرا باعث موت گردید.

۱۱ زیرا گناه از حکم فرصت یافته، مرا فریب داد و به آن مرا کُشت.

۱۲ خلاصه شریعت مقدّس است و حکم مقدّس و عادل و نیکو.

۱۳ پس آیا نیکویی برای من موت گردید؟ حاشا! بلکه گناه، تا گناه بودنش ظاهر شود. بهوسیلهٔ نیکویی برای من باعث مرگ شد تا آنکه گناه بهسبب حکم بغایت خبیث شود.

۱۴ زیرا میدانیم که شریعت روحانی است، لکن من جسمانی و زیر گناه فروخته شده هستم،

۱۵ که آنچه میکنم نمیدانم زیرا آنچه میخواهم نمیکنم بلکه کاری را که از آن نفرت دارم بجا میآورم.

۱۶ پس هرگاه کاری را که نمیخواهم بجا میآورم، شریعت را تصدیق میکنم که نیکوست.

۱۷ و الحال من دیگر فاعل آن نیستم بلکه آن گناهی که در من ساکن است.

۱۸ زیرا میدانم که در من، یعنی در جسدم هیچ نیکویی ساکن نیست، زیرا که اراده در من حاضر است امّا صورت نیکو کردن نی.

۱۹ زیرا آن نیکویی را که میخواهم نمیکنم، بلکه بدی را که نمیخواهم میکنم.

۲۰ پس چون آنچه را نمیخواهم میکنم، من دیگر فاعل آن نیستم بلکه گناه که در من ساکن است.

۲۱ لهذا این شریعت را مییابم که وقتی که میخواهم نیکویی کنم بدی نزد من حاضر است.

۲۲ زیرا برحسب انسانیّت باطنی به شریعت خدا خشنودم.

۲۳ لکن شریعتی دیگر در اعضای خود میبینم که با شریعت ذهن من منازعه میکند و مرا اسیر میسازد به آن شریعت گناه که در اعضای من است.

۲۴ وای بر من که مرد شقیای هستم! کیست که مرا از جسم این موت رهایی بخشد؟

۲۵ خدا را شکر میکنم بوساطت خداوند ما عیسی مسیح. خلاصه اینکه من به ذهن خود شریعت خدا را بندگی میکنم و امّا به جسم خود شریعت گناه را.

فصل ۸

پس هیچ قصاص نیست بر آنانی که در مسیح عیسی هستند.

۲ زیرا که شریعتِ روح حیات در مسیح عیسی مرا از شریعت گناه و موت آزاد گردانید.

۳ زیرا آنچه از شریعت محال بود، چونکه بهسبب جسم ضعیف بود، خدا پسر خود را در شبیه جسم گناه و برای گناه فرستاده، بر گناه در جسم فتوا داد،

۴ تا عدالت شریعت کامل گردد در مایانی که نه بحسب جسم بلکه برحسب روح رفتار میکنیم.

۵ زیرا آنانی که برحسب جسم هستند، در چیزهای جسم تفکّر میکنند و امّا آنانی که برحسب روح هستند در چیزهای روح.

۶ از آن جهت که تفکّر جسم موت است، لکن تفکّر روح حیات و سلامتی است.

۷ زانرو که تفکّر جسم دشمنی خدا است، چونکه شریعت خدا را اطاعت نمی‌کند، زیرا نمی‌تواند هم بکند.

۸ و کسانی که جسمانی هستند، نمی‌توانند خدا را خشنود سازند.

۹ لکن شما در جسم نیستید بلکه در روح، هرگاه روح خدا در شما ساکن باشد؛ و هرگاه کسی روح مسیح را ندارد وی از آن او نیست.

۱۰ و اگر مسیح در شما است، جسم به‌سبب گناه مرده است و امّا روح، به‌سبب عدالت، حیات است.

۱۱ و اگر روح او که عیسی را از مردگان برخیزانید در شما ساکن باشد، او که مسیح را از مردگان برخیزانید، بدنهای فانی شما را نیز زنده خواهد ساخت به روح خود که در شما ساکن است.

۱۲ بنابراین ای برادران، مدیون جسم نیستیم تا برحسب جسم زیست نماییم.

۱۳ زیرا اگر برحسب جسم زیست کنید، هرآینه خواهید مرد. لکن اگر افعال بدن را به‌وسیله روح بکُشید، هماناخواهید زیست.

۱۴ زیرا همه کسانی که از روح خدا هدایت می‌شوند، ایشان پسران خدایند.

۱۵ از آنرو که روح بندگی را نیافته‌اید تا باز ترسان شوید بلکه روح پسر خواندگی را یافته‌اید، که به آن ابّا، یعنی ای پدر ندا می‌کنیم.

۱۶ همان روح بر روح‌های ما شهادت می‌دهد که فرزندان خدا هستیم.

۱۷ و هرگاه فرزندانیم، وارثان هم هستیم، یعنی وَرَثهٔ خدا و همارث با مسیح، اگر شریک مصیبتهای او هستیم تا در جلال وی نیز شریک باشیم.

۱۸ زیرا یقین می‌دانم که دردهای زمان حاضر نسبت به آن جلالی که در ما ظاهر خواهد شد هیچ است.

۱۹ زیرا که انتظار خلقت، منتظر ظهور پسران خدا می‌باشد،

۲۰ زیرا خلقت، مطیع بطالت شد، نه به ارادهٔ خود، بلکه بخاطر او که آن را مطیع گردانید،

۲۱ در امید که خودِ خلقت نیز از قید فساد خلاصی خواهد یافت تا در آزادی جلال فرزندان خدا شریک شود.

۲۲ زیرا می‌دانیم که تمام خلقت تا الآن با هم در آه کشیدن و درد زه می‌باشند.

۲۳ و نه این فقط، بلکه ما نیز که نوبر روح را یافته‌ایم، در خود آه می‌کشیم در انتظار پسرخواندگی، یعنی خلاصی جسم خود.

۲۴ زیرا که به امید نجات یافتیم، لکن چون امید دیده شد، دیگر امید نیست، زیرا آنچه کسی بیند چرا دیگر در امید آن باشد؟

۲۵ امّا اگر امید چیزی را داریم که نمی‌بینیم، با صبر انتظار آن می‌کشیم.

۲۶ و همچنین روح نیز ضعف ما را مدد می‌کند، زیرا که آنچه دعا کنیم بطوری که می‌باید نمی‌دانیم، لکن خود روح برای ما شفاعت می‌کندبه ناله‌هایی که نمی‌شود بیان کرد.

۲۷ و او که تفحّص‌کننده دلهاست، فکر روح را می‌داند زیرا که او برای مقدّسین برحسب اراده خدا شفاعت می‌کند.

۲۸ و می‌دانیم که بجهت آنانی که خدا را دوست می‌دارند و بحسب ارادهٔ او خوانده شده‌اند، همه چیزها برای خیریّت [ایشان] با هم در کار می‌باشند.

۲۹ زیرا آنانی را که از قبل شناخت، ایشان را نیز پیش معیّن فرمود تا به صورت پسرش متشکّل شوند تا او نخست‌زاده از برادران بسیار باشد.

۳۰ و آنانی را که از قبل معین فرمود، ایشان را هم خواند و آنانی را که خواند ایشان را نیز عادل گردانید و آنانی را که عادل گردانید،
ایشان را نیز جلال داد.

۳۱ پس به این چیزها چه گوییم؟ هرگاه خدا با ما است کیست به ضدّ ما؟

۳۲ او که پسر خود را دریغ نداشت، بلکه او را در راه جمیع ما تسلیم نمود، چگونه با وی همه‌چیز را به ما نخواهد بخشید؟

۳۳ کیست که بر برگزیدگان خدا مدّعی شود؟ آیا خدا که عادل کننده است؟

۳۴ کیست که بر ایشان فتوا دهد؟ آیا مسیح که مُرد بلکه نیز برخاست، آنکه به دست راست خدا هم هست و ما را نیز شفاعت
می‌کند؟

۳۵ کیست که ما را از محبّت مسیح جدا سازد؟ آیا مصیبت یا دلتنگی یا جفا یا قحط یا عریانی یا خطر یا شمشیر؟

۳۶ چنانکه مکتوب است که بخاطر تو تمام روز کُشته و مثل گوسفندان ذبحی شمرده می‌شویم.

۳۷ بلکه در همه این امور از حدّ زیاده نصرت یافتیم، به‌وسیلهٔ او که ما را محبّت نمود.

۳۸ زیرا یقین می‌دانم که نه موت و نه حیات و نه فرشتگان و نه رؤسا و نه قدرتها و نه چیزهای حال و نهچیزهای آینده

۳۹ و نه بلندی و نه پستی و نه هیچ مخلوق دیگر قدرت خواهد داشت که ما را از محبّت خدا که در خداوند ما مسیح عیسی است
جدا سازد.

فصل۹

۱ در مسیح راست می‌گویم و دروغ نی و ضمیر من در روح‌القدس مرا شاهد است،

۲ که مرا غمی عظیم و در دلم وَجَع دائمی است.

۳ زیرا راضی هم می‌بودم که خود از مسیح محروم شوم در راه برادرانم که بحسب جسم خویشان منند،

۴ که ایشان اسرائیلیاند و پسرخواندگی و جلال و عهدها و امانت شریعت و عبادت و وعده‌ها از آنِ ایشان است؛

۵ که پدران از آن ایشانند و از ایشان مسیح بحسب جسم شد که فوق از همه است، خدای متبارک تا ابدالآباد، آمین.

۶ ولکن چنین نیست که کلام خدا ساقط شده باشد؛ زیرا همه که از اسرائیلاند، اسرائیلی نیستند،

۷ و نه نسل ابراهیم تماماً فرزند هستند؛ بلکه نسل تو در اسحاق خوانده خواهند شد.

۸ یعنی فرزندان جسم، فرزندان خدا نیستند، بلکه فرزندان وعده از نسل محسوب می‌شوند.

۹ زیرا کلام وعده این است که موافق چنین وقت خواهم آمد و ساره را پسری خواهد بود.

۱۰ و نه این فقط، بلکه رِفْقَه نیز چون از یک شخص، یعنی از پدر ما اسحاق حامله شد،

۱۱ زیرا هنگامی که هنوز تولّد نیافته بودند و عملی نیک یا بد نکرده، تا ارادهٔ خدا برحسب اختیار ثابت شود نه از اعمال بلکه از
دعوتکننده

۱۲ بدو گفته شد که بزرگتر کوچکتررا بندگی خواهد نمود.

۱۳ چنانکه مکتوب است، یعقوب را دوست داشتم امّا عیسو را دشمن.

۱۴ پس چه گوییم؟ آیا نزد خدا بی‌انصافی است؟ حاشا!

۱۵ زیرا به موسی می‌گوید، رحم خواهم فرمود بر هر که رحم کنم و رأفت خواهم نمود بر هر که رأفت نمایم.

۱۶ لاجرم نه از خواهش کننده و نه از شتابنده است، بلکه از خدای رحم کننده.

۱۷ زیرا کتاب به فرعون می‌گوید، برای همین تو را برانگیختم تا قوّت خود را در تو ظاهر سازم و تا نام من در تمام جهان ندا شود.

۱۸ بنابراین هر که را می‌خواهد رحم می‌کند و هر که را می‌خواهد سنگدل می‌سازد.

۱۹ پس مرا می‌گویی، دیگر چرا ملامت می‌کند؟ زیرا کیست که با ارادهٔ او مقاومت نموده باشد؟

۲۰ نی بلکه تو کیستی ای انسان که با خدا معارضه می‌کنی؟ آیا مصنوع به صانع می‌گوید که چرا مرا چنین ساختی؟

۲۱ یا کوزه‌گر اختیار بر گِل ندارد که از یک خمیره ظرفی عزیز و ظرفی ذلیل بسازد؟

۲۲ و اگر خدا چون اراده نمود که غضب خود را ظاهر سازد و قدرت خویش را بشناساند، ظروف غضب را که برای هلاکت آماده شده
بود، به حلم بسیار متحمّل گردید،

۲۳ و تا دولت جلال خود را بشناساند بر ظروف رحمتی که آنها را از قبل برای جلال مستعّد نمود،

۲۴ و آنها را نیز دعوت فرمود، یعنی ما نه از یهود فقط بلکه از امّت‌ها نیز.

۲۵ چنانکه در هوشع هم می‌گوید، آنانی را که قوم من نبودند، قوم خود خواهم خواند و او را که دوست نداشتم محبوبه خود.

۲۶ و جایی که به ایشان گفته شد که شما قوم منِنیستید، در آنجا پسران خدای حّی خوانده خواهند شد.

۲۷ و اشعیا نیز در حقّ اسرائیل ندا می‌کند که هرچند عدد بنی‌اسرائیل مانند ریگ دریا باشد، لکن بقیّهٔ نجات خواهند یافت؛

۲۸ زیرا خداوند کلام خود را تمام و منقطع ساخته، بر زمین به عمل خواهد آورد.

۲۹ و چنانکه اشعیا پیش اخبار نمود که اگر ربّالجنود برای ما نسلی نمی‌گذارد، هرآینه مثل سدوم می‌شدیم و مانند غُمورَه می‌گشتیم.

۳۰ پس چه گوییم؟ امّت‌هایی که در پیعدالت نرفتند، عدالت را حاصل نمودند، یعنی عدالتی که از ایمان است.

۳۱ لکن اسرائیل که در پی شریعت عدالت می‌رفتند، به شریعت عدالت نرسیدند.

۳۲ از چه سبب؟ از این جهت که نه از راه ایمان بلکه از راه اعمالِ شریعت آن را طلبیدند، زیرا که به سنگ مصادم لغزش خوردند.

۳۳ چنانکه مکتوب است که، اینک، در صهیون سنگی مصادم و صخره لغزش می‌نهم و هر که بر او ایمان آورد، خجل نخواهد گردید.

فصل ۱۰

۱ ای برادران خوشی دل من و دعای من نزد خدا بجهت اسرائیل برای نجات ایشان است.

۲ زیرا بجهت ایشان شهادت می‌دهم که برای خدا غیرت دارند لکن نه از روی معرفت.

۳ زیرا که چون عدالت خدا را نشناخته، می‌خواستند عدالت خود را ثابت کنند، مطیع عدالت خدا نگشتند.

۴ زیرا که مسیح است انجام شریعت بجهت عدالت برای هر کس که ایمانآورد.

۵ زیرا موسی عدالت شریعت را بیان می‌کند که هر که به این عمل کند، در این خواهد زیست.

۶ لکن عدالت ایمان بدینطور سخن می‌گوید که در خاطر خود مگو کیست که به آسمان صعود کند، یعنی تا مسیح را فرود آورد،

۷ یا کیست که به هاویه نزول کند، یعنی تا مسیح را از مردگان برآورد.

۸ لکن چه می‌گوید؟ اینکه کلام نزد تو و در دهانت و در قلب تو است، یعنی این کلام ایمان که به آن وعظ می‌کنیم.

۹ زیرا اگر به زبان خود عیسی خداوند را اعتراف کنی و در دل خود ایمان آوری که خدا او را از مردگان برخیزانید، نجات خواهی یافت.

۱۰ چونکه به دل ایمان آورده می‌شود برای عدالت و به زبان اعتراف می‌شود بجهت نجات.

۱۱ و کتاب می‌گوید هر که به او ایمان آورد خجل نخواهد شد.

۱۲ زیرا که در یهود و یونانی تفاوتی نیست که همان خداوند، خداوند همه است و دولتمند است برای همه که نام او را می‌خوانند.

۱۳ زیرا هر که نام خداوند را بخواند نجات خواهد یافت.

۱۴ پس چگونه بخوانند کسی را که به او ایمان نیاورده‌اند؟ و چگونه ایمان آورند به کسی که خبر او را نشنیده‌اند؟ و چگونه بشنوند بدون واعظ؟

۱۵ و چگونه وعظ کنند جز اینکه فرستاده شوند؟ چنانکه مکتوب است که چه زیبا است پایهای آنانی که به سلامتی بشارت می‌دهند و به چیزهای نیکو مژده می‌دهند.

۱۶ لکن همه بشارت را گوش نگرفتند زیرا اشعیا می‌گوید خداوندا کیست که اخبار ما را باور کرد؟

۱۷ لهذا ایمان از شنیدن است و شنیدن از کلام خدا.

۱۸ لکن می‌گویم آیا نشنیدند؟ البتّه شنیدند، صوت ایشان در تمام جهان منتشر گردید و کلام ایشان تا اقصای ربع مسکون رسید.

۱۹ و می‌گویم آیا اسرائیل ندانسته‌اند؟ اوّل موسی می‌گوید، من شما را به غیرت می‌آورم به آن که امّتی نیست و بر قوم بی‌فهم شما را خشمگین خواهم ساخت.

۲۰ و اشعیا نیز جرأت کرده، می‌گوید، آنانی که طالب من نبودند مرا یافتند و به کسانی که مرا نطلبیدند ظاهر گردیدم.

۲۱ امّا در حقّ اسرائیل می‌گوید، تمام روز دستهای خود را دراز کردم به سوی قومی نامطیع و مخالف.

فصل ۱۱

پس می‌گویم آیا خدا قوم خود را ردّ کرد؟ حاشا! زیرا که من نیز اسرائیلی از اولاد ابراهیم از سبط بنیامین هستم.

۲ خدا قوم خود را که از قبل شناخته بود، ردّ نفرموده است. آیا نمی‌دانید که کتاب در الیاس چه می‌گوید، چگونه بر اسرائیل از خدا استغاثه می‌کند

۳ که خداوندا انبیای تو را کشته و مذبحهای تو را کنده‌اند و من به تنهایی مانده‌ام و در قصد جان من نیز می‌باشند؟

۴ لکن وَحْی بدو چه می‌گوید؟ اینکه هفت هزار مرد بجهت خود نگاه داشتم که به نزد بَعْل زانو نزده‌اند.

۵ پس همچنین در زمان حاضر نیز بقیّتی بحسب اختیار فیض مانده است.
۶ و اگر از راه فیض است دیگر از اعمال نیست وگرنه فیض دیگر فیض نیست. امّا اگر از اعمال است دیگر از فیض نیست والاّ عمل دیگر عملنیست.
۷ پس مقصود چیست؟ اینکه اسرائیل آنچه را که می‌طلبد نیافته است، لکن برگزیدگان یافتند و باقی‌ماندگان سخت‌دل گردیدند؛
۸ چنانکه مکتوب است که خدا بدیشان روح خواب‌آلود داد چشمانی که نبیند و گوشهایی که نشنود تا امروز.
۹ و داود می‌گوید که مائده ایشان برای ایشان تله و دام و سنگ مصادم و عقوبت باد؛
۱۰ چشمان ایشان تار شود تا نبینند و پشت ایشان را دائماً خم گردان.
۱۱ پس می‌گویم آیا لغزش خوردند تا بیفتند؟ حاشا! بلکه از لغزش ایشان نجات به امّت‌ها رسید تا در ایشان غیرت پدید آوَرَدْ.
۱۲ پس چون لغزش ایشان دولتمندی جهان گردید و نقصان ایشان دولتمندی امّت‌ها، به چند مرتبه زیادتر پُری ایشان خواهد بود.
۱۳ زیرا به شما ای امّت‌ها سخن می‌گویم. پس از این روی که رسول امّت‌ها می‌باشم خدمت خود را تمجید می‌نمایم،
۱۴ تا شاید ابنای جنس خود را به غیرت آورم و بعضی از ایشان را برهانم.
۱۵ زیرا اگر ردّ شدن ایشان مصالحت عالم شد، باز یافتن ایشان چه خواهد شد؟ جز حیات از مردگان!
۱۶ و چون نوبر مقدّس است، همچنان خمیره و هرگاه ریشه مقدّس است، همچنان شاخه‌ها.
۱۷ و چون بعضی از شاخه‌ها بریده شدند و تو که زیتون برّی بودی در آنها پیوند گشتی و در ریشه و چربی زیتون شریک شدی،
۱۸ بر شاخه‌ها فخر مکن و اگر فخر کنی تو حامل ریشه نیستی بلکه ریشه حامل تو است.
۱۹ پس می‌گویی کهشاخه‌ها بریده شدند تا من پیوند شوم؟
۲۰ آفرین بجهت بی‌ایمانی بریده شدند و تو محض ایمان پایدار هستی. مغرور مباش بلکه بترس!
۲۱ زیرا اگر خدا بر شاخه‌های طبیعی شفقت نفرمود، بر تو نیز شفقت نخواهد کرد.
۲۲ پس مهربانی و سختی خدا را ملاحظه نما؛ امّا سختی بر آنانی که افتادند، امّا مهربانی برتو اگر در مهربانی ثابت باشی والاّ تو نیز بریده خواهی شد.
۲۳ و اگر ایشان نیز در بی‌ایمانی نمانند باز پیوند خواهند شد، زیرا خدا قادر است که ایشان را بار دیگر بپیوندد.
۲۴ زیرا اگر تو از زیتون طبیعی برّی بریده شده، برخلاف طبع به زیتون نیکو پیوند گشتی، به چند مرتبه زیادتر آنانی که طبیعیاند در زیتون خویش پیوند خواهند شد.
۲۵ زیرا ای برادران نمی‌خواهم شما از این سرّ بی‌خبر باشید که مبادا خود را دانا انگارید که مادامی که پری امّت‌ها درنیاید، سخت‌دلی بر بعضی از اسرائیل طاری گشته است.
۲۶ و همچنین همگی اسرائیل نجات خواهند یافت، چنانکه مکتوب است که از صهیون نجات دهنده‌ای ظاهر خواهد شد و بی‌دینی را از یعقوب خواهد برداشت؛
۲۷ و این است عهد من با ایشان در زمانی که گناهانشان را بردارم.
۲۸ نظر به انجیل بجهت شما دشمنانند، لکن نظر به اختیار به‌خاطر اجداد محبوبند.

۲۹ زیرا که در نعمتها ودعوت خدا بازگشتن نیست.

۳۰ زیرا همچنان که شما در سابق مطیع خدا نبودید و الآن به‌سبب نافرمانی ایشان رحمت یافتید،

۳۱ همچنین ایشان نیز الآن نافرمان شدند تا بجهت رحمتی که بر شماست بر ایشان نیز رحم شود

۳۲ زیرا خدا همه را در نافرمانی بسته است تا بر همه رحم فرماید.

۳۳ زهی عمق دولتمندی و حکمت و علم خدا! چقدر بعید از غوررسی است احکام او و فوق از کاوش است طریق‌های وی!

۳۴ زیرا کیست که رأی خداوند را دانسته باشد؟ یا کِه مشیر او شده؟

۳۵ یا کِه سبقت جسته چیزی بدو داده تا به او باز داده شود؟

۳۶ زیرا که از او و به او و تا او همه‌چیز است؛ و او را تا ابدالآباد جلال باد، آمین.

فصل ۱۲

۱ لهذا ای برادران، شما را به رحمتهای خدا استدعا می‌کنم که بدنهای خود را قربانی زنده مقدّس پسندیده خدا بگذرانید که عبادت معقول شما است.

۲ و همشکل این جهان مشوید بلکه به تازگی ذهن خود صورت خود را تبدیل دهید تا شما دریافت کنید که ارادهٔ نیکوی پسندیده کامل خدا چیست.

۳ زیرا به آن فیضی که به من عطا شده است، هر یکی از شما را می‌گویم که فکرهای بلندتر از آنچه شایسته است مکنید بلکه به اعتدال فکر نمایید، به اندازه آن بهره ایمان که خدا به هر کس قسمت فرموده است.

۴ زیرا همچنان که در یک بدن اعضای بسیار داریم و هر عضوی را یک کار نیست،

۵ همچنین ما که بسیاریم، یک جسد هستیم در مسیح، امّا فرداً اعضای یکدیگر.

۶ پس چون نعمتهای مختلف داریم بحسب فیضی که به ما داده شد، خواه نبوّت برحسب موافقت ایمان

۷ یا خدمت در خدمتگزاری، یا معلّم در تعلیم،

۸ یا واعظ در موعظه، یا بخشنده به سخاوت، یا پیشوا به اجتهاد، یا رحم‌کننده به سرور.

۹ محبّت بی‌ریا باشد. از بدی نفرت کنید و به نیکویی بپیوندید.

۱۰ با محبّت برادرانه یکدیگر را دوست دارید و هر یک دیگری را بیشتر از خود اکرام بنماید.

۱۱ در اجتهاد کاهلی نورزید و در روح سرگرم شده، خداوند را خدمت نمایید.

۱۲ در امید مسرور و در مصیبت صابر و در دعا مواظب باشید.

۱۳ مشارکت در احتیاجات مقدّسین کنید و در مهمانداری ساعی باشید.

۱۴ برکت بطلبید بر آنانی که بر شما جفا کنند؛ برکت بطلبید و لعن مکنید.

۱۵ خوشی کنید با خوشحالان و ماتم نمایید با ماتمیان.

۱۶ برای یکدیگر همان فکر داشته باشید و در چیزهای بلند فکر مکنید بلکه با ذلیلان مدارا نمایید و خود را دانا مشمارید.

۱۷ هیچ‌کس را به عوض بدی بدی مرسانید. پیش جمیع مردم تدارک کارهای نیکو بینید.

۱۸ اگر ممکن است بقدر قوّه خود با جمیع خلق به صلح بکوشید.

۱۹ ای محبوبان انتقام خود را مکشید بلکه خشم را مهلت دهید، زیرا مکتوب است خداوند می‌گوید که انتقام از آن من است من جزا خواهم داد.

۲۰ پس اگر دشمن تو گرسنه باشد، او را سیر کن و اگر تشنه است، سیرابش نما زیرا اگر چنین کنی اخگرهای آتش بر سرش خواهی انباشت.

۲۱ مغلوب بدی مشو بلکه بدی را به نیکویی مغلوب ساز.

فصل ۱۳

۱ هر شخص مطیع قدرتهای برتر بشود،زیرا که قدرتی جز از خدا نیست وآنهایی که هست از جانب خدا مرتّب شده است.

۲ حتّی هر که با قدرت مقاومت نماید، مقاومت با ترتیب خدا نموده باشد و هر که مقاومت کند، حکم بر خود آورد.

۳ زیرا از حکام عمل نیکو را خوفی نیست بلکه عمل بد را. پس اگر می‌خواهی که از آن قدرت ترسان نشوی، نیکویی کن که از او تحسین خواهی یافت.

۴ زیرا خادم خداست برای تو به نیکویی؛ لکن هرگاه بدی کنی، بترس چونکه شمشیر را عبث برنمی‌دارد، زیرا او خادم خداست و با غضب انتقام از بدکاران می‌کشد.

۵ لهذا لازم است که مطیع او شوی نه به‌سبب غضب فقط بلکه به‌سبب ضمیر خود نیز.

۶ زیرا که به این سبب باج نیز می‌دهید، چونکه خدّام خدا و مواظب در همین امر هستند.

۷ پس حقّ هرکس را به او ادا کنید، باج را به مستحقّ باج و جزیه را به مستحقّ جزیه و ترس را به مستحقّ ترس و عزّت را به مستحقّ عزّت.

۸ مدیون احدی به چیزی مشوید جز به محبّت نمودن با یکدیگر، زیرا کسی که دیگری را محبّت نماید، شریعت را بجا آورده باشد.

۹ زیرا که زنا مکن، قتل مکن، دزدی مکن، شهادت دروغ مده، طمع مورز و هر حکمی دیگر که هست، همه شامل است در این کلام که همسایهٔ خود را چون خود محبّت نما.

۱۰ محبّت به همسایهٔ خود بدی نمی‌کند پس محبّت تکمیل شریعت است.

۱۱ و خصوصاً چون وقت را می‌دانید که الحال ساعت رسیده است که ما را باید از خواب بیدار شویم زیرا که الآن نجات ما نزدیکتر است از آن وقتی که ایمان آوردیم.

۱۲ شب منقضی شد وروز نزدیک آمد. پس اعمال تاریکی را بیرون کرده، اسلحه نور را بپوشیم.

۱۳ و با شایستگی رفتار کنیم چنانکه در روز، نه در بزمها و سکرها و فسق و فجور و نزاع و حسد؛

۱۴ بلکه عیسی مسیح خداوند را بپوشید و برای شهوات جسمانی تدارک نبینید.

فصل ۱۴

۱ پس آفریننده خود را در روزهای جوانی‌ات بیاد آور قبل از آنکه روزهای بلا برسد و سالها برسد که بگویی مرا از اینها خوشی نیست.

۲ قبل از آنکه آفتاب و نور و ماه و ستارگان تاریک شود و ابرها بعد از باران برگردد؛

۳ در روزی که محافظان خانه بلرزند و صاحبان قوّت، خویشتن را خم نمایند و دستاس‌کنندگان چونکه کم‌اند باز ایستند و آنانی که از پنجره‌ها می‌نگرند تاریک شوند.

۴ و درها در کوچه بسته شود و آواز آسیاب پست گردد و از صدای گنجشک برخیزد و جمیع مغنیات ذلیل شوند.

۵ و از هر بلندی بترسند و خوفها در راه باشد و درخت بادام شکوفه آورد و ملخی بار سنگین باشد و اشتها بریده شود. چونکه انسان به خانه جاودانی خود می‌رود و نوحه‌گران در کوچه گردش می‌کنند.

۶ قبل از آنکه مفتول نقره گسیخته شود و کاسه طلا شکسته گردد و سبو نزد چشمه خرد شود و چرخ بر چاه منکسر گردد،

۷ و خاک به زمین برگردد به طوری که بود، و روح نزد خدا که آن را بخشیده بود رجوع نماید.

۸ باطل‌اباطیل جامعه می‌گوید: همه چیز بطالت است.

۹ و دیگر چونکه جامعه حکیم بود باز هم، معرفت را به قوم تعلیم می‌داد و تفکّر نموده، غور رسی می‌کرد و مثلهای بسیار تألیف نمود.

۱۰ جامعه تفحّص نمود تا سخنان مقبول را پیدا کند و کلمات راستی را که به استقامت مکتوب باشد.

۱۱ سخنان حکیمان مثل سُکهای گاورانی است و کلمات اربابِ جماعت مانند میخهای محکم شده می‌باشد، که از یک شبان داده شود.

۱۲ و علاوه بر اینها، ای پسر من پند بگیر. ساختنِ کتابهای بسیار انتها ندارد و مطالعه زیاد، تَعَب بدن است.

۱۳ پس ختم تمام امر را بشنویم. از خدا بترس و اوامر او را نگاه دار چونکه تمامی تکلیف انسان این است.

۱۴ زیرا خدا هر عمل را با هر کار مخفی خواه نیکو و خواه بد باشد، به محاکمه خواهد آورد.

فصل ۱۵

۱ و کسی را که در ایمان ضعیف باشد بپذیرید، لکن نه برای مُحاجّه در مباحثات.

۲ یکی ایمان دارد که همه‌چیز را باید خورد امّا آنکه ضعیف است بُقُول می‌خورَد.

۳ پس خورنده ناخورنده را حقیر نشمارد و ناخورنده بر خورنده حکم نکند زیرا خدا او را پذیرفته است.

۴ تو کیستی که بر بندهٔ کسی دیگر حکم می‌کنی؟ او نزد آقای خود ثابت یا ساقط می‌شود. لیکن استوار خواهد شد زیرا خدا قادر است که او را ثابت نماید.

۵ یکی یک روز را از دیگری بهتر می‌داند و دیگری هر روز را برابر می‌شمارد. پس هر کس در ذهن خود مُتیَقّن بشود.
۶ آنکه روز را عزیز می‌داند بخاطر خداوند عزیزش می‌دارد و آنکه روز را عزیز نمی‌دارد هم برای خداوند نمی‌دارد؛ و هر که می‌خورد
برای خداوند می‌خورد زیرا خدا را شکر می‌گوید، و آنکه نمی‌خورد برای خداوند نمی‌خورد و خدا را شکر می‌گوید.
۷ زیرا احدی از ما به خود زیست نمی‌کند و هیچ‌کس به خود نمی‌میرد.
۸ زیرا اگر زیست کنیم برای خداوند زیست می‌کنیم و اگر بمیریم برای خداوندمیمیریم. پس خواه زنده باشیم، خواه بمیریم، از آن
خداوندیم.
۹ زیرا برای همین مسیح مرد و زنده گشت تا بر زندگان و مردگان سلطنت کند.
۱۰ لکن تو چرا بر برادر خود حکم می‌کنی؟ یا تو نیز چرا برادر خود را حقیر می‌شماری؟ زانرو که همه پیش مسند مسیح حاضر
خواهیم شد.
۱۱ زیرا مکتوب است خداوند می‌گوید به حیات خودم قسم که هر زانویی نزد من خم خواهد شد و هر زبانی به خدا اقرار خواهد
نمود.
۱۲ پس هر یکی از ما حساب خود را به خدا خواهد داد.
۱۳ بنابراین بر یکدیگر حکم نکنیم بلکه حکم کنید به اینکه کسی سنگی مصادم یا لغزشی در راه برادر خود ننهد.
۱۴ می‌دانم و در عیسی خداوند یقین می‌دارم که هیچ چیز در ذات خود نجس نیست جز برای آن کسی که آن را نجس پندارد؛
برای او نجس است.
۱۵ زیرا هرگاه برادرت به خوراک آزرده شود، دیگر به محبّت رفتار نمی‌کنی. به خوراک خود هلاک مساز کسی را که مسیح در راه
او بمرد.
۱۶ پس مگذارید که نیکویی شما را بد گویند.
۱۷ زیرا ملکوت خدا اَکل و شُرب نیست بلکه عدالت و سلامتی و خوشی در روح‌القدس.
۱۸ زیرا هر که در این امور خدمت مسیح را کند، پسندیده خدا و مقبول مردم است.
۱۹ پس آن اموری را که منشأ سلامتی و بنای یکدیگر است پیروی نمایید.
۲۰ بجهت خوراک کار خدا را خراب مساز. البتّه همه‌چیز پاک است، لیکن بد است برای آن شخص که برای لغزش می‌خورد.
۲۱ گوشت نخوردن و شراب ننوشیدن و کاری نکردن کهباعث ایذا یا لغزش یا ضعف برادرت باشد نیکو است.
۲۲ آیا تو ایمان داری؟ پس برای خودت در حضور خدا آن را بدار، زیرا خوشابحال کسی که بر خود حکم نکند در آنچه نیکو
می‌شمارد.
۲۳ لکن آنکه شکّ دارد اگر بخورد ملزم می‌شود، زیرا به ایمان نمی‌خورد؛ و هر چه از ایمان نیست گناه است.

فصل ۱۶

۱ و ما که توانا هستیم، ضعفهای ناتوانان را متحمّل بشویم و خوشی خود را طالب نباشیم.

۲ هر یکی از ما همسایهٔ خود را خوش بسازد در آنچه برای بنا نیکو است.

۳ زیرا مسیح نیز خوشی خود را طالب نمی‌بود، بلکه چنانکه مکتوب است ملامتهای ملامتکنندگان تو بر من طاری گردید.

۴ زیرا همه چیزهایی که از قبل مکتوب شد، برای تعلیم ما نوشته شد تا به صبر و تسلّی کتاب امیدوار باشیم.

۵ الآن خدای صبر و تسلّی شما را فیض عطا کند تا موافق مسیح عیسی با یکدیگر یکرأی باشید.

۶ تا یکدل و یکزبان شده، خدا و پدر خداوند ما عیسی مسیح را تمجید نمایید.

۷ پس یکدیگر را بپذیرید، چنانکه مسیح نیز ما را پذیرفت برای جلال خدا.

۸ زیرا می‌گویم عیسی مسیح خادم ختنه گردید بجهت راستی خدا تا وعده‌های اجداد را ثابت گرداند،

۹ و تا امّت‌ها خدا را تمجید نمایند به‌سبب رحمت او چنانکه مکتوب است که از این جهت تو را در میان امّت‌ها اقرار خواهم کرد و
به نام تو تسبیح خواهم خواند.

۱۰ و نیز می‌گوید ای امّت‌ها با قوم او شادمان شوید.

۱۱ و ایضاً ای جمیعامّت‌ها خداوند را حمد گویید و ای تمامی قومها او را مدح نمایید.

۱۲ و اشعیا نیز می‌گوید که ریشه یَسّا خواهد بود و آنکه برای حکمرانی امّت‌ها مبعوث شود، امید امّت‌ها بر وی خواهد بود.

۱۳ الآن خدای امید، شما را از کمال خوشی و سلامتی در ایمان پر سازد تا به قوّت روح‌القدس در امید افزوده گردید.

۱۴ لکن ای برادرانِ من، خود نیز دربارهٔ شما یقین می‌دانم که خود از نیکویی مملّو و پر از کمال معرفت و قادر بر نصیحت نمودن
یکدیگر هستید.

۱۵ لیکن ای برادران بسیار جسارت ورزیده، من خود نیز به شما جزئی نوشتم تا شما را یادآوری نمایم به‌سبب آن فیضی که خدا به
من بخشیده است،

۱۶ تا خادم عیسی مسیح شوم برای امّت‌ها و کهانت انجیل خدا را بجا آورم تا هدیه امّت‌ها مقبول افتد، مقدّس شده به روح‌القدس.

۱۷ پس به مسیح عیسی در کارهای خدا فخر دارم.

۱۸ زیرا جرأت نمی‌کنم که سخنی بگویم جز در آن اموری که مسیح به‌واسطهٔٔ من به عمل آورد، برای اطاعت امّت‌ها در قول و
فعل،

۱۹ به قوّت آیات و معجزات و به قوّت روح خدا. به‌حدّی که از اورشلیم دور زده تا به اَلیرِکُون بشارت مسیح را تکمیل نمودم.

۲۰ امّا حریص بودم که بشارت چنان بدهم، نه در جایی که اسم مسیح شهرت یافته بود، مبادا بر بنیاد غیری بنا نمایم.

۲۱ بلکه چنانکه مکتوب است آنانی که خبر او را نیافتند،خواهند دید و کسانی که نشنیدند، خواهند فهمید.

۲۲ بنابراین بارها از آمدن نزد شما ممنوع شدم.

۲۳ لکن چون الآن مرا در این ممالک دیگر جایی نیست و سالهای بسیار است که مشتاق آمدن نزد شما بوده‌ام،

۲۴ هرگاه به اِسْپانیا سفر کنم، به نزد شما خواهم آمد زیرا امیدوار هستم که شما را در عبور ملاقات کنم و شما مرا به آن سوی مشایعت نمایید، بعد از آنکه از ملاقات شما اندکی سیر شوم.

۲۵ لکن الآن عازم اورشلیم هستم تا مقدّسین را خدمت کنم.

۲۶ زیرا که اهل مکادونیه و اخائیّه مصلحت دیدند که زکاتی برای مُفْلِسین مقدّسین اورشلیم بفرستند،

۲۷ بدین رضا دادند و بدرستی که مدیون ایشان هستند زیرا که چون امّتها از روحانیّات ایشان بهرهمند گردیدند، لازم شد که در جسمانیّات نیز خدمت ایشان را بکنند.

۲۸ پس چون این را انجام دهم و این ثمر را نزد ایشان ختم کنم، از راه شما به اسپانیا خواهم آمد.

۲۹ و می‌دانم وقتی که به نزد شما آیم، در کمال برکت انجیل مسیح خواهم آمد.

۳۰ لکن ای برادران، از شما التماس دارم که بخاطر خداوند ما عیسی مسیح و به محبّت روح[القدس]، برای من نزد خدا در دعاها جدّ وجهد کنید،

۳۱ تا از نافرمانان یهودیه رستگار شوم و خدمت من در اورشلیم مقبول مقدّسین افتد،

۳۲ تا برحسب اراده خدا با خوشی نزد شما برسم و با شما استراحت یابم.

۳۳ و خدای سلامتی با همه شما باد، آمین.

فصل ۱۷

۱ و خواهر ما فیبی را که خادمه کلیسایدر کَنْخَرِیّا است، به شما می‌سپارم

۲ تا او را در خداوند بطور شایسته مقدّسین بپذیرید و در هر چیزی که به شما محتاج باشد او را اعانت کنید، زیرا که او بسیاری را و خود مرا نیز معاونت می‌نمود.

۳ سلام برسانید به پَرِسْکّلا و اَکیلا، همکاران من در مسیح عیسی

۴ که در راه جان من گردنهای خود را نهادند و نه من به تنهایی ممنون ایشان هستم، بلکه همه کلیساهای امّتها.

۵ کلیسا را که در خانه ایشان است و حبیب من اپینطُس را که برای مسیح نوبر آسیاست سلام رسانید.

۶ و مریم را که برای شما زحمت بسیار کشید، سلام گویید.

۷ و اَندرُونِیکوس و یونیاس خویشان مرا که با من اسیر می‌بودند سلام نمایید که مشهور در میان رسولان هستند و قبل از من در مسیح شدند.

۸ و اَمْپِلیاس را که در خداوند حبیب من است، سلام رسانید.

۹ و اُوربانُس که با ما در کار مسیح رفیق است و اِستاخِیس حبیب مرا سلام نمایید.

۱۰ و اَپَلّیس آزموده شده در مسیح را سلام برسانید و اهل خانه اَرَسْتُبُولُسْ را سلام برسانید.

۱۱ و خویش من هِیرُدِیُون را سلام دهید و آنانی را از اهل خانهنَرگِسّوس که در خداوند هستند سلام رسانید.

۱۲ طَریفَینا و طَرِیفُوسا را که در خداوند زحمت کشیده‌اند سلام گویید؛ و پَرْسیس محبوبه را که در خداوند زحمت بسیار کشید
سلام دهید.
۱۳ و روفُس برگزیده در خداوند و مادر او و مرا سلام بگویید.
۱۴ اَسنِکریطُس را و فَلیکون و هرْماس و پطْرُوباس و هَرْمیس و برادرانی که با ایشانند سلام نمایید.
۱۵ فیلُولِکُس را و جولیه و نیریاس و خواهرش و اوِلمپاس و همه مقدّسانی که با ایشانند سلام برسانید.
۱۶ و یکدیگر را به بوسه مقدّسانه سلام نمایید. و جمیع کلیساهای مسیح شما را سلام می‌فرستند.
۱۷ لکن ای برادران از شما استدعا می‌کنم آن کسانی را که منشأ تفاریق و لغزشهای مخالف آن تعلیمی که شما یافته‌اید می‌باشند،
ملاحظه کنید و از ایشان اجتناب نمایید.
۱۸ زیرا که چنین اشخاص خداوند ما عیسی مسیح را خدمت نمی‌کنند بلکه شکم خود را و به الفاظ نیکو و سخنان شیرین دلهای
ساده‌دلان را می‌فریبند.
۱۹ زیرا که اطاعت شما در جمیع مردم شهرت یافته است. پس دربارهٔ شما مسرور شدم. امّا آرزوی این دارم که در نیکویی دانا و
در بدی ساده‌دل باشید.
۲۰ و خدای سلامتی بزودی شیطان را زیر پایهای شما خواهد سایید. فیض خداوند ما عیسی مسیح با شما باد.
۲۱ تیموتاؤس همکار من و لوقا و یاسون و سوسیپاطِرُس که خویشان منند شما را سلام می‌فرستند.
۲۲ من طَرْتیوس، کاتب رساله، شما را در خداوند سلام می‌گویم.
۲۳ قایوس که مرا و تمام کلیسا را میزبان است، شما را سلام می‌فرستد. و اَرَسْطُس خزینهدار شهر و کُوارطُس برادر به شما سلام
می‌فرستند.
۲۴ [فیض خداوند ما عیسی مسیح با همهٔ شما باد. آمین.]
۲۵ الآن او را که قادر است که شما را استوار سازد، برحسب بشارت من و موعظه عیسی مسیح، مطابق کشف آن سرّی که از زمانهای
ازلی مخفی بود،
۲۶ لکن درحال مکشوف شد و به‌وسیله کتب انبیا برحسبفرموده خدای سرمدی به جمیع امّت‌ها بجهت اطاعت ایمان آشکارا گردید،
۲۷ خدای حکیم وحید را به‌وسیله عیسی مسیح تا ابدالآباد جلال باد، آمین.

۳- انجیل متی

۱ کتاب نسب نامه عیسی مسیح بن داود بن ابراهیم،

۲ ابراهیم اسحاق را آورد و اسحاق یعقوب را آورد و یعقوب یهودا و برادران او را آورد.

۳ و یهودا، فارَص و زارَح را از تامار آورد و فارَص، حَصْرون را آورد و حَصْرون، اَرام را آورد.

۴ و اَرام، عَمّیناداب را آورد و عَمّیناداب، نَحشون را آورد و نَحْشون، شَلْمون را آورد.

۵ و شَلْمون، بوعَز را از راحاب آورد و بوعَز، عوبید را از راعوت آورد و عوبید، یَسّا را آورد.

۶ و یَسّا داود پادشاه را آورد و داود پادشاه، سلیمان را از زن اوریّا آورد.

۷ و سلیمان، رَحَبْعام را آورد و رَحبْعام، اَبیّا را آورد و اَبیّا، آسا را آورد.

۸ و آسا، یَهوشافاط را آورد و یَهوشافاط، یورام را آورد و یورام، عُزیّا را آورد.

۹ و عُزیّا، یوتام را آورد و یوتام، اَحاز را آورد و اَحاز، حِزْقیّا را آورد.

۱۰ و حِزْقیّا، مَنَسّی را آورد و مَنَسّی، آمون را آورد و آمون، یوشیّا را آورد.

۱۱ و یوشیّا، یَکُنیا و برادرانش را در زمان جلای بابِل آورد.

۱۲ و بعد از جلای بابل، یَکُنْیا، سَأَلْتیئیل را آورد و سَأَلْتیئیل، زَرُوبابِل را آورد.

۱۳ زَرُوبابِل، اَبیهود را آورد و اَبیهود، ایلیاقیم را آورد و ایلیاقیم، عازور را آورد.

۱۴ و عازور، صادوق را آورد و صادوق، یاکین را آورد و یاکین، ایلَیهُود را آورد.

۱۵ و ایلیهود، ایلعازَر را آورد و ایلعازَر، مَتّان را آورد و مَتّان، یعقوب را آورد.

۱۶ و یعقوب، یوسف شوهر مریم را آورد که عیسی مُسمّیٰ به مسیح از او متولّد شد.

۱۷ پس تمام طبقات، از ابراهیم تا داود چهارده طبقه است، و از داود تا جلای بابِل چهارده طبقه، و از جلای بابِل تا مسیح چهارده طبقه.

۱۸ امّا ولادت عیسی مسیح چنین بود که چون مادرش مریم به یوسف نامزد شده بود، قبل از آنکه با هم آیند، او را از روح‌القدس حامله یافتند.

۱۹ و شوهرش یوسف چونکه مرد صالح بود و نخواست او را عبرت نماید، پس اراده نمود او را به پنهانی رها کند.

۲۰ امّا چون او در این چیزها تفکّر می‌کرد، ناگاه فرشته خداوند در خواب بر وی ظاهر شده، گفت، ای یوسف پسر داود، از گرفتن زن خویش مریم مترس، زیرا که آنچه در وی قرار گرفته است، از روح‌القدس است.

۲۱ و او پسری خواهد زایید و نام او را عیسی خواهی نهاد، زیرا که او امّت خویش را از گناهانشان خواهد رهانید.

۲۲ ،و این همه برای آن واقع شد تا کلامی که خداوند به زبان نبی گفته بود، تمام گردد،

۲۳ که اینک، باکره آبستن شده پسری خواهد زایید و نام او را عمّانوئیل خواهند خواند که تفسیرش این است، خدا با ما.

۲۴ پس چون یوسف از خواب بیدار شد، چنانکه فرشتهٔ خداوند بدو امر کرده بود، به عمل آورد و زن خویش را گرفت

۲۵ و تا پسر نخستین خود را نزایید، او را نشناخت؛ و او را عیسی نام نهاد.

۲

۱ و چون عیسی در ایّام هیرودیسِ پادشاه در بیت‌لَحِم یهودیه تولّد یافت، ناگاه مجوسی چند از مشرق به اُورْشلیم آمده، گفتند،

۲ کجاست آن مولود که پادشاه یهود است زیرا که ستاره او را در مشرق دیده‌ایم و برای پرستش او آمده‌ایم؟

۳ امّا هیرودیس پادشاه چون این را شنید، مضطرب شد و تمام اُورْشلیم با وی.

۴ پس همه رؤسایِ کَهَنه و کاتبانِ قوم را جمع کرده، از ایشان پرسید که، مسیح کجا باید متولّد شود؟

۵ بدو گفتند، در بیت لحمِ یهودیّه زیرا که از نبی چنین مکتوب است،

۶ و تو ای بیت لحم، در زمین یهودا از سایر سرداران یهودا هرگز کوچکتر نیستی، زیرا که از تو پیشوایی به ظهور خواهد آمد که قوم
من اسرائیل را رعایت خواهد نمود.

۷ آنگاه هیرودیس مجوسیان را در خلوت خوانده، وقت ظهور ستاره را از ایشان تحقیق کرد.

۸ پس ایشان را به بیت‌لحم روانه نموده، گفت، بروید و از احوال آن طفل بتد قیق تفحّص کنید و چون یافتید مرا خبر دهید تا من
نیز آمده، او را پرستش نمایم.

۹ چون سخن پادشاه را شنیدند، روانه شدند که ناگاه آن ستاره‌ای که در مشرق دیده بودند، پیش روی ایشان می‌رفت تا فوق آنجایی
که طفل بود رسیده، بایستاد.

۱۰ و چون ستاره را دیدند، بی‌نهایت شاد و خوشحال گشتند

۱۱ و به خانه درآمده، طفل را با مادرش مریم یافتند و به روی در افتاده، او را پرستش کردند و ذخایر خود را گشوده، هدایای طلا و
کُنْدُر و مُّر به وی گذرانیدند.

۱۲ و چون در خواب وحی بدیشان در رسید که به نزد هیرودیس بازگشت نکنند، پس از راه دیگر به وطن خویش مراجعت کردند.

۱۳ و چون ایشان روانه شدند، ناگاه فرشته خداوند در خواب به یوسف ظاهر شده، گفت، برخیز و طفل و مادرش را برداشته به مصر
فرار کن و در آنجا باش تا به تو خبر دهم، زیرا که هیرودیس طفل را جستجو خواهد کرد تا او را هلاک نماید.

۱۴ پس شبانگاه برخاسته، طفل و مادر او را برداشته، بسوی مصر روانه شد

۱۵ و تا وفات هیرودیس در آنجا بماند، تا کلامی که خداوند به زبان نبی گفته بود تمام گردد که، از مصر پسر خود را خواندم.

۱۶ چون هیرودیس دید که مجوسیان او را سُخْریّه نموده‌اند، بسیار غضبناک شده، فرستاد و جمیع اطفالی را که در بیت لحم و تمام
نواحی آن بودند، از دو ساله و کمتر موافق وقتی که از مجوسیان تحقیق نموده بود، به قتل رسانید.

۱۷ آنگاه کلامی که به زبان اِرمیای نبی گفته شده بود، تمام شد،

۱۸ آوازی در رامه شنیده شد، گریه و زاری و ماتم عظیم که راحیل برای فرزندان خود گریه می‌کند و تسلّی نمی‌پذیرد زیرا که
نیستند.

۱۹ امّا چون هیرودیس وفات یافت، ناگاه فرشته خداوند در مصر به یوسف در خواب ظاهر شده، گفت،
۲۰ برخیز و طفل و مادرش را برداشته، به زمین اسرائیل روانه شو زیرا آنانی که قصد جان طفل داشتند فوت شدند.
۲۱ پس برخاسته، طفل و مادر او را برداشت و به زمین اسرائیل آمد.
۲۲ امّا چون شنید که اَرْکلاؤُس به جای پدر خود هیرودیس بر یهودیه پادشاهی می‌کند، از رفتن بدان سمت ترسید و در خواب وحی یافته، به نواحی جلیل برگشت.
۲۳ و آمده در بَلْده‌ای مسمّیٰ به ناصره ساکن شد، تا آنچه به زبان انبیا گفته شده بود تمام شود که، به ناصری خوانده خواهد شد.

۳

۱ و در آن ایّام، یحیی تعمیددهنده در بیابان یهودیّه ظاهر شد و موعظه کرده، می‌گفت،
۲ توبه کنید، زیرا ملکوت آسمان نزدیک است.
۳ زیرا همین است آنکه اشعیای نبی از او خبر داده، می‌گوید، صدای ندا کننده‌ای در بیابان که راه خداوند را مهیّا سازید و طُرُق او را راست نمایید.
۴ و این یحیی لباس از پشم شتر می‌داشت و کمربند چرمی بر کمر، و خوراک او از ملخ و عسل برّی می‌بود
۵ در این وقت، اورشلیم و تمام یهودیه و جمیع حوالی اُردُنّ نزد او بیرون میآمدند،
۶ و به گناهان خود اعتراف کرده، در اُرْدُن از وی تعمید مییافتند.
۷ پس چون بسیاری از فریسیان و صدّوقیان را دید که بجهت تعمید وی میآیند، بدیشان گفت: «ای افعیزادگان، کِه شما را اعلام کرد که از غضب آینده بگریزید؟
۸ اکنون ثمره شایسته توبه بیاورید،
۹ و این سخن را به‌خاطر خود راه مدهید که پدر ما ابراهیم است، زیرا به شما می‌گویم خدا قادر است که از این سنگها فرزندان برای ابراهیم برانگیزاند.
۱۰ و الحال تیشه بر ریشه درختان نهاده شده است، پس هر درختی که ثمره نیکو نیاورد، بریده و در آتش افکنده شود.
۱۱ من شما را به آب بجهت توبه تعمید می‌دهم. لکن او که بعد از من می‌آید از من تواناتر است که لایق برداشتن نعلین او نیستم؛ او شما را به روح‌القدس و آتش تعمید خواهد داد.
۱۲ او غربال خود را در دست دارد و خرمن خود را نیکو پاک کرده، گندم خویش را در انبار ذخیره خواهد نمود، ولی کاه را در آتشی که خاموشی نمی‌پذیرد خواهد سوزانید.
۱۳ آنگاه عیسی از جلیل به اُرْدُن نزد یحیی آمد تا از او تعمید یابد.
۱۴ امّا یحیی او را منع نموده، گفت، من احتیاج دارم که از تو تعمید یابم و تو نزد من می‌آیی؟
۱۵ عیسی در جواب وی گفت، الآن بگذار زیرا که ما را همچنین مناسب است تا تمام عدالت را به کمال رسانیم. پس او را واگذاشت.

۱۶ امّا عیسی چون تعمید یافت، فوراً از آب برآمد که در ساعت آسمان بر وی گشاده شد و روح خدا را دید که مثل کبوتری نزول کرده، بر وی می‌آید.

۱۷ آنگاه خطابی از آسمان در رسید که این است پسر حبیب من که از او خشنودم.

۴

۱ آنگاه عیسی به دست روح به بیابان برده شد تا ابلیس او را تجربه نماید.

۲ و چون چهل شبانه‌روز روزه داشت، آخر گرسنه گردید.

۳ پس تجربه‌کننده نزد او آمده، گفت، اگر پسر خدا هستی، بگو تا این سنگها نان شود.

۴ در جواب گفت، مکتوب است انسان نه محض نان زیست می‌کند، بلکه به هر کلمه‌ای که از دهان خدا صادر گردد.

۵ آنگاه ابلیس او را به شهر مقدّس برد و بر کنگره هیکل برپا داشته،

۶ به وی گفت، اگر پسر خدا هستی، خود را به زیر انداز، زیرا مکتوب است که فرشتگان خود را درباره تو فرمان دهد تا تو را به دستهای خود برگیرند، مبادا پایت به سنگی خورد.

۷ عیسی وی را گفت، و نیز مکتوب است خداوند خدای خود را تجربه مکن.

۸ پس ابلیس او را به کوهی بسیار بلند برد و همه ممالک جهان و جلال آنها را بدو نشان داده،

۹ به وی گفت، اگر افتاده مرا سجده کنی، همانا این همه را به تو بخشم.

۱۰ آنگاه عیسی وی را گفت، دور شو ای شیطان، زیرا مکتوب است که خداوند خدای خود را سجده کن و او را فقط عبادت نما.

۱۱ در ساعت ابلیس او را رها کرد و اینک، فرشتگان آمده، او را پرستاری می‌نمودند.

۱۲ و چون عیسی شنید که یحیی گرفتار شده است، به جلیل روانه شد،

۱۳ و ناصره را ترک کرده، آمد و به کفرناحوم، به کناره دریا در حدود زبولون و نفتالیم ساکن شد.

۱۴ تا تمام گردد آنچه به زبان اشعیای نبی گفته شده بود

۱۵ که، زمین زبولون و زمین نفتالیم، راه دریا آن طرف اُرْدُن، جلیلِ امّت‌ها؛

۱۶ قومی که در ظلمت ساکن بودند، نوری عظیم دیدند و برنشینندگان دیار موت و سایه آن نوری تابید.

۱۷ از آن هنگام عیسی به موعظه شروع کرد و گفت، توبه کنید زیرا ملکوت آسمان نزدیک است.

۱۸ و چون عیسی به کناره دریای جلیل می‌خرامید، دو برادر، یعنی شمعون مسمّی به پطرس و برادرش اندریاس را دید که دامی در دریا می‌اندازند، زیرا صیّاد بودند.

۱۹ بدیشان گفت، از عقب من آیید تا شما را صیّاد مردم گردانم.

۲۰ در ساعت دامها را گذارده، از عقب اوروانه شدند.

۲۱ و چون از آنجا گذشت، دو برادر دیگر یعنی یعقوب، پسر زِبِدی و برادرش یوحنّا را دید که در کشتی با پدر خویش زِبِدی، دامهای خود را اصلاح می‌کنند؛ ایشان را نیز دعوت نمود.

۲۲ در حال، کشتی و پدر خود را ترک کرده، از عقب او روانه شدند.

۲۳ و عیسی در تمام جلیل می‌گشت و در کنایس ایشان تعلیم داده، به بشارت ملکوت موعظه همی نمود و هر مرض و هر درد قوم را شفا می‌داد.

۲۴ و اسم او در تمام سوریّه شهرت یافت، و جمیع مریضانی که به انواع امراض و دردها مبتلا بودند و دیوانگان و مصروعان و مفلوجان را نزد او آوردند، و ایشان را شفا بخشید.

۲۵ و گروهی بسیار از جلیل و دیکاپولِس و اُورشلیم و یهودیّه و آن طرف اُرْدُن در عقب او روانه شدند.

۵

و گروهی بسیار دیده، بر فراز کوه آمد. و وقتی که او بنشست، شاگردانش نزد او حاضر شدند.

۲ آنگاه دهان خود را گشوده، ایشان را تعلیم داد و گفت،

۳ خوشابحال مسکینان در روح، زیرا ملکوت آسمان از آن ایشان است.

۴ خوشابحال ماتمیان، زیرا ایشان تسلّی خواهند یافت.

۵ خوشابحال حلیمان، زیرا ایشان وارث زمین خواهند شد.

۶ خوشابحال گرسنگان و تشنگان عدالت، زیرا ایشان سیر خواهند شد.

۷ خوشابحال رحم‌کنندگان، زیرا بر ایشان رحم کرده خواهد شد.

۸ خوشابحال پاکدلان، زیرا ایشان خدا را خواهند دید.

۹ خوشابحال صلح‌کنندگان، زیرا ایشان پسران خدا خوانده خواهند شد.

۱۰ خوشابحال زحمتکشان برای عدالت، زیرا ملکوت آسمان از آن ایشان است.

۱۱ خوشحال باشید چون شما را فحش گویند و جفا رسانند، و بخاطر من هر سخن بدی بر شما کاذبانه گویند.

۱۲ خوش باشید و شادی عظیم نمایید، زیرا اجر شما در آسمان عظیم است زیرا که به همینطور بر انبیای قبل از شما جفا می‌رسانیدند.

۱۳ شما نمک جهانید! لیکن اگر نمک فاسد گردد، به کدام چیز باز نمکین شود؟ دیگر مصرفی ندارد جز آنکه بیرون افکنده، پایمال مردم شود.

۱۴ شما نور عالمید. شهری که بر کوهی بنا شود، نتوان پنهان کرد.

۱۵ و چراغ را نمیافروزند تا آن را زیر پیمانه نهند، بلکه تا بر چراغدان گذارند؛ آنگاه به همه کسانی که در خانه باشند، روشنایی می‌بخشد.

۱۶ همچنین بگذارید نور شما بر مردم بتابد تا اعمال نیکوی شما را دیده، پدر شما را که در آسمان است تمجید نمایند

۱۷ گمان مبرید که آمده‌ام تا تورات یا صُحُف انبیا را باطل سازم. نیامده‌ام تا باطل نمایم، بلکه تا تمام کنم.

۱۸ زیرا هر آینه به شما می‌گویم، تا آسمان و زمین زایل نشود، همزه یا نقطه‌ای از تورات هرگز زایل نخواهد شد تا همه واقع شود.

۱۹ پس هر که یکی از این احکام کوچکترین را بشکند و به مردم چنین تعلیم دهد، در ملکوت آسمان کمترین شمرده شود. امّا هر که به عمل آورد و تعلیم نماید، او در ملکوت آسمان بزرگ خوانده خواهد شد.

۲۰ زیرا به شما می‌گویم، تا عدالت شما بر عدالت کاتبان و فریسیان افزون نشود، به ملکوت آسمان هرگز داخل نخواهید شد.

۲۱ شنیده‌اید که به اوّلین گفته شده است، قتل مکن؛ و هر که قتل کند سزاوار حکم شود.

۲۲ لیکن من به شما می‌گویم، هر که به برادر خود بی‌سبب خشم گیرد، مستوجب حکم باشد و هر که برادر خود را راقا گوید، مستوجب قصاص باشد و هر که احمق گوید، مستحّق آتش جهنّم بُوَد.

۲۳ پس هرگاه هدیه خود را به قربانگاه ببری و آنجا به خاطرت آید که برادرت بر تو حقّی دارد،

۲۴ هدیه خود را پیش قربانگاه واگذار و رفته، اوّل با برادر خویش صلح نما و بعد آمده، هدیه خود را بگذران.

۲۵ با مدّعی خود مادامی که با وی در راه هستی صلح کن، مبادا مدّعی، تو را به قاضی سپارد و قاضی، تو را به داروغه تسلیم کند و در زندان افکنده شوی.

۲۶ هرآینه به تو می‌گویم، که تا فَلس آخر را ادا نکنی، هرگز از آنجا بیرون نخواهی آمد.

۲۷ شنیده‌اید که به اوّلین گفته شده است، زنا مکن.

۲۸ لیکن من به شما می‌گویم، هر کس به زنی نظر شهوت اندازد، همان دم در دل خود با او زنا کرده است.

۲۹ پس اگر چشم راستت تو را بلغزاند، قلعش کن و از خود دور انداز زیرا تو را بهتر آن است که عضوی از اعضایت تباه گردد، از آنکه تمام بدنت در جهنّم افکنده شود.

۳۰ و اگر دست راستت تو را بلغزاند، قطعش کن و از خود دور انداز، زیرا تو را مفیدتر آن است که عضوی از اعضای تو نابود شود، از آنکه کلّ جسدت در دوزخ افکنده شود.

۳۱ و گفته شده است هر که از زن خود مفارقت جوید، طلاق نامه‌ای بدو بدهد.

۳۲ لیکن من به شما می‌گویم، هر کس بغیر علّت زنا، زن خود را از خود جدا کند باعث زنا کردن او می‌باشد، و هر که زن مُطَلّقه را نکاح کند، زنا کرده باشد.

۳۳ باز شنیده‌اید که به اوّلین گفته شده است که، قسم دروغ مخور، بلکه قسمهای خود را به خداوند وفا کن.

۳۴ لیکن من به شما می‌گویم،هرگز قسم مخورید، نه به آسمان زیرا که عرش خداست،

۳۵ و نه به زمین زیرا که پای‌انداز او است، و نه به اورْشلیم زیرا که شهر پادشاه عظیم است،

۳۶ و نه به سر خود قسم یاد کن، زیرا که مویی را سفید یا سیاه نمی‌توانی کرد.

۳۷ بلکه سخن شما بلی بلی و نی نی باشد زیرا که زیاده بر این از شریر است.

۳۸ شنیده‌اید که گفته شده است، چشمی به چشمی و دندانی به دندانی؛

۳۹ لیکن من به شما می‌گویم، با شریر مقاومت مکنید، بلکه هر که به رخساره راست تو طپانچه زند، دیگری را نیز به سوی او بگردان،
۴۰ و اگر کسی خواهد با تو دعوا کند و قبای تو را بگیرد، عبای خود را نیز بدو واگذار،
۴۱ و هرگاه کسی تو را برای یک میل مجبور سازد، دو میل همراه او برو.
۴۲ هر کس از تو سؤال کند، بدو ببخش و از کسی که قرض از تو خواهد، روی خود را مگردان.
۴۳ شنیده‌اید که گفته شده است، همسایه خود را محبّت نما و با دشمن خود عداوت کن.
۴۴ امّا من به شما می‌گویم که دشمنان خود را محبّت نمایید و برای لعن‌کنندگان خود برکت بطلبید و به آنانی که از شما نفرت
کنند، احسان کنید و به هر که به شما فحش دهد و جفا رساند، دعای خیر کنید،
۴۵ تا پدر خود را که در آسمان است پسران شوید، زیرا که آفتاب خود را بر بدان و نیکان طالع می‌سازد و باران بر عادلان و ظالمان
می‌باراند.
۴۶ زیرا هرگاه آنانی را محبّت نمایید که شما را محبّت می‌نمایند، چه اجر دارید؟ آیا باجگیران چنین نمی‌کنند؟
۴۷ و هرگاه برادران خود را فقط سلام گویید چه فضیلت دارید؟ آیا باجگیران چنین نمی‌کنند؟
۴۸ پس شما کامل باشید چنانکه پدر شما که در آسمان است کامل است.

۶

زنهار عدالت خود را پیش مردم بجا میاورید تا شما را ببینند، و الاّ نزد پدر خود که در آسمان است، اجری ندارید.
۲ پس چون صدقه دهی، پیش خود کَرِّنا منواز چنانکه ریاکاران در کنایس و بازارها می‌کنند، تا نزد مردم اکرام یابند. هرآینه به شما
می‌گویم اجر خود را یافته‌اند.
۳ بلکه تو چون صدقه دهی، دست چپ تو از آنچه دست راستت می‌کند مطلّع نشود،
۴ تا صدقه تو در نهان باشد و پدر نهان‌بینِ تو، تو را آشکارا اجر خواهد داد.
۵ و چون عبادت کنی، مانند ریاکاران مباش زیرا خوش دارند که در کنایس و گوشه‌های کوچه‌ها ایستاده، نماز گذارند تا مردم ایشان
را ببینند. هرآینه به شما می‌گویم اجر خود را تحصیل نموده‌اند.
۶ لیکن تو چون عبادت کنی، به حجره خود داخل شو و در را بسته، پدر خود را که در نهان است عبادت نما؛ و پدر نهان‌بینِ تو، تورا
آشکارا جزا خواهد داد.
۷ و چون عبادت کنید، مانند امّت‌ها تکرار باطل مکنید زیرا ایشان گمان می‌برند که به‌سبب زیاد گفتن مستجاب می‌شوند.
۸ پس مثل ایشان مباشید زیرا که پدر شما حاجات شما را می‌داند پیش از آنکه از او سؤال کنید.
۹ پس شما به اینطور دعا کنید، ای پدر ما که در آسمانی، نام تو مقدّس باد.
۱۰ ملکوت تو بیاید. اراده تو چنانکه در آسمان است، بر زمین نیز کرده شود.
۱۱ نان کفاف ما را امروز به ما بده.

۱۲ و قرضهای ما را ببخش چنانکه ما نیز قرضداران خود را می‌بخشیم.
۱۳ و ما را در آزمایش میاور، بلکه از شریر ما را رهایی ده. زیرا ملکوت و قوّت و جلال تا ابدالآباد از آن تو است، آمین.
۱۴ زیرا هرگاه تقصیرات مردم را بدیشان بیامرزید، پدر آسمانی شما، شما را نیز خواهد آمرزید.
۱۵ امّا اگر تقصیرهای مردم را نیامرزید، پدر شما هم تقصیرهای شما را نخواهد آمرزید.
۱۶ امّا چون روزه دارید، مانند ریاکاران ترشرو مباشید زیرا که صورت خویش را تغییر می‌دهند تا در نظر مردم روزه‌دار نمایند. هرآینه به شما می‌گویم اجر خود را یافته‌اند.
۱۷ لیکن تو چون روزه داری، سر خود را تدهین کن و روی خود را بشوی
۱۸ تا در نظر مردم روزه‌دار ننمایی، بلکه در حضور پدرت که در نهان است؛ و پدرنهان‌بینِ تو، تو را آشکارا جزا خواهد داد.
۱۹ گنجها برای خود بر زمین نیندوزید، جایی که بید و زنگ زیان می‌رساند و جایی که دزدان نَقْب می‌زنند و دزدی می‌نمایند.
۲۰ بلکه گنجها بجهت خود در آسمان بیندوزید، جایی که بید و زنگ زیان نمی‌رساند و جایی که دزدان نقب نمی‌زنند و دزدی نمی‌کنند.
۲۱ زیرا هرجا گنج تو است، دل تو نیز در آنجا خواهد بود.
۲۲ چراغ بدن چشم است؛ پس هرگاه چشمت بسیط باشد تمام بدنت روشن بُوَد؛
۲۳ امّا اگر چشم تو فاسد است، تمام جسدت تاریک می‌باشد. پس اگر نوری که در تو است ظلمت باشد، چه ظلمت عظیمی است!
۲۴ هیچ کس دو آقا را خدمت نمی‌تواند کرد، زیرا یا از یکی نفرت دارد و با دیگری محبّت، و یا به یکی می‌چسبد و دیگر را حقیر می‌شمارد. محال است که خدا و ممّونا را خدمت کنید.
۲۵ بنابراین به شما می‌گویم، از بهر جان خود اندیشه مکنید که چه خورید یا چه آشامید و نه برای بدن خود که چه بپوشید. آیا جان، از خوراک و بدن از پوشاک بهتر نیست؟
۲۶ مرغان هوا را نظر کنید که نه می‌کارند و نه می‌دروند و نه در انبارها ذخیره می‌کنند و پدر آسمانی شما آنها را می‌پروراند. آیا شما از آنها بمراتب بهتر نیستید؟
۲۷ و کیست از شما که به تفکّر بتواند ذراعی بر قامت خود افزاید؟
۲۸ و برای لباس چرا می‌اندیشید؟ در سوسنهای چمن تأمّل کنید، چگونه نموّ می‌کنند! نه محنت می‌کشند و نه می‌ریسند!
۲۹ لیکن به شما می‌گویم سلیمان هم با همهٔ جلال خود چون یکی از آنها آراسته نشد.
۳۰ پس اگر خدا علف صحرا را که امروز هست و فردا در تنور افکنده می‌شود چنین بپوشاند، ای کم‌ایمانان آیا نه شما را از طریق اُولیٰ؟
۳۱ پس اندیشه مکنید و مگویید چه بخوریم یا چه بنوشیم یا چه بپوشیم.
۳۲ زیرا که در طلب جمیع این چیزها امّت‌ها می‌باشند. امّا پدر آسمانی شما می‌داند که بدین همه‌چیز احتیاج دارید.
۳۳ لیکن اوّل ملکوت خدا و عدالت او را بطلبید که این همه برای شما مزید خواهد شد.
۳۴ پس در اندیشه فردا مباشید زیرا فردا اندیشه خود را خواهد کرد. بدی امروز برای امروز کافی است.

۷

۱ حکم مکنید تا بر شما حکم نشود.

۲ زیرا بدان طریقی که حکم کنید بر شما نیز حکم خواهد شد و بدان پیمانهای که پیمایید برای شما خواهند پیمود.

۳ و چون است که خس را در چشم برادر خود می‌بینی و چوبی را که در چشم خود داری نمی‌یابی؟

۴ یا چگونه به برادر خود می‌گویی، اجازت ده تا خس را از چشمت بیرون کنم، و اینک، چوب در چشم تو است؟

۵ ای ریاکار، اوّل چوب را از چشم خود بیرون کن، آنگاه نیک خواهی دید تا خس را از چشم برادرت بیرون کنی!

۶ آنچه مقدّس است، به سگان مدهید و نه مرواریدهای خود را پیش گرازان اندازید، مبادا آنها را پایمال کنند و برگشته، شما را بدرند.

۷ سؤال کنید که به شما داده خواهد شد؛ بطلبید که خواهید یافت؛ بکوبید که برای شما باز کرده خواهد شد.

۸ زیرا هر که سؤال کند، یابد و کسی که بطلبد، دریافت کند و هر که بکوبد برای او گشاده خواهد شد.

۹ و کدام آدمی است از شما که پسرش نانی از او خواهد و سنگی بدو دهد؟

۱۰ یا اگر ماهی خواهد ماری بدو بخشد؟

۱۱ پس هرگاه شما که شریر هستید، دادن بخششهای نیکو را به اولاد خود می‌دانید، چقدر زیاده پدر شما که در آسمان است چیزهای نیکو را به آنانی که از او سؤال می‌کنند خواهد بخشید!

۱۲ لهٰذا آنچه خواهید که مردم به شما کنند، شما نیز بدیشان همچنان کنید؛ زیرا این است تورات و صُحُف انبیا.

۱۳ از درِ تنگ داخل شوید. زیرا فراخ است آن در و وسیع است آن طریقی که مُؤَدّی به هلاکت است و آنانی که بدان داخل می‌شوند بسیارند.

۱۴ زیرا تنگ است آن در و دشوار است آن طریقی که مؤدّی به حیات است و یابندگان آن کمانند.

۱۵ امّا از انبیای کَذَبِه احتراز کنید، که به لباس میشها نزد شما می‌آیند ولی در باطن، گرگان درنده می‌باشند.

۱۶ ایشان را از میوه‌های ایشان خواهید شناخت. آیا انگور را از خار و انجیر را از خس می‌چینند؟

۱۷ همچنین هر درخت نیکو، میوه نیکو می‌آورد و درخت بد، میوه بد می‌آورد.

۱۸ نمی‌تواند درخت خوب میوه بد آوَرد، و نه درخت بد میوه نیکو آوَرَد.

۱۹ هر درختی که میوه نیکو نیاورد، بریده و در آتش افکنده شود.

۲۰ لهٰذا از میوه‌های ایشان، ایشان را خواهید شناخت.

۲۱ نه هر که مرا ،خداوند، خداوند، گوید داخل ملکوت آسمان گردد، بلکه آنکه اراده پدر مرا که در آسمان است بجا آورد.

۲۲ بسا در آن روز مرا خواهند گفت، خداوندا، خداوندا، آیا به نام تو نبوّت ننمودیم و به اسم تو دیوها را اخراج نکردیم و به نام تو معجزات بسیار ظاهر نساختیم؟

۲۳ آنگاه به ایشان صریحاً خواهم گفت که، هرگز شما را نشناختم! ای بدکاران از من دور شوید!

۲۴ پس هر که این سخنان مرا بشنود و آنها را بجا آرد، او را به مردی دانا تشبیه می‌کنم که خانه خود را بر سنگ بنا کرد.

۲۵ و باران باریده، سیلابها روان گردید و بادها وزیده، بدان خانه زورآور شد و خراب نگردید زیرا که بر سنگ بنا شده بود.

۲۶ و هر که این سخنان مرا شنیده، به آنها عمل نکرد، بهمردی نادان مانَد که خانه خود را بر ریگ بنا نهاد.

۲۷ و باران باریده، سیلابها جاری شد و بادها وزیده، بدان خانه زور آورد و خراب گردید و خرابی آن عظیم بود.

۲۸ و چون عیسی این سخنان را ختم کرد، آن گروه از تعلیم او در حیرت افتادند،

۲۹ زیرا که ایشان را چون صاحب قدرت تعلیم می‌داد و نه مثل کاتبان.

۸

۱ و چون او از کوه به زیر آمد، گروهی بسیار از عقب او روانه شدند.

۲ که ناگاه ابرصی آمد و او را پرستش نموده، گفت، ای خداوند اگر بخواهی، می‌توانی مرا طاهر سازی.

۳ عیسی دست آورده، او را لمس نمود و گفت، می‌خواهم؛ طاهر شو! که فوراً برص او طاهر گشت.

۴ عیسی بدو گفت، زنهار کسی را اطّلاع ندهی بلکه رفته، خود را به کاهن بنما و آن هدیه‌ای را که موسی فرمود، بگذران تا بجهت
ایشان شهادتی باشد.

۵ و چون عیسی وارد کفرناحوم شد، یوزباشی‌ای نزد وی آمد و بدو التماس نموده،

۶ گفت، ای خداوند، خادم من مفلوج در خانه خوابیده و به شدّت متألّم است.

۷ عیسی بدوگفت، من آمده، او را شفا خواهم داد.

۸ یوزباشی در جواب گفت، خداوندا، لایق آن نی‌ام که زیر سقف من آیی. بلکه فقط سخنی بگو و خادم من صحّت خواهد یافت.

۹ زیرا که من نیز مردی زیر حکم هستم و سپاهیان را زیر دست خود دارم؛ چون به یکی گویم برو، می‌رود و به دیگری بیا، می‌آید
و به غلام خود فلان کار را بکن، می‌کند.

۱۰ عیسی چون این سخن را شنید، متعجّب شده، به همراهان خود گفت، هرآینه به شما می‌گویم که چنین ایمانی در اسرائیل هم
نیافته‌ام.

۱۱ و به شما می‌گویم که بسا از مشرق و مغرب آمده، در ملکوت آسمان با ابراهیم و اسحاق و یعقوب خواهند نشست؛

۱۲ امّا پسران ملکوت بیرون افکنده خواهند شد، در ظلمت خارجی جایی که گریه و فشار دندان باشد.

۱۳ پس عیسی به یوزباشی گفت، برو، بر وفق ایمانت تو را عطا شود، که در ساعت خادم او صحّت یافت.

۱۴ و چون عیسی به خانه پطرس آمد، مادر زنِ او را دید که تب کرده، خوابیده است.

۱۵ پس دست او را لمس کرد و تب او را رها کرد. پس برخاسته، به خدمتگزاری ایشان مشغول گشت.

۱۶ امّا چون شام شد، بسیاری از دیوانگان را به نزد او آوردند و محض سخنی ارواح را بیرون کرد و همه مریضان را شفا بخشید.

۱۷ تا سخنی که به زبان اشعیای نبی گفته شده بود تمام گردد که اوضعفهای ما را گرفت و مرضهای ما را برداشت.

۱۸ چون عیسی جمعی کثیر دور خود دید، فرمان داد تا به کناره دیگر روند.

۱۹ آنگاه کاتبی پیش آمده، بدو گفت، استادا هرجا روی، تو را متابعت کنم.

۲۰ عیسی بدو گفت، روباهان را سوراخها و مرغان هوا را آشیانه‌ها است. لیکن پسر انسان را جای سر نهادن نیست.

۲۱ و دیگری از شاگردانش بدو گفت، خداوندا اوّل مرا رخصت ده تا رفته، پدر خود را دفن کنم.

۲۲ عیسی وی را گفت، مرا متابعت کن و بگذار که مردگان، مردگان خود را دفن کنند.

۲۳ چون به کشتی سوار شد، شاگردانش از عقب او آمدند.

۲۴ ناگاه اضطراب عظیمی در دریا پدید آمد، بحدیّ که امواج، کشتی را فرو می‌گرفت؛ و او در خواب بود.

۲۵ پس شاگردان پیش آمده، او را بیدار کرده، گفتند، خداوندا، ما را دریاب که هلاک می‌شویم!

۲۶ بدیشان گفت، ای کم ایمانان، چرا ترسان هستید؟ آنگاه برخاسته، بادها و دریا را نهیب کرد که آرامی کامل پدید آمد.

۲۷ امّا آن اشخاص تعجّب نموده، گفتند، این چگونه مردی است که بادها و دریا نیز او را اطاعت می‌کنند!

۲۸ و چون به آن کناره در زمین جَرْجِسیان رسید، دو شخص دیوانه از قبرها بیرون شده، بدو برخوردند و به‌حدّی تندخوی بودند که هیچ‌کس از آن راه نتوانستی عبور کند.

۲۹ در ساعت فریاد کرده، گفتند، یا عیسی ابنالله، ما را با تو چه کار است؟ مگر در اینجا آمده‌ای تا ما را قبل از وقت عذاب کنی؟

۳۰ و گله گراز بسیاری دور از ایشان می‌چرید.

۳۱ دیوها از وی استدعا نموده، گفتند، هرگاه ما را بیرون کنی، در گله گرازان ما را بفرست.

۳۲ ایشان را گفت، بروید! در حال بیرون شده، داخل گله گرازان گردیدند که فی‌الفور همه آن گرازان از بلندی به دریا جسته، در آب هلاک شدند.

۳۳ امّا شبانان گریخته، به شهر رفتند و تمام آن حادثه و ماجرای دیوانگان را شهرت دادند.

۳۴ و اینک، تمام شهر برای ملاقات عیسی بیرون آمد. چون او را دیدند، التماس نمودند که از حدود ایشان بیرون رود.

۹

پس به کشتی سوار شده، عبور کرد و به شهر خویش آمد.

۲ ناگاه مفلوجی را بر بستر خوابانیده، نزد وی آوردند. چون عیسی ایمان ایشان را دید، مفلوج را گفت، ای فرزند، خاطر جمع دار که گناهانت آمرزیده شد.

۳ آنگاه بعضی از کاتبان با خود گفتند، اینشخص کفر می‌گوید.

۴ عیسی خیالات ایشان را درک نموده، گفت، از بهر چه خیالات فاسد به‌خاطر خود راه می‌دهید؟

۵ زیرا کدام سهلتر است، گفتن اینکه گناهان تو آمرزیده شد یا گفتن آنکه برخاسته بخرام؟

۶ لیکن تا بدانید که پسر انسان را قدرت آمرزیدن گناهان بر روی زمین هست. آنگاه مفلوج را گفت، برخیز و بستر خود را برداشته، به خانه خود روانه شو!

۷ در حال برخاسته، به خانه خود رفت!

۸ و آن گروه چون این عمل را دیدند، متعجّب شده، خدایی را که این نوع قدرت به مردم عطا فرموده بود، تمجید نمودند.

۹ چون عیسی از آنجا می‌گذشت، مردی را مسمّی به متّی به باجگاه نشسته دید. بدو گفت، مرا متابعت کن. در حال برخاسته، از عقب وی روانه شد.

۱۰ و واقع شد چون او در خانه به غذا نشسته بود که جمعی از باجگیران و گناهکاران آمده، با عیسی و شاگردانش بنشستند.

۱۱ و فریسیان چون دیدند، به شاگردان او گفتند، چرا استاد شما با باجگیران و گناهکاران غذا می‌خورد؟

۱۲ عیسی چون شنید، گفت، نه تندرستان، بلکه مریضان احتیاج به طبیب دارند.

۱۳ لکن رفته، این را دریافت کنید که، رحمت می‌خواهم نه قربانی؛ زیرا نیامده‌ام تا عادلان را، بلکه گناهکاران را به توبه دعوت نمایم.

۱۴ آنگاه شاگردان یحیی نزد وی آمده، گفتند، چون است که ما و فریسیان روزه بسیار می‌داریم، لکن شاگردان تو روزه نمی‌دارند؟

۱۵ عیسی بدیشان گفت، آیا پسران خانه عروسی، مادامی که داماد با ایشان است، می‌توانند ماتم کنند؟ و لکن ایّامی می‌آید که داماد از ایشان گرفته شود؛ در آن هنگام روزه خواهند داشت.

۱۶ و هیچ‌کس بر جامه کهنه پاره‌ای از پارچه نو وصله نمی‌کند زیرا که آن وصله از جامه جدا می‌گردد و دریدگی بدتر می‌شود.

۱۷ و شراب نو را در مَشکهای کهنه نمی‌ریزند والاّ مَشکها دریده شده، شراب ریخته و مشکها تباه گردد. بلکه شراب نو را در مشکهای نو می‌ریزند تا هر دو محفوظ باشد.

۱۸ او هنوز این سخنان را بدیشان می‌گفت که ناگاه رئیسی آمد و او را پرستش نموده، گفت، اکنون دختر من مرده است. لکن بیا و دست خود را بر وی گذار که زیست خواهد کرد.

۱۹ پس عیسی به اتّفاق شاگردان خود برخاسته، از عقب او روانه شد.

۲۰ و اینک، زنی که مدّت دوازده سال به مرض استحاضه مبتلا می‌بود، از عقب او آمده، دامن ردای او را لمس نمود،

۲۱ زیرا با خود گفته بود، اگر محض ردایش را لمس کنم، هرآینه شفا یابم.

۲۲ عیسی برگشته، نظر بر وی انداخته، گفت، ای دختر، خاطرجمع باش زیرا که ایمانت تو را شفا داده است! در ساعت آن زن رستگار گردید.

۲۳ و چون عیسی به خانهٔ رئیس در آمد، نوحه‌گران و گروهی از شورشکنندگان را دیده،

۲۴ بدیشان گفت، راه دهید، زیرا دختر نمرده، بلکه در خواب است. ایشان بر وی سُخریّه کردند.

۲۵ امّا چون آن گروه بیرون شدند، داخل شده، دست آن دختر را گرفت که در ساعت برخاست.

۲۶ و این کار در تمام آن مرزوبوم شهرت یافت.

۲۷ و چون عیسی از آن مکان می‌رفت، دو کور فریادکنان در عقب او افتاده، گفتند، پسر داودا، بر ما ترحّم کن!

۲۸ و چون به خانه در آمد، آن دو کور نزد او آمدند. عیسی بدیشان گفت، آیا ایمان دارید که این کار را می‌توانم کرد؟ گفتندش، بلی خداوندا.

۲۹ در ساعت چشمان ایشان را لمس کرده، گفت، بر وفق ایمانتان به شما بشود.

۳۰ در حال چشمانشان باز شد و عیسی ایشان را به تأکید فرمود که زنهار کسی اطّلاع نیابد.

۳۱ امّا ایشان بیرون رفته، او را در تمام آن نواحی شهرت دادند.

۳۲ و هنگامی که ایشان بیرون می‌رفتند، ناگاه دیوانهای گنگ را نزد او آوردند.

۳۳ و چون دیو بیرون شد، گنگ، گویا گردید و همه در تعجّب شده، گفتند، در اسرائیل چنین امر هرگز دیده نشده بود.

۳۴ لیکن فریسیان گفتند، به‌واسطه رئیس دیوها، دیوها را بیرون می‌کند.

۳۵ و عیسی در همه شهرها و دهات گشته، درکنایس ایشان تعلیم داده، به بشارت ملکوت موعظه می‌نمود و هر مرض و رنج مردم را شفا می‌داد.

۳۶ و چون جمعی کثیر دید، دلش بر ایشان بسوخت زیرا که مانند گوسفندانِ بی‌شبان، پریشانحال و پراکنده بودند.

۳۷ آنگاه به شاگردان خود گفت، حصاد فراوان است لیکن عَمَله کم.

۳۸ پس از صاحب حصاد استدعا نمایید تا عَمَله در حصاد خود بفرستد.

و دوازده شاگرد خود را طلبیده، ایشانرا بر ارواح پلید قدرت داد که آنها را بیرون کنند و هر بیماری و رنجی را شفا دهند.

۲ و نامهای دوازده رسول این است، اوّل شمعون معروف به پطرس و برادرش اندریاس؛ یعقوببن زِبدی و برادرش یوحنّا؛

۳ فِیلپّس و برتولما؛ توما و متّای باجگیر؛ یعقوب بن حلفی و لبی معروف به تدّی؛

۴ شمعون قانوی و یهودای اسخریوطی که او را تسلیم نمود.

۵ این دوازده را عیسی فرستاده، بدیشان وصیّت کرده، گفت، از راه امّتها مروید و در بَلَدی از سامریان داخل مشوید،

۶ بلکه نزد گوسفندان گمشده اسرائیل بروید.

۷ و چون میروید، موعظه کرده، گویید که ملکوت آسمان نزدیک است.

۸ بیماران را شفا دهید، ابرصان را طاهر سازید، مردگان را زنده کنید، دیوها را بیرون نمایید. مفت یافتهاید، مفت بدهید.

۹ طلا یا نقره یامس در کمرهای خود ذخیره مکنید،

۱۰ و برای سفر، توشهدان یا دو پیراهن یا کفشها یا عصا برندارید، زیرا که مزدور مستحّق خوراک خود است.

۱۱ و در هر شهری یا قریهای که داخل شوید، بپرسید که در آنجا که لیاقت دارد؛ پس در آنجا بمانید تا بیرون روید.

۱۲ و چون به خانهای درآیید، بر آن سلام نمایید؛

۱۳ پس اگر خانه لایق باشد، سلام شما بر آن واقع خواهد شد و اگر نالایق بُوَد، سلام شما به شما خواهد برگشت.

۱۴ و هر که شما را قبول نکند یا به سخن شما گوش ندهد، از آن خانه یا شهر بیرون شده، خاک پایهای خود را برافشانید.

۱۵ هرآینه به شما میگویم که در روز جزا حالت زمین سدوم و غموره از آن شهر سهلتر خواهد بود.

۱۶ هان، من شما را مانند گوسفندان در میان گرگان میفرستم؛ پس مثل مارها هوشیار و چون کبوتران ساده باشید.

۱۷ امّا از مردم برحذر باشید، زیرا که شما را به مجلسها تسلیم خواهند کرد و در کنایس خود شما را تازیانه خواهند زد،

۱۸ و در حضور حکّام و سلاطین، شما را بخاطر من خواهند برد تا بر ایشان و بر امّتها شهادتی شود.

۱۹ امّا چون شما را تسلیم کنند، اندیشه مکنید که چگونه یا چه بگویید زیرا در همان ساعت به شما عطا خواهد شد که چه باید
گفت،

۲۰ زیرا گوینده شما نیستید، بلکه روح پدر شما، در شما گوینده است.

۲۱ و برادر، برادر را و پدر، فرزند را به موت تسلیم خواهند کرد و فرزندان بر والدین خود برخاسته، ایشان را به قتل خواهند رسانید؛

۲۲ و بجهت اسم من، جمیع مردم از شما نفرت خواهند کرد. لیکن هر که تا به آخر صبر کُند، نجات یابد.

۲۳ و وقتی که در یک شهر بر شما جفا کنند، به دیگری فرار کنید زیرا هرآینه به شما میگویم تا پسر انسان نیاید، از همهٔ شهرهای
اسرائیل نخواهید پرداخت.

۲۴ شاگرد از معلّم خود افضل نیست و نه غلام از آقایش برتر.

۲۵ کافی است شاگرد را که چون استاد خویش گردد و غلام را که چون آقای خود شود. پس اگر صاحب خانه را بَعْلْزَبُول خواندند،
چقدر زیادتر اهل خانهاش را.
۲۶ لهذا از ایشان مترسید زیرا چیزی مستور نیست که مکشوف نگردد و نه مجهولی که معلوم نشود.
۲۷ آنچه در تاریکی به شما می‌گویم، در روشنایی بگویید، و آنچه در گوش شنوید بر بامها موعظه کنید.
۲۸ و از قاتلان جسم که قادر بر کشتن روح نیاند، بیم مکنید، بلکه از او بترسید که قادر است بر هلاک کردن روح و جسم را نیز در
جهنّم.
۲۹ آیا دو گنجشک به یک فَلس فروخته نمی‌شود؟ و حال آنکه یکی از آنها جز به حکم پدر شما به زمین نمی‌افتد.
۳۰ لیکن همه مویهای سر شما نیز شمرده شده است.
۳۱ پس ترسان مباشید زیرا شما از گنجشکان بسیار افضل هستید.
۳۲ پس هر که مرا پیش مردم اقرار کند، من نیز در حضور پدر خود که در آسمان است، او را اقرار خواهم کرد.
۳۳ امّا هر که مرا پیش مردم انکار نماید، من هم در حضور پدر خود که درآسمان است او را انکار خواهم نمود.
۳۴ گمان مبرید که آمده‌ام تا سلامتی بر زمین بگذارم. نیامده‌ام تا سلامتی بگذارم، بلکه شمشیر را.
۳۵ زیرا که آمده‌ام تا مرد را از پدر خود و دختر را از مادر خویش و عروس را از مادر شوهرش جدا سازم.
۳۶ و دشمنان شخص، اهل خانهٔ او خواهند بود.
۳۷ و هر که پدر یا مادر را بیش از من دوست دارد، لایق من نباشد و هر که پسر یا دختر را از من زیاده دوست دارد، لایق من نباشد.
۳۸ و هر که صلیب خود را برنداشته، از عقب من نیاید، لایق من نباشد.
۳۹ هر که جان خود را دریابد، آن را هلاک سازد و هر که جان خود را بخاطر من هلاک کرد، آن را خواهد دریافت.
۴۰ هر که شما را قبول کند، مرا قبول کرده و کسی که مرا قبول کرده، فرستنده مرا قبول کرده باشد.
۴۱ و آنکه نبیای را به اسم نبی پذیرد، اجرت نبی یابد و هر که عادلی را به اسم عادلی پذیرفت، مزد عادل را خواهد یافت.
۴۲ و هر که یکی از این صغار را کاسهای از آب سرد محض نام شاگرد نوشاند، هرآینه به شما می‌گویم اجر خود را ضایع نخواهد
ساخت.

۱۱

۱ و چون عیسی این وصیّت را با دوازده‌شاگرد خود به اتمام رسانید، از آنجا روانه شد تا در شهرهای ایشان تعلیم دهد و موعظه
نماید.
۲ و چون یحیی در زندان، اعمال مسیح را شنید، دو نفر از شاگردان خود را فرستاده،
۳ بدوگفت، آیا آن آینده تویی یا منتظر دیگری باشیم؟
۴ عیسی در جواب ایشان گفت، بروید و یحیی را از آنچه شنیده و دیده‌اید، اطّلاع دهید

۵ که کوران بینا می‌گردند و لنگان به رفتار می‌آیند و ابرصان طاهر و کران شنوا و مردگان زنده می‌شوند و فقیران بشارت می‌شنوند؛

۶ و خوشابحال کسی که در من نلغزد.

۷ و چون ایشان می‌رفتند، عیسی با آن جماعت دربارهٔ یحیی آغاز سخن کرد که بجهت دیدن چه چیز به بیابان رفته بودید؟ آیا نیی را که از باد در جنبش است؟

۸ بلکه بجهت دیدن چه چیز بیرون شدید؟ آیا مردی را که لباس فاخر در بر دارد؟ اینک، آنانی که رخت فاخر می‌پوشند در خانه‌های پادشاهان می‌باشند.

۹ لیکن بجهت دیدن چه چیز بیرون رفتید؟ آیا نبی را؟ بلی به شما می‌گویم از نبی افضلی را!

۱۰ زیرا همان است آنکه دربارهٔ او مکتوب است، اینک، من رسول خود را پیش روی تو می‌فرستم تا راه تو را پیش روی تو مهیّا سازد.

۱۱ هرآینه به شما می‌گویم که از اولاد زنان، بزرگتری از یحیی تعمیددهنده برنخاست، لیکن کوچکتر در ملکوت آسمان از وی بزرگتر است.

۱۲ و از ایّام یحیی تعمیددهنده تا الآن، ملکوت آسمان مجبور می‌شود و جبّاران آن را به زور می‌ربایند.

۱۳ زیرا جمیع انبیا و تورات تا یحیی اخبار می‌نمودند.

۱۴ و اگر خواهید قبول کنید، همان است الیاس که باید بیاید.

۱۵ هر که گوش شنوا دارد بشنود.

۱۶ لیکن این طایفه را به چه چیز تشبیه نمایم؟ اطفالی را مانند که در کوچه‌ها نشسته، رفیقان خویش را صدا زده،

۱۷ می‌گویند، برای شما نی نواختیم، رقص نکردید؛ نوحه‌گری کردیم، سینه نزدید.

۱۸ زیرا که یحیی آمد، نه می‌خورد و نه می‌آشامید، می‌گویند دیو دارد.

۱۹ پسر انسان آمد که می‌خورَد و می‌نوشد، می‌گویند، اینک، مردی پرخور و می‌گسار و دوست باجگیران و گناهکاران است. لیکن حکمت از فرزندان خود تصدیق کرده شده است.

۲۰ آنگاه شروع به ملامت نمود بر آن شهرهایی که اکثر از معجزات وی در آنها ظاهر شد زیرا که توبه نکرده بودند،

۲۱ وای بر تو ای خورَزین! وای بر تو ای بیتصیدا! زیرا اگر معجزاتی که در شما ظاهر گشت، در صور و صیدون ظاهر می‌شد، هرآینه مدّتی در پلاس و خاکستر توبه می‌نمودند.

۲۲ لیکن به شما می‌گویم که در روز جزا حالت صور و صیدون از شما سهلتر خواهد بود.

۲۳ و تو ای کفرناحوم که تا به فلک سرافراشته‌ای، به جهنّم سرنگون خواهی شد زیرا هرگاه معجزاتی که در تو پدید آمد در سدوم ظاهر می‌شد، هرآینه تا امروز باقی می‌ماند.

۲۴ لیکن به شما می‌گویم که در روز جزا حالت زمین سدوم از تو سهلتر خواهد بود.

۲۵ در آن وقت، عیسی توجّه نموده، گفت، ای پدر، مالک آسمان و زمین، تو را ستایش می‌کنم که این امور را از دانایان و خردمندان پنهان داشتی و به کودکان مکشوف فرمودی!

۲۶ بلی ای پدر، زیرا که همچنین منظور نظر تو بود.

۲۷ پدر همه‌چیز را به من سپرده است و کسی پسر رانمی‌شناسد بجز پدر و نه پدر را هیچ کس می‌شناسد غیر از پسر و کسی که پسر بخواهد بدو مکشوف سازد.

۲۸ بیایید نزد من ای تمام زحمتکشان و گرانباران و من شما را آرامی خواهم بخشید.

۲۹ یوغ مرا بر خود گیرید و از من تعلیم یابید زیرا که حلیم و افتاده‌دل می‌باشم و در نفوس خود آرامی خواهید یافت؛

۳۰ زیرا یوغ من خفیف است و بار من سبک.

۱۲

در آن زمان، عیسی در روز سَبَّت از میان کشتزارها می‌گذشت و شاگردانش چون گرسنه بودند، به چیدن و خوردن خوشه‌ها آغاز کردند.

۲ امّا فریسیان چون این را دیدند، بدو گفتند، اینک، شاگردان تو عملی می‌کنند که کردن آن در سَبَّت جایز نیست.

۳ ایشان را گفت، مگر نخوانده‌اید آنچه داود و رفیقانش کردند، وقتی که گرسنه بودند؟

۴ چه طور به خانه خدا در آمده، نانهای تَقْدِمه را خورد که خوردن آن بر او و رفیقانش حلال نبود، بلکه بر کاهنان فقط.

۵ یا در تورات نخوانده‌اید که در روزهای سَبَّت، کَهَنه در هیکل سَبَّت را حرمت نمی‌دارند و بی‌گناه هستند؟

۶ لیکن به شما می‌گویم که در اینجا شخصی بزرگتر از هیکل است!

۷ و اگر این معنی را درک می‌کردید که، رحمت می‌خواهم نه قربانی، بی‌گناهان را مذمّت نمی‌نمودید.

۸ زیرا که پسر انسان مالک روز سَبَّت نیز است.

۹ و از آنجا رفته، به کنیسه ایشان درآمد،

۱۰ که ناگاه شخص دست خشکی حاضر بود. پس از وی پرسیده، گفتند، آیا در روز سَبَّت شفا دادن جایز است یا نه؟ تا ادّعایی بر او وارد آورند.

۱۱ وی به ایشان گفت، کیست از شما که یک گوسفند داشته باشد و هرگاه آن در روز سَبَّت به حفره‌ای افتد، او را نخواهد گرفت و بیرون آورد؟

۱۲ پس چقدر انسان از گوسفند افضل است. بنابراین در سَبَّتها نیکویی کردن روا است.

۱۳ آنگاه آن مرد را گفت، دست خود را دراز کن! پس دراز کرده، مانند دیگری صحیح گردید.

۱۴ امّا فریسیان بیرون رفته، بر او شورا نمودند که چطور او را هلاک کنند.

۱۵ عیسی این را درک نموده، از آنجا روانه شد و گروهی بسیار از عقب او آمدند. پس جمیع ایشان را شفا بخشید،

۱۶ و ایشان را قدغن فرمود که او را شهرت ندهند.

۱۷ تا تمام گردد کلامی که به زبان اشعیای نبی گفته شده بود،

۱۸ اینک، بنده من که او را برگزیدم و حبیب من که خاطرم از وی خرسند است. روح خود را بر وی خواهم نهاد تا انصاف را بر امّت‌ها اشتهار نماید.

۱۹ نزاع و فغان نخواهد کرد و کسی آواز او را در کوچه‌ها نخواهد شنید.

۲۰ نی خرد شده را نخواهدشکست و فتیله نیمسوخته را خاموش نخواهد کرد تا آنکه انصاف را به نصرت برآورد.

۲۱ و به نام او امّت‌ها امید خواهند داشت.

۲۲ آنگاه دیوانه‌ای کور و گنگ را نزد او آوردند و او را شفا داد چنانکه آن کور و گنگ، گویا و بینا شد.

۲۳ و تمام آن گروه در حیرت افتاده، گفتند، آیا این شخص پسر داود نیست؟

۲۴ لیکن فریسیان شنیده، گفتند، این شخص دیوها را بیرون نمی‌کند مگر به یاری بَعْلْزَبول، رئیس دیوها!

۲۵ عیسی خیالات ایشان را درک نموده، بدیشان گفت، هر مملکتی که بر خود منقسم گردد، ویران شود و هر شهری یا خانه‌ای که بر خود منقسم گردد، برقرار نماند.

۲۶ لهذا اگر شیطان، شیطان را بیرون کند، هرآینه بخلاف خود منقسم گردد. پس چگونه سلطنتش پایدار ماند؟

۲۷ و اگر من به وساطت بَعْلْزَبول دیوها را بیرون می‌کنم، پسران شما آنها را به یاری کِه بیرون می‌کنند؟ از این جهت ایشان بر شما داوری خواهند کرد.

۲۸ لیکن هرگاه من به روح خدا دیوها را اخراج می‌کنم، هرآینه ملکوت خدا بر شما رسیده است.

۲۹ و چگونه کسی بتواند در خانه شخصی زورآور درآید و اسباب او را غارت کند، مگر آنکه اوّل آن زورآور را ببندد و پس خانه او را تاراج کند؟

۳۰ هر که با من نیست، برخلاف من است و هر که با من جمع نکند، پراکنده سازد.

۳۱ از این رو، شما را می‌گویم هرنوع گناه و کفر از انسان آمرزیده می‌شود، لیکن کفر به روح‌القدس از انسان عفو نخواهد شد.

۳۲ و هرکه برخلاف پسر انسان سخنی گوید، آمرزیده شود امّا کسی که برخلاف روح‌القدس گوید، در این عالم و در عالم آینده، هرگز آمرزیده نخواهد شد.

۳۳ یا درخت را نیکو گردانید و میوه‌اش را نیکو، یا درخت را فاسد سازید و میوه‌اش را فاسد، زیرا که درخت از میوه‌اش شناخته می‌شود.

۳۴ ای افعی‌زادگان، چگونه می‌توانید سخن نیکو گفت و حال آنکه بد هستید زیرا که زبان از زیادتی دل سخن می‌گوید.

۳۵ مرد نیکو از خزانه نیکوی دل خود، چیزهای خوب برمی‌آورد و مرد بد از خزانه بد، چیزهای بد بیرون می‌آورد.

۳۶ لیکن به شما می‌گویم که هر سخن باطل که مردم گویند، حساب آن را در روز داوری خواهند داد.

۳۷ زیرا که از سخنان خود عادل شمرده خواهی شد و از سخنهای تو بر تو حکم خواهد شد.

۳۸ آنگاه بعضی از کاتبان و فریسیان در جواب او گفتند، ای استاد می‌خواهیم از تو آیتی بینیم.

۳۹ او در جواب ایشان گفت، فرقه شریر و زناکار آیتی می‌طلبند و بدیشان جز آیت یونس نبی داده نخواهد شد.

۴۰ زیرا همچنانکه یونس سه شبانه‌روز در شکم ماهی ماند، پسر انسان نیز سه شبانه‌روز در شکم زمین خواهد بود.

۴۱ مردمان نِینَوا در روز داوری با این طایفه برخاسته، بر ایشان حکمخواهند کرد زیرا که به موعظه یونس توبه کردند و اینک، بزرگتری از یونس در اینجا است.

۴۲ مَلِکَه جنوب در روز داوری با این فرقه برخاسته، بر ایشان حکم خواهد کرد زیرا که از اقصای زمین آمد تا حکمت سلیمان را بشنود، و اینک، شخصی بزرگتر از سلیمان در اینجا است.

۴۳ و وقتی که روح پلید از آدمی بیرون آید، در طلب راحت به جایهای بی‌آب گردش می کند و نمی‌یابد.

۴۴ پس می‌گوید، به خانه خود که از آن بیرون آمدم برمی‌گردم؛ و چون آید، آن را خالی و جاروب شده و آراسته می‌بیند.

۴۵ آنگاه می‌رود و هفت روح دیگر بدتر از خود را برداشته، می‌آورد و داخل گشته، ساکن آنجا می‌شوند و انجام آن شخص بدتر از آغازش می‌شود. همچنین به این فرقه شریر خواهد شد.

۴۶ او با آن جماعت هنوز سخن می‌گفت که ناگاه مادر و برادرانش در طلب گفتگوی وی بیرون ایستاده بودند.

۴۷ و شخصی وی را گفت، اینک، مادر تو و برادرانت بیرون ایستاده، می‌خواهند با تو سخن گویند.

۴۸ در جواب قایل گفت، کیست مادر من و برادرانم کیانند؟

۴۹ و دست خود را به سوی شاگردان خود دراز کرده، گفت، اینانند مادر من و برادرانم.

۵۰ زیرا هر که اراده پدر مرا که در آسمان است بجا آوَرَد، همان برادر و خواهر و مادر من است.

۱۳

و در همان روز، عیسی از خانه بیرون آمده، به کناره ٔ دریا نشست

۲ و گروهی بسیار بر وی جمع آمدند، بقسمی که او به کشتی سوار شده، قرار گرفت و تمامی آن گروه بر ساحل ایستادند؛

۳ و معانی بسیار به مَثَلها برای ایشان گفت، وقتی برزگری بجهت پاشیدنِ تخم بیرون شد.

۴ و چون تخم می‌پاشید، قدری در راه افتاد و مُرغان آمده، آن را خوردند.

۵ و بعضی بر سنگلاخ جایی که خاک زیاد نداشت افتاده، بزودی سبز شد، چونکه زمین عمق نداشت،

۶ و چون آفتاب برآمد بسوخت و چون ریشه نداشت خشکید.

۷ و بعضی در میان خارها ریخته شد و خارها نمّو کرده، آن را خفه نمود.

۸ و برخی در زمین نیکو کاشته شده، بار آورد، بعضی صد و بعضی شصت و بعضی سی.

۹ هر که گوش شنوا دارد بشنود.

۱۰ آنگاه شاگردانش آمده، به وی گفتند، از چه جهت با اینها به مَثَلها سخن می‌رانی؟

۱۱ در جواب ایشان گفت، دانستن اَسرار ملکوت آسمان به شما عطا شده است، لیکن بدیشان عطا نشده،

۱۲ زیرا هر که دارد بدو داده شود و افزونی یابد. امّا کسی که ندارد آنچه دارد هم از او گرفته خواهد شد.

۱۳ از این جهت با اینها به مَثَلها سخنمی‌گویم که نگرانند و نمی‌بینند و شنوا هستند و نمی‌شنوند و نمی‌فهمند.

۱۴ و در حقّ ایشان نبوّت اشعیا تمام می‌شود که می‌گوید، به سمع خواهید شنید و نخواهید فهمید و نظر کرده، خواهید نگریست و نخواهید دید.

۱۵ زیرا قلب این قوم سنگین شده و به گوشها به سنگینی شنیده‌اند و چشمان خود را بر هم نهاده‌اند، مبادا به چشمها ببینند و به گوشها بشنوند و به دلها بفهمند و بازگشت کنند و من ایشان را شفا دهم.

۱۶ لیکن خوشابحال چشمان شما زیرا که می‌بینند و گوشهای شما زیرا که می‌شنوند

۱۷ زیرا هرآینه به شما می‌گویم بسا انبیا و عادلان خواستند که آنچه شما می‌بینید، ببینند و ندیدند و آنچه می‌شنوید، بشنوند و نشنیدند.

۱۸ پس شما مَثَل برزگر را بشنوید.

۱۹ کسی که کلمه ملکوت را شنیده، آن را نفهمید، شریر می‌آید و آنچه در دل او کاشته شده است می‌رباید، همان است آنکه در راه کاشته شده است.

۲۰ و آنکه بر سنگلاخ ریخته شد، اوست که کلام را شنیده، فی‌الفور به خشنودی قبول می‌کند،

۲۱ و لکن ریشه‌ای در خود ندارد، بلکه فانی است و هرگاه سختی یا صدمه‌ای به‌سبب کلام بر او وارد آید، در ساعت لغزش می‌خورد.

۲۲ و آنکه در میان خارها ریخته شد، آن است که کلام را بشنود واندیشه این جهان و غرور دولت، کلام را خفه کند و بی‌ثمر گردد.

۲۳ و آنکه در زمین نیکو کاشته شد، آن است که کلام را شنیده، آن را می‌فهمد و بارآور شده، بعضی صد و بعضی شصت و بعضی سی ثمر می‌آورد.

۲۴ و مَثَلی دیگر بجهت ایشان آورده، گفت، ملکوت آسمان مردی را ماند که تخم نیکو در زمین خود کاشت،

۲۵ و چون مردم در خواب بودند دشمنش آمده، در میان گندم، کرکاس ریخته، برفت.

۲۶ و وقتی که گندم رویید و خوشه برآورد، کرکاس نیز ظاهر شد.

۲۷ پس نوکران صاحب خانه آمده، به وی عرض کردند، ای آقا مگر تخم نیکو در زمین خویش نکاشتهای؟ پس از کجا کرکاس بهم رسانید؟

۲۸ ایشان را فرمود، این کار دشمن است. عرض کردند، آیا می‌خواهی برویم آنها را جمع کنیم؟

۲۹ فرمود، نی، مبادا وقت جمع کردن کرکاس، گندم را با آنها بَرکَنید.

۳۰ بگذارید که هر دو تا وقت حصاد با هم نمّو کنند و در موسم حصاد، دروگران را خواهم گفت که، اوّل کرکاسها را جمع کرده، آنها را برای سوختن بافه‌ها ببندید امّا گندم را در انبار من ذخیره کنید.

۳۱ بار دیگر مَثَلی برای ایشان زده، گفت، ملکوت آسمان مثل دانه خردلی است که شخصی گرفته، در مزرعه خویش کاشت.

۳۲ و هرچند از سایر دانه‌ها کوچکتر است، ولی چون نمّو کند بزرگترین بقول است و درختی می‌شود چنانکه مرغان هوا آمده در شاخه‌هایش آشیانه می‌گیرند.

۳۳ و مثلی دیگر برای ایشان گفت، که ملکوت آسمان خمیرمایه‌ای را ماند که زنی آن را گرفته، در سه کیل خمیر پنهان کرد تا تمام، مخمّر گشت.

۳۴ همه این معانی را عیسی با آن گروه به مثلها گفت و بدون مثل بدیشان هیچ نگفت،
۳۵ تا تمام گردد کلامی که به زبان نبی گفته شد، دهان خود را به مثلها باز می‌کنم و به چیزهای مخفی شده از بنای عالم تَنَطّق خواهم کرد.
۳۶ آنگاه عیسی آن گروه را مرخّص کرده، داخل خانه گشت و شاگردانش نزد وی آمده، گفتند، مَثَلِ کرکاسِ مزرعه را بجهت ما شرح فرما.
۳۷ در جواب ایشان گفت، آنکه بذر نیکو می‌کارد پسر انسان است،
۳۸ و مزرعه، این جهان است و تخم نیکو ابنای ملکوت و کرکاسها، پسران شریرند.
۳۹ و دشمنی که آنها را کاشت، ابلیس است و موسم حصاد، عاقبت این عالم و دروندگان، فرشتگانند.
۴۰ پس همچنان که کرکاسها را جمع کرده، در آتش می‌سوزانند، همانطور در عاقبت این عالم خواهد شد،
۴۱ که پسر انسان ملائکه خود را فرستاده، همه لغزش‌دهندگان و بدکاران را جمع خواهند کرد،
۴۲ و ایشان را به تنور آتش خواهند انداخت، جایی که گریه و فشار دندان بُوَد.
۴۳ آنگاه عادلان در ملکوت پدر خود مثل آفتاب، درخشانخواهند شد. هر که گوش شنوا دارد بشنود.
۴۴ و ملکوت آسمان گنجی را ماند، مخفی شده در زمین که شخصی آن را یافته، پنهان نمود و از خوشی آن رفته، آنچه داشت فروخت و آن زمین را خرید.
۴۵ باز ملکوت آسمان تاجری را ماند که جویای مرواریده‌ای خوب باشد،
۴۶ و چون یک مروارید گرانبها یافت، رفت و مایملک خود را فروخته، آن را خرید.
۴۷ ایضاً ملکوت آسمان مثل دامی است که به دریا افکنده شود و از هر جنسی به آن درآید،
۴۸ و چون پُر شود، به کنارهاش کِشَند و نشسته، خوبها را در ظروف جمع کنند و بدها را دور اندازند.
۴۹ بدینطور در آخر این عالم خواهد شد. فرشتگان بیرون آمده، طالحین را از میان صالحین جدا کرده،
۵۰ ایشان را در تنور آتش خواهند انداخت، جایی که گریه و فشار دندان می‌باشد.
۵۱ عیسی ایشان را گفت، آیا همه این امور را فهمیده‌اید؟ گفتندش، بلی خداوندا.
۵۲ به ایشان گفت، بنابراین، هر کاتبی که در ملکوت آسمان تعلیم یافته است، مثل صاحب خانه‌ای است که از خزانه خویش چیزهای نو و کهنه بیرون می‌آورد.
۵۳ و چون عیسی این مثلها را به اتمام رسانید، از آن موضع روانه شد.
۵۴ و چون به وطن خویش آمد، ایشان را در کنیسه ایشان تعلیم داد، بقسمی که متعجّب شده، گفتند، از کجا این شخص چنین حکمت و معجزات را بهم رسانید؟
۵۵ آیا این پسر نجّار نمی‌باشد؟ و آیا مادرش مریم نامی نیست؟ و برادرانش یعقوب و یوسف و شمعون و یهودا؟
۵۶ و همه خواهرانش نزد ما نمی‌باشند؟ پس این همه را از کجا بهم رسانید؟
۵۷ و درباره او لغزش خوردند. لیکن عیسی بدیشان گفت، نبی بی‌حرمت نباشد مگر در وطن و خانه خویش.

۵۸ و به‌سبب بی‌ایمانی ایشان معجزه بسیار در آنجا ظاهر نساخت.

۱۴

۱ در آن هنگام هیرودیس تِیترارْخ چون شهرت عیسی را شنید،

۲ به خادمان خود گفت، این است یحیی تعمیددهنده که از مردگان برخاسته است، و از این جهت معجزات از او صادر می‌گردد.

۳ زیرا که هیرودیس یحیی را بخاطر هیرودیا، زن برادر خود فیلپُس گرفته، در بند نهاده و در زندان انداخته بود؛

۴ چون که یحیی بدو همی‌گفت، نگاه داشتن وی بر تو حلال نیست.

۵ و وقتی که قصد قتل او کرد، از مردم ترسید زیرا که او را نبی می‌دانستند.

۶ امّا چون بزم میلاد هیرودیس را می‌آراستند، دختر هیرودیا در مجلس رقص کرده، هیرودیس را شاد نمود.

۷ ازاین رو قسم خورده، وعده داد که آنچه خواهد بدو بدهد.

۸ و او از ترغیب مادر خود گفت که، سر یحییِ تعمیددهنده را الآن در طَبَقی به من عنایت فرما.

۹ آنگاه پادشاه برنجید، لیکن بجهت پاسِ قسم و خاطر همنشینان خود، فرمود که بدهند.

۱۰ و فرستاده، سر یحیی را در زندان از تن جدا کرد،

۱۱ و سر او را در طشتی گذارده، به دختر تسلیم نمودند و او آن را نزد مادر خود برد.

۱۲ پس شاگردانش آمده، جسد او را برداشته، به خاک سپردند و رفته، عیسی را اطلاّع دادند.

۱۳ و چون عیسی این را شنید، به کشتی سوار شده، از آنجا به ویرانهای به خلوت رفت. و چون مردم شنیدند، از شهرها به راه خشکی
از عقب وی روانه شدند.

۱۴ پس عیسی بیرون آمده، گروهی بسیار دیده، بر ایشان رحم فرمود و بیماران ایشان را شفا داد.

۱۵ و در وقت عصر، شاگردانش نزد وی آمده، گفتند، این موضع ویرانه است و وقت الآن گذشته. پس این گروه را مرخّص فرما تا به
دهات رفته بجهت خود غذا بخرند.

۱۶ عیسی ایشان را گفت، احتیاج به رفتن ندارند. شما ایشان را غذا دهید.

۱۷ بدو گفتند، در اینجا جز پنج نان و دو ماهی نداریم!

۱۸ گفت، آنها را اینجا به نزد من بیاورید!

۱۹ و بدان جماعت فرمود تا بر سبزه نشستند و پنج نان و دو ماهی را گرفته، به سوی آسمان نگریسته، برکت داد و نان را پاره کرده،
به شاگردان سپرد و شاگردان بدان جماعت.

۲۰ و همه خورده، سیرشدند و از پاره‌های باقی مانده دوازده سبد پر کرده، برداشتند.

۲۱ و خورندگان سوای زنان و اطفال قریب به پنج هزار مرد بودند.

۲۲ بی‌درنگ عیسی شاگردان خود را اصرار نمود تا به کشتی سوار شده، پیش از وی به کناره دیگر روانه شوند تا آن گروه را رخصت دهد.

۲۳ و چون مردم را روانه نمود، به خلوت برای عبادت بر فراز کوهی برآمد. و وقت شام در آنجا تنها بود.

۲۴ امّا کشتی در آن وقت در میان دریا به‌سبب باد مخالف که می‌وزید، به امواج گرفتار بود.

۲۵ و در پاس چهارم از شب، عیسی بر دریا خرامیده، به سوی ایشان روانه گردید.

۲۶ امّا چون شاگردان، او را بر دریا خرامان دیدند، مضطرب شده، گفتند که خیالی است؛ و از خوف فریاد برآوردند.

۲۷ امّا عیسی ایشان را بی‌تأمّل خطاب کرده، گفت، خاطر جمع دارید! منم، ترسان مباشید!

۲۸ پطرس در جواب او گفت، خداوندا، اگر تویی مرا بفرما تا بر روی آب، نزد تو آیم.

۲۹ گفت، بیا! در ساعت پطرس از کشتی فرود شده، بر روی آب روانه شد تا نزد عیسی آید.

۳۰ لیکن چون باد را شدید دید، ترسان گشت و مشرف به غرق شده، فریاد برآورده، گفت، خداوندا، مرا دریاب.

۳۱ عیسی بی‌درنگ دست آورده، او را بگرفت و گفت، ای کم ایمان، چرا شک آوردی؟

۳۲ و چون به کشتی سوار شدند، باد ساکن گردید.

۳۳ پس اهل کشتی آمده، او را پرستش کرده، گفتند، فی‌الحقیقهٔ تو پسر خداهستی!

۳۴ آنگاه عبور کرده، به زمین جَنِیسَرَه آمدند،

۳۵ و اهل آن موضع او را شناخته، به همگی آن نواحی فرستاده، همهٔ بیماران را نزد او آوردند،

۳۶ و از او اجازت خواستند که محض دامن ردایش را لمس کنند و هر که لمس کرد، صحّت کامل یافت.

۱۵

آنگاه کاتبان و فریسیان اُورشلیم نزد عیسی آمده، گفتند،

۲ چون است که شاگردان تو از تقلید مشایخ تجاوز می‌نمایند، زیرا هرگاه نان می‌خورند دست خود را نمی‌شویند؟

۳ او در جواب ایشان گفت، شما نیز به تقلید خویش، از حکم خدا چرا تجاوز می‌کنید؟

۴ زیرا خدا حکم داده است که مادر و پدر خود را حرمت دار و هرکه پدر یا مادر را دشنام دهد البتّه هلاک گردد.

۵ لیکن شما می‌گویید هر که پدر یا مادر خود را گوید آنچه از من به تو نفع رسد هدیه‌ای است،

۶ و پدر یا مادر خود را بعد از آن احترام نمی‌نماید. پس به تقلید خود، حکم خدا را باطل نموده‌اید.

۷ ای ریاکاران، اشعیاء دربارهٔ شما نیکو نبوّت نموده است که گفت،

۸ این قوم به زبانهای خود به من تقرّب می‌جویند و به لبهای خویش مرا تمجید می‌نمایند، لیکن دلشان از من دور است.

۹ پس عبادت مرا عبث می‌کنند زیرا که احکام مردم را بمنزله فرایض تعلیم می‌دهند.

۱۰ و آن جماعت را خوانده، بدیشان گفت، گوش داده، بفهمید؛

۱۱ نه آنچه به دهان فرو می‌رود انسان را نجس می‌سازد، بلکه آنچه از دهان بیرون می‌آید انسان را نجس می‌گرداند.

۱۲ آنگاه شاگردان وی آمده، گفتند، آیا می‌دانی که فریسیان چون این سخن را شنیدند، مکروهش داشتند؟

۱۳ او در جواب گفت، هر نهالی که پدر آسمانی من نکاشته باشد، کَنده شود.

۱۴ ایشان را واگذارید، کوران راهنمایان کورانند و هرگاه کور، کور را راهنما شود، هر دو در چاه افتند.

۱۵ پطرس در جواب او گفت، این مثل را برای ما شرح فرما.

۱۶ عیسی گفت، آیا شما نیز تا به حال بی‌ادراک هستید؟

۱۷ یا هنوز نیافته‌اید که آنچه از دهان فرو می‌رود، داخل شکم می‌گردد و در مَبْرَز افکنده می‌شود؟

۱۸ لیکن آنچه از دهان برآید، از دل صادر می‌گردد و این چیزها است که انسان را نجس می‌سازد.

۱۹ زیرا که از دل برمی‌آید، خیالات بد و قتلها و زناها و فسقها و دزدیها و شهادات دروغ و کفرها.

۲۰ اینها است که انسان را نجس می‌سازد، لیکن خوردن به دستهای ناشسته، انسان را نجس نمی‌گرداند.

۲۱ پس عیسی از آنجا بیرون شده، به دیار صُور و صیدون رفت.

۲۲ ناگاه زن کنعانیهای از آن حدود بیرون آمده، فریادکنان وی را گفت، خداوندا، پسر داود، بر من رحم کن زیرا دخترمن سخت دیوانه است.

۲۳ لیکن هیچ جوابش نداد تا شاگردان او پیش آمده، خواهش نمودند که او را مرخّص فرمای زیرا در عقب ما شورش می‌کند.

۲۴ او در جواب گفت، فرستاده نشده‌ام مگر بجهت گوسفندان گم شده خاندان اسرائیل.

۲۵ پس آن زن آمده، او را پرستش کرده، گفت، خداوندا مرا یاری کن.

۲۶ در جواب گفت که، نان فرزندان را گرفتن و نزد سگان انداختن جایز نیست.

۲۷ عرض کرد، بلی خداوندا، زیرا سگان نیز از پاره‌های افتاده سفره آقایان خویش می‌خورند.

۲۸ آنگاه عیسی در جواب او گفت، ای زن! ایمان تو عظیم است! تو را برحسب خواهش تو بشود. که در همان ساعت، دخترش شفا یافت.

۲۹ عیسی از آنجا حرکت کرده، به کناره دریای جلیل آمد و برفراز کوه برآمده، آنجا بنشست.

۳۰ و گروهی بسیار، لنگان و کوران و گنگان و شلاّن و جمعی از دیگران را با خود برداشته، نزد او آمدند و ایشان را بر پایهای عیسی افکندند و ایشان را شفا داد،

۳۱ بقسمی که آن جماعت، چون گنگان را گویا و شلاّن را تندرست و لنگان را خرامان و کوران را بینا دیدند، متعجّب شده، خدای اسرائیل را تمجید کردند.

۳۲ عیسی شاگردان خود را پیش طلبیده، گفت، مرا بر این جماعت دل بسوخت زیرا که الحال سه روز است که با من می‌باشند و هیچ چیز برای خوراک ندارند و نمی‌خواهم ایشان را گرسنه برگردانم مبادا در راه ضعف کنند.

۳۳ شاگردانش به او گفتند، از کجا در بیابان ما را آنقدر نان باشد که چنین انبوه را سیر کند؟

۳۴ عیسی ایشان را گفت، چند نان دارید؟ گفتند، هفت نان و قدری از ماهیان کوچک.

۳۵ پس مردم را فرمود تا بر زمین بنشینند.

۳۶ و آن هفت نان و ماهیان را گرفته، شکر نمود و پاره کرده، به شاگردان خود داد و شاگردان به آن جماعت.

۳۷ و همه خورده، سیر شدند و از خرده‌های باقیمانده هفت زنبیل پر برداشتند.

۳۸ و خورندگان، سوای زنان و اطفال چهار هزار مرد بودند.

۳۹ پس آن گروه را رخصت داد و به کشتی سوار شده، به حدود مَجْدَل آمد.

۱۶

۱ آنگاه فریسیان و صدّوقیان نزد او آمده،از روی امتحان از وی خواستند که آیتی آسمانی برای ایشان ظاهر سازد.

۲ ایشان را جواب داد که در وقت عصر می‌گویید هوا خوش خواهد بود زیرا آسمان سرخ است؛

۳ و صبحگاهان می‌گویید امروز هوا بد خواهد شد زیرا که آسمان سرخ و گرفته است. ای ریاکاران می‌دانید صورت آسمان را تمییز دهید، امّا علاماتِ زمانها را نمی‌توانید!

۴ فرقه شریرِ زناکار، آیتی می‌طلبند و آیتی بدیشان عطا نخواهد شد جز آیت یونس نبی. پس ایشان را رها کرده،روانه شد.

۵ و شاگردانش چون بدان طرف می‌رفتند، فراموش کردند که نان بردارند.

۶ عیسی ایشان را گفت، آگاه باشید که از خمیرمایه فریسیان و صدوقیان احتیاط کنید!

۷ پس ایشان در خود تفکر نموده، گفتند، از آن است که نان برنداشته‌ایم.

۸ عیسی این را درک نموده، بدیشان گفت، ای سست ایمانان، چرا در خود تفکّر می‌کنید از آن‌جهت که نان نیاورده‌اید؟

۹ آیا هنوز نفهمیده و یاد نیاورده‌اید آن پنج نان و پنج هزار نفر و چند سبدی را که برداشتید؟

۱۰ و نه آن هفت نان و چهار هزار نفر و چند زنبیلی را که برداشتید؟

۱۱ پس چرا نفهمیدید که دربارهٔ نان شما را نگفتم که از خمیرمایه فریسیان و صدّوقیان احتیاط کنید؟

۱۲ آنگاه دریافتند که نه از خمیرمایهٔ نان، بلکه از تعلیم فریسیان و صدّوقیان حکم به احتیاط فرموده است.

۱۳ و هنگامی که عیسی به نواحی قیصریّه فیلِپس آمد، از شاگردان خود پرسیده، گفت، مردم مرا که پسر انسانم چه شخص می‌گویند؟

۱۴ گفتند، بعضی یحیی تعمیددهنده و بعضی الیاس و بعضی اِرمیا یا یکی از انبیا.

۱۵ ایشان را گفت، شما مرا که می‌دانید؟

۱۶ شمعون پطرس در جواب گفت که، تویی مسیح، پسر خدای زنده!

۱۷ عیسی در جواب وی گفت، خوشابحال تو ای شمعون بن یونا! زیرا جسم و خون این را بر تو کشف نکرده، بلکه پدر من که در آسمان است.

۱۸ و من نیز تو را می‌گویم که تویی پطرس و بر این صخره کلیسای خود را بنا می‌کنم و ابواب جهنّم بر آن استیلا نخواهد یافت.

۱۹ و کلیدهای ملکوت آسمان را به تو می‌سپارم؛ و آنچه بر زمین ببندی در آسمان بسته گردد و آنچه در زمین گشایی در آسمان گشاده شود.

۲۰ آنگاه شاگردان خود را قدغن فرمود که به هیچ کس نگویند که او مسیح است.

۲۱ و از آن زمان عیسی به شاگردان خود خبردادن آغاز کرد که رفتن او به اورشلیم و زحمتِ بسیار کشیدن از مشایخ و رؤسای کَهَنه و کاتبان و کشته شدن و در روز سوم برخاستن ضروری است.

۲۲ و پطرس او را گرفته، شروع کرد به منع نمودن و گفت، حاشا از تو ای خداوند که این بر تو هرگز واقع نخواهد شد!

۲۳ امّا او برگشته، پطرس را گفت، دور شو از من ای شیطان زیرا که باعث لغزش من می‌باشی، زیرا نه امور الٰهی را، بلکه امور انسانی را تفکّر می‌کنی!

۲۴ آنگاه عیسی به شاگردان خود گفت، اگر کسی خواهد متابعت من کند، باید خود را انکار کرده و صلیب خود را برداشته، از عقب من آید.

۲۵ زیراهر کس بخواهد جان خود را برهاند، آن را هلاک سازد؛ امّا هر که جان خود را بخاطر من هلاک کند، آن را دریابد.

۲۶ زیرا شخص را چه سود دارد که تمام دنیا را ببرد و جان خود را ببازد؟ یا اینکه آدمی چه چیز را فدای جان خود خواهد ساخت؟

۲۷ زیرا که پسر انسان خواهد آمد در جلال پدر خویش به اتّفاق ملائکه خود و در آن وقت هر کسی را موافق اعمالش جزا خواهد داد.

۲۸ هرآینه به شما می‌گویم که بعضی در اینجا حاضرند که تا پسر انسان را نبینند که در ملکوت خود می‌آید، ذائقه موت را نخواهند چشید.

۱۷

۱ و خواهر ما فیبی را که خادمه کلیسایدر کَنْخَرِیّا است، به شما می‌سپارم

۲ تا او را در خداوند بطور شایسته مقدّسین بپذیرید و در هر چیزی که به شما محتاج باشد او را اعانت کنید، زیرا که او بسیاری را و خود مرا نیز معاونت می‌نمود.

۳ سلام برسانید به پَرِسْکّلا و آکیلا، همکاران من در مسیح عیسی

۴ که در راه جان من گردنهای خود را نهادند و نه من به تنهایی ممنون ایشان هستم، بلکه همه کلیساهای امّت‌ها.

۵ کلیسا را که در خانه ایشان است و حبیب من اپینطُس را که برای مسیح نوبر آسیاست سلام رسانید.

۶ و مریم را که برای شما زحمت بسیار کشید، سلام گویید.

۷ و اَندرُونِیکوس و یونیاس خویشان مرا که با من اسیر می‌بودند سلام نمایید که مشهور در میان رسولان هستند و قبل از من در مسیح شدند.

۸ و اَمْپَلیاس را که در خداوند حبیب من است، سلام رسانید.

۹ و اُوربانُس که با ما در کار مسیح رفیق است و اِستاخِیس حبیب مرا سلام نمایید.

۱۰ و اَپَلّیس آزموده شده در مسیح را سلام برسانید و اهل خانه اَرَسْتُبُولُسْ را سلام برسانید.

۱۱ و خویش من هِیرُدِیُون را سلام دهید و آنانی را از اهل خانهنَرگِسّوس که در خداوند هستند سلام رسانید.

۱۲ طَریفَینا و طَرِیفُوسا را که در خداوند زحمت کشیده‌اند سلام گویید؛ و پَرْسیس محبوبه را که در خداوند زحمت بسیار کشید سلام دهید.

۱۳ و روفُس برگزیده در خداوند و مادر او و مرا سلام بگویید.

۱۴ اَسنِکریطُس را و فَلیکون و هرْماس و پطْرُوباس و هَرْمیس و برادرانی که با ایشانند سلام نمایید.

۱۵ فیلُولِگُس را و جولیه و نیریاس و خواهرش و اولِمپاس و همهٔ مقدّسانی که با ایشانند سلام برسانید.

۱۶ و یکدیگر را به بوسه مقدّسانه سلام نمایید. و جمیع کلیساهای مسیح شما را سلام می‌فرستند.

۱۷ لکن ای برادران از شما استدعا می‌کنم آن کسانی را که منشأ تفاریق و لغزشهای مخالف آن تعلیمی که شما یافته‌اید می‌باشند، ملاحظه کنید و از ایشان اجتناب نمایید.

۱۸ زیرا که چنین اشخاص خداوند ما عیسی مسیح را خدمت نمی‌کنند بلکه شکم خود را و به الفاظ نیکو و سخنان شیرین دلهای ساده‌دلان را می‌فریبند.

۱۹ زیرا که اطاعت شما در جمیع مردم شهرت یافته است. پس دربارهٔ شما مسرور شدم. امّا آرزوی این دارم که در نیکویی دانا و در بدی ساده‌دل باشید.

۲۰ و خدای سلامتی بزودی شیطان را زیر پایهای شما خواهد سایید. فیض خداوند ما عیسی مسیح با شما باد.

۲۱ تیموتاؤس همکار من و لوقا و یاسون و سوسیپاطِرُس که خویشان منند شما را سلام می‌فرستند.

۲۲ من طَرْتیوس، کاتب رساله، شما را در خداوند سلام می‌گویم.

۲۳ قایوس که مرا و تمام کلیسا را میزبان است، شما را سلام می‌فرستد. و اَرَسْطُس خزینهدار شهر و کُوارطُس برادر به شما سلام می‌فرستند.

۲۴ [فیض خداوند ما عیسی مسیح با همهٔ شما باد. آمین.]

۲۵ الآن او را کهقادر است که شما را استوار سازد، برحسب بشارت من و موعظه عیسی مسیح، مطابق کشف آن سرّی که از زمانهای ازلی مخفی بود،

۲۶ لکن درحال مکشوف شد و به‌وسیلهٔ کتب انبیا برحسبفرموده خدای سرمدی به جمیع امّت‌ها بجهت اطاعت ایمان آشکارا گردید،

۲۷ خدای حکیم وحید را به‌وسیلهٔ عیسی مسیح تا ابدالآباد جلال باد، آمین.

۱۸

۱ و بعد از شش روز، عیسی، پطرس و یعقوب و برادرش یوحنّا را برداشته، ایشان را در خلوت به کوهی بلند برد.

۲ و در نظر ایشان هیأتِ او متبدّل گشت و چهره‌اش چون خورشید، درخشنده و جامهاش چون نور، سفید گردید.

۳ که ناگاه موسی و الیاس بر ایشان ظاهر شده، با او گفتگو می‌کردند.

۴ امّا پطرس به عیسی متوجّه شده، گفت که، خداوندا، بودن ما در اینجا نیکو است! اگر بخواهی، سه سایبان در اینجا بسازیم، یکی برای تو و یکی بجهت موسی و دیگری برای الیاس.

۵ و هنوز سخن بر زبانش بود که ناگاه ابری درخشنده بر ایشان سایه افکند و اینک، آوازی از ابر در رسید که این است پسر حبیب من که از وی خشنودم. او را بشنوید!

۶ و چون شاگردان این را شنیدند، به روی در افتاده، بی‌نهایت ترسان شدند.

۷ عیسی نزدیک آمده، ایشان را لمس نمود و گفت، برخیزید و ترسان مباشید!

۸ و چشمان خود را گشوده، هیچ کس را جز عیسی تنها ندیدند.

۹ و چون ایشان از کوه به زیر می‌آمدند، عیسی ایشان را قدغن فرمود که تا پسر انسان از مردگان برنخیزد، زنهار این رؤیا را به کسی باز نگویید.

۱۰ شاگردانش از او پرسیده، گفتند، پس کاتبان چرا می‌گویند که می‌باید الیاس اوّل آید؟

۱۱ او در جواب گفت، البتّه الیاس می‌آید و تمام چیزها را اصلاح خواهد نمود.

۱۲ لیکن به شما می‌گویم که الحال الیاس آمده است و او را نشناختند، بلکه آنچه خواستند با وی کردند؛ به همانطور پسر انسان نیز از ایشان زحمت خواهد دید.

۱۳ آنگاه شاگردان دریافتند که درباره یحیی تعمیددهنده بدیشان سخن می‌گفت.

۱۴ و چون به نزد جماعت رسیدند، شخصی پیش آمده، نزد وی زانو زده، عرض کرد،

۱۵ خداوندا، بر پسر من رحم کن زیرا مصروع و به شدّت متألّم است، چنانکه بارها در آتش و مکرّراً در آب می‌افتد.

۱۶ و او را نزد شاگردان تو آوردم، نتوانستند او را شفا دهند.

۱۷ عیسی در جواب گفت، ای فرقه بی‌ایمانِ کج رفتار، تا به کی با شما باشم و تا چند متحمّل شما گردم؟ او را نزد من آورید.

۱۸ پس عیسی او را نهیب داده، دیو از وی بیرون شد و در ساعت، آن پسر شفا یافت.

۱۹ امّا شاگردان نزد عیسی آمده، در خلوت از او پرسیدند، چرا ما نتوانستیم او را بیرون کنیم؟

۲۰ عیسی ایشان را گفت، به‌سبب بی‌ایمانی شما. زیرا هرآینه به شما می‌گویم، اگر ایمانِ به قدر دانه خردلی می‌داشتید، بدین کوه می‌گفتید از اینجا بدانجا منتقل شو، البتّه منتقل می‌شد و هیچ امری بر شما محال نمی‌بود.

۲۱ لیکن این جنس جز به دعا و روزه بیرون نمی‌رود.

۲۲ و چون ایشان در جلیل می‌گشتند، عیسی بدیشان گفت، پسر انسان بدست مردم تسلیم کرده خواهد شد،

۲۳ و او را خواهند کشت و در روز سوم خواهد برخاست. پس بسیار محزون شدند.

۲۴ و چون ایشان وارد کفرناحوم شدند، محصّلانِ دو درهم نزد پطرس آمده، گفتند، آیا استاد شما دو درهم را نمی‌دهد؟

۲۵ گفت، بلی. و چون به خانه درآمده، عیسی بر او سبقت نموده، گفت، ای شمعون، چه گمان داری؟ پادشاهان جهان از چه کسان عشر و جزیه می‌گیرند؟ از فرزندان خویش یا از بیگانگان؟

۲۶ پطرس به وی گفت، از بیگانگان. عیسی بدو گفت، پس یقیناً پسران آزادند!

۲۷ لیکن مبادا که ایشان را برنجانیم، به کناره دریا رفته، قلاّبی بینداز و اوّل ماهی که بیرون می‌آید، گرفته و دهانش را باز کرده، مبلغ چهار درهم خواهی یافت. آن را برداشته، برای من و خود بدیشان بده!

۱۹

۱ در همان ساعت، شاگردان نزد عیسیآمده، گفتند، چه کس در ملکوت آسمان بزرگتر است؟

۲ آنگاه عیسی طفلی طلب نموده، در میان ایشان برپا داشت

۳ و گفت، هرآینه به شما می‌گویم تا بازگشت نکنید و مثل طفلِ کوچک نشوید، هرگز داخل ملکوت آسمان نخواهید شد.

۴ پس هر که مثل این بچه کوچک خود را فروتن سازد، همان در ملکوت آسمان بزرگتر است.

۵ و کسی که چنین طفلی را به اسم من قبول کند، مرا پذیرفته است.

۶ و هر که یکی از این صغار را که به من ایمان دارند، لغزش دهد او را بهتر می‌بود که سنگ آسیایی بر گردنش آویخته، در قعر دریا غرق می‌شد!

۷ وای بر این جهان به‌سبب لغزشها؛ زیرا که لابّد است از وقوع لغزشها، لیکن وای بر کسی که سبب لغزش باشد.

۸ پس اگر دستت یا پایت تو را بلغزاند، آن را قطع کرده، از خود دور انداز زیرا تو را بهتر است که لنگ یا شلّ داخل حیات شوی از آنکه با دو دست یا دو پا در نارِ جاودانی افکنده شوی.

۹ و اگر چشمت تو را لغزش دهد، آن راقلع کرده، از خود دور انداز زیرا تو را بهتر است با یک چشم وارد حیات شوی، از اینکه با دو چشم در آتش جهنّم افکنده شوی.

۱۰ زنهار یکی از این صغار را حقیر مشمارید، زیرا شما را می‌گویم که ملائکه ایشان دائماً در آسمان روی پدر مرا که در آسمان است می‌بینند.

۱۱ زیرا که پسر انسان آمده است تا گم شده را نجات بخشد.

۱۲ شما چه گمان می‌برید، اگر کسی را صد گوسفند باشد و یکی از آنها گم شود، آیا آن نود و نُه را به کوهسار نمی‌گذارد و به جستجوی آن گم شده نمی‌رود؟

۱۳ و اگر اتّفاقاً آن را دریابد، هرآینه به شما می‌گویم بر آن یکی بیشتر شادی می‌کند از آن نود و نه که گم نشده‌اند.

۱۴ همچنین اراده پدر شما که در آسمان است این نیست که یکی از این کوچکان هلاک گردد.

۱۵ و اگر برادرت به تو گناه کرده باشد، برو و او را میان خود و او در خلوت الزام کن. هرگاه سخن تو را گوش گرفت، برادر خود را
دریافتی؛
۱۶ و اگر نشنود، یک یا دو نفر دیگر با خود بردار تا از زبان دو یا سه شاهد، هر سخنی ثابت شود.
۱۷ و اگر سخن ایشان را ردّ کند، به کلیسا بگو. و اگر کلیسا را قبول نکند، در نزد تو مثل خارجی یا باجگیر باشد.
۱۸ هرآینه به شما می‌گویم آنچه بر زمین بندید، در آسمان بسته شده باشد و آنچه بر زمین گشایید، در آسمان گشوده شده باشد.
۱۹ بازبه شما می‌گویم هر گاه دو نفر از شما در زمین درباره هر چه که بخواهند متّفق شوند، هرآینه از جانب پدر من که در آسمان
است برای ایشان کرده خواهد شد.
۲۰ زیرا جایی که دو یا سه نفر به اسم من جمع شوند، آنجا درمیان ایشان حاضرم.
۲۱ آنگاه پطرس نزد او آمده، گفت، خداوندا، چند مرتبه برادرم به من خطا ورزد، می‌باید او را آمرزید؟ آیا تا هفت مرتبه؟
۲۲ عیسی بدو گفت، تو را نمی‌گویم تا هفت مرتبه، بلکه تا هفتاد هفت مرتبه!
۲۳ از آن‌جهت ملکوت آسمان پادشاهی را ماند که با غلامان خود اراده ٔ محاسبه داشت.
۲۴ و چون شروع به حساب نمود، شخصی را نزد او آوردند که ده هزار قنطار به او بدهکار بود.
۲۵ و چون چیزی نداشت که ادا نماید، آقایش امر کرد که او را با زن و فرزندان و تمام مایملک او فروخته، طلب را وصول کنند.
۲۶ پس آن غلام رو به زمین نهاده او را پرستش نمود و گفت، ای آقا مرا مهلت ده تا همه را به تو ادا کنم.
۲۷ آنگاه آقای آن غلام بر وی ترحّم نموده، او را رها کرد و قرض او را بخشید.
۲۸ لیکن چون آن غلام بیرون رفت، یکی از همقطاران خود را یافت که از او صد دینار طلب داشت. او را بگرفت و گلویش را فشرده،
گفت، طلب مرا ادا کن!
۲۹ پس آن همقطار بر پایهای او افتاده، التماس نموده، گفت، مرا مهلت ده تا همه را به تو ردّ کنم.
۳۰ امّا او قبول نکرد، بلکه رفته، او را در زندان انداخت تا قرض را ادا کند.
۳۱ چون همقطاران وی این وقایعرا دیدند، بسیار غمگین شده، رفتند و آنچه شده بود به آقای خود باز گفتند.
۳۲ آنگاه مولایش او را طلبیده، گفت، ای غلام شریر، آیا تمام آن قرض را محض خواهش تو به تو نبخشیدم؟
۳۳ پس آیا تو را نیز لازم نبود که بر همقطار خود رحم کنی چنانکه من بر تو رحم کردم؟
۳۴ پس مولای او در غضب شده، او را به جلّادان سپرد تا تمام قرض را بدهد.
۳۵ به همینطور پدر آسمانی من نیز با شما عمل خواهد نمود، اگر هر یکی از شما برادر خود را از دل نبخشد.

۲۰

۱ و چون عیسی این سخنان را به اتمامرسانید، از جلیل روانه شده، به حدود یهودیه از آن طرف اُرْدُنّ آمد.
۲ و گروهی بسیار از عقب او آمدند و ایشان را در آنجا شفا بخشید.

۳ پس فریسیان آمدند تا او را امتحان کنند و گفتند، آیا جایز است مرد، زن خود را به هر علّتی طلاق دهد؟
۴ او در جواب ایشان گفت، مگر نخوانده‌اید که خالق در ابتدا ایشان را مرد و زن آفرید،
۵ و گفت، از این جهت مرد، پدر و مادر خود را رها کرده، به زن خویش بپیوندد و هر دو یک تن خواهند شد؟
۶ بنابراین بعد از آن دو نیستند، بلکه یک تن هستند. پس آنچه را خدا پیوست انسان جدا نسازد.
۷ به وی گفتند، پس از بهر چه موسی امر فرمود که زن را طلاقنامه دهند و جدا کنند؟
۸ ایشان را گفت، موسی به‌سبب سنگدلیِ شما، شما را اجازت داد که زنانخود را طلاق دهید. لیکن از ابتدا چنین نبود.
۹ و به شما می‌گویم هر که زن خود را بغیر علّت زنا طلاق دهد و دیگری را نکاح کند، زانی است و هر که زن مطلقّه‌ای را نکاح کند، زنا کند.
۱۰ شاگردانش بدو گفتند، اگر حکم شوهر با زن چنین باشد، نکاح نکردن بهتر است!
۱۱ ایشان را گفت، تمامی خلق این کلام را نمی‌پذیرند، مگر به کسانی که عطا شده است.
۱۲ زیرا که خَصیها می‌باشند که از شکم مادر چنین متولّد شدند و خصیها هستند که از مردم خصی شده‌اند و خصیها می‌باشند که بجهت ملکوت خدا خود را خصی نموده‌اند. آنکه توانایی قبول دارد بپذیرد.
۱۳ آنگاه چند بچه کوچک را نزد او آوردند تا دستهای خود را بر ایشان نهاده، دعا کند. امّا شاگردان، ایشان را نهیب دادند.
۱۴ عیسی گفت، بچه‌های کوچک را بگذارید و از آمدن نزد من، ایشان را منع مکنید، زیرا ملکوت آسمان از مثل اینها است.
۱۵ و دستهای خود را بر ایشان گذارده از آن جا روانه شد.
۱۶ ناگاه شخصی آمده، وی را گفت، ای استاد نیکو، چه عمل نیکو کنم تا حیات جاودانی یابم؟
۱۷ وی را گفت، از چه سبب مرا نیکو گفتی و حالآنکه کسی نیکو نیست، جز خدا فقط. لیکن اگر بخواهی داخل حیات شوی، احکام را نگاه دار.
۱۸ بدو گفت، کدام احکام؟ عیسی گفت، قتل مکن، زنا مکن، دزدی مکن، شهادت دروغ مده،
۱۹ و پدر و مادر خود را حرمت دار و همسایهٔ خود را مثل نفس خود دوست دار.
۲۰ جوان وی را گفت، همهٔ اینها را از طفولیّت نگاه داشته‌ام. دیگر مرا چه ناقص است؟
۲۱ عیسی بدو گفت، اگر بخواهی کامل شوی، رفته مایملک خود را بفروش و به فقرا بده که در آسمان گنجی خواهی داشت؛ و آمده مرا متابعت نما.
۲۲ چون جوان این سخن را شنید، دل تنگ شده، برفت زیرا که مال بسیار داشت.
۲۳ عیسی به شاگردان خود گفت، هرآینه به شما می‌گویم که شخص دولتمند به ملکوت آسمان به دشواری داخل می‌شود.
۲۴ و باز شما را می‌گویم که گذشتن شتر از سوراخ سوزن، آسانتر است از دخول شخص دولتمند در ملکوت خدا.
۲۵ شاگردان چون شنیدند، بغایت متحیّر گشته، گفتند، پس که می‌تواند نجات یابد؟
۲۶ عیسی متوجّه ایشان شده، گفت، نزد انسان این محال است لیکن نزد خدا همه‌چیز ممکن است.
۲۷ آنگاه پطرس در جواب گفت، اینک، ما همه چیزها را ترک کرده، تو را متابعت می‌کنیم. پس ما را چه خواهد بود؟

۲۸ عیسی ایشان را گفت، هرآینه به شما می‌گویم شما که مرا متابعت نموده‌اید، در معاد وقتی که پسر انسان بر کرسی جلال خود
نشیند، شما نیز به دوازده کرسی نشسته، بر دوازده سبط اسرائیل داوریخواهید نمود.
۲۹ و هر که بخاطر اسم من، خانه‌ها یا برادران یا خواهران یا پدر یا مادر یا زن یا فرزندان یا زمینها را ترک کرد، صد چندان خواهد
یافت و وارث حیات جاودانی خواهد گشت.
۳۰ لیکن بسا اوّلین که آخرین می‌گردند و آخرین، اوّلین!

۲۱

۱ زیرا ملکوت آسمان صاحب خانه‌ای را ماند که بامدادان بیرون رفت تا عَمَله بجهت تاکستان خود به مزد بگیرد.
۲ پس با عمله، روزی یک دینار قرار داده، ایشان را به تاکستان خود فرستاد.
۳ و قریب به ساعت سوم بیرون رفته، بعضی دیگر را در بازار بیکار ایستاده دید.
۴ ایشان را نیز گفت، شما هم به تاکستان بروید و آنچه حقّ شما است به شما می‌دهم. پس رفتند.
۵ باز قریب به ساعت ششم و نهم رفته، همچنین کرد.
۶ و قریب به ساعت یازدهم رفته، چند نفر دیگر بیکار ایستاده یافت. ایشان را گفت، از بهر چه تمامی روز در اینجا بیکار ایستاده‌اید؟
۷ گفتندش، هیچ کس ما را به مزد نگرفت. بدیشان گفت، شما نیز به تاکستان بروید و حقّ خویش را خواهید یافت.
۸ و چون وقت شام رسید، صاحب تاکستان به ناظر خود گفت، مزدوران را طلبیده، از آخرین گرفته تا اوّلین مزد ایشان را ادا کن.
۹ پس یازده ساعتیان آمده، هر نفری دیناری یافتند.
۱۰ و اوّلین آمده، گمان بردند که بیشتر خواهند یافت. ولی ایشان نیز هر نفری دیناری یافتند.
۱۱ امّا چون گرفتند، به صاحب خانه شکایت نموده،
۱۲ گفتند که، این آخرین، یک ساعت کار کردند و ایشان را با ما که متحمّل سختی و حرارت روز گردیده‌ایم مساوی ساخته‌ای؟
۱۳ او در جواب یکی از ایشان گفت، ای رفیق بر تو ظلمی نکردم. مگر به دیناری با من قرار ندادی؟
۱۴ حقّ خود را گرفته برو. می‌خواهم بدین آخری مثل تو دهم.
۱۵ آیا مرا جایز نیست که از مال خود آنچه خواهم بکنم؟ مگر چشم تو بد است از آن رو که من نیکو هستم؟
۱۶ بنابراین اوّلین آخرین و آخرین اوّلین خواهند شد، زیرا خوانده شدگان بسیارند و برگزیدگان کم.
۱۷ و چون عیسی به اورشلیم می‌رفت، دوازده شاگرد خود را در اثنای راه به خلوت طلبیده بدیشان گفت،
۱۸ اینک، به سوی اورشلیم می‌رویم و پسر انسان به رؤسای کَهَنَه و کاتبان تسلیم کرده خواهد شد و حکم قتل او را خواهند داد،
۱۹ و او را به امّت‌ها خواهند سپرد تا او را استهزا کنند و تازیانه زنند و مصلوب نمایند و در روز سوم خواهد برخاست.
۲۰ آنگاه مادر دو پسر زِبِدی با پسران خود نزد وی آمده و پرستش نموده، از او چیزی درخواست کرد.
۲۱ بدو گفت، چه خواهشداری؟ گفت، بفرما تا این دو پسر من در ملکوت تو، یکی بر دست راست و دیگری بر دست چپ تو بنشینند.

۲۲ عیسی در جواب گفت، نمی‌دانید چه می‌خواهید. آیا می‌توانید از آن کاسهای که من می‌نوشم، بنوشید و تعمیدی را که من
می‌یابم، بیابید؟ بدو گفتند، می‌توانیم.
۲۳ ایشان را گفت، البتّه از کاسه من خواهید نوشید و تعمیدی را که من می‌یابم، خواهید یافت. لیکن نشستن به دست راست و چپ
من، از آن من نیست که بدهم، مگر به کسانی که از جانب پدرم برای ایشان مهیّا شده است.
۲۴ امّا چون آن ده شاگرد شنیدند، بر آن دو برادر به دل رنجیدند.
۲۵ عیسی ایشان را پیش طلبیده، گفت، آگاه هستید که حکّام امّت‌ها بر ایشان سروری می‌کنند و رؤسا بر ایشان مسلّطند.
۲۶ لیکن در میان شما چنین نخواهد بود، بلکه هر که در میان شما می‌خواهد بزرگ گردد، خادم شما باشد.
۲۷ و هر که می‌خواهد در میان شما مقدّم بُوَد، غلام شما باشد.
۲۸ چنانکه پسر انسان نیامد تا مخدوم شود، بلکه تا خدمت کند و جان خود را در راه بسیاری فدا سازد.
۲۹ و هنگامی که از اَرِیحا بیرون می‌رفتند، گروهی بسیار از عقب او می‌آمدند.
۳۰ که ناگاه دو مرد کور کنار راه نشسته، چون شنیدند که عیسی در گذر است، فریاد کرده، گفتند، خداوندا، پسر داودا، بر ما ترحّم
کن!
۳۱ و هر چند خلق ایشانرا نهیب می‌دادند که خاموش شوند، بیشتر فریادکنان می‌گفتند، خداوندا، پسر داودا، بر ما ترحّم فرما!
۳۲ پس عیسی ایستاده، به آواز بلند گفت، چه می‌خواهید برای شما کنم؟
۳۳ به وی گفتند، خداوندا، اینکه چشمان ما باز گردد!
۳۴ پس عیسی ترحّم نموده، چشمان ایشان را لمس نمود که در ساعت بینا گشته، از عقب او روانه شدند.

۲۲

و چون نزدیک به اورشلیم رسیده، وارد بیت فاجی نزد کوه زیتون شدند. آنگاه عیسی دو نفر از شاگردان خود را فرستاده،
۲ بدیشان گفت، در این قریهای که پیش روی شما است بروید و در حال، الاغی با کرّهاش بسته خواهید یافت. آنها را باز کرده، نزد
من آورید.
۳ و هرگاه کسی به شما سخنی گوید، بگویید خداوند بدینها احتیاج دارد که فی‌الفور آنها را خواهد فرستاد.
۴ و این همه واقع شد تا سخنی که نبی گفته است تمام شود
۵ که دختر صَهیون را گویید، اینک، پادشاه تو نزد تو می‌آید با فروتنی و سواره بر حمار و بر کرّه الاغ.
۶ پس شاگردان رفته، آنچه عیسی بدیشان امر فرمود، به عمل آوردند
۷ و الاغ را با کرّه آورده، رخت خود را بر آنها انداختند و او بر آنها سوار شد.
۸ و گروهی بسیار، رختهای خود را در راه گسترانیدند و جمعی از درختان شاخه‌ها بریده، در راه می‌گستردند.

۹ و جمعی از پیش و پس او رفته، فریادکنان می‌گفتند،هوشیعانا پسر داودا، مبارک باد کسی که به اسم خداوند می‌آید! هوشیعانا در
اعلیٰ علیّین!
۱۰ و چون وارد اورشلیم شد، تمام شهر به آشوب آمده، می‌گفتند، این کیست؟
۱۱ آن گروه گفتند، این است عیسی نبی از ناصرهٔ جلیل.
۱۲ پس عیسی داخل هیکل خدا گشته، جمیع کسانی را که در هیکل خرید و فروش می‌کردند، بیرون نمود و تختهای صرّافان و
کرسیهای کبوترفروشان را واژگون ساخت.
۱۳ و ایشان را گفت، مکتوب است که خانهٔ من خانهٔ دعا نامیده می‌شود. لیکن شما مغاره دزدانش ساخته‌اید.
۱۴ و کوران و شلان در هیکل، نزد او آمدند و ایشان را شفا بخشید.
۱۵ امّا رؤسای کهنه و کاتبان چون عجایبی که از او صادر می‌گشت و کودکان را که در هیکل فریاد برآورده، هوشیعانا پسر داودا
می‌گفتند دیدند، غضبناک گشته،
۱۶ به وی گفتند، نمی‌شنوی آنچه اینها می‌گویند؟ عیسی بدیشان گفت،بلی مگر نخوانده‌اید این که از دهان کودکان و شیرخوارگان
حمد را مهیّا ساختی؟
۱۷ پس ایشان را واگذارده، از شهر بسوی بیتَعَنْیَا رفته، در آنجا شب را بسر برد.
۱۸ بامدادان چون به شهر مراجعت می‌کرد، گرسنه شد.
۱۹ و در کناره راه یک درخت انجیردیده، نزد آن آمد و جز برگ بر آن هیچ نیافت. پس آن را گفت، از این به بعد میوه تا به ابد بر
تو نشود! که در ساعت درخت انجیر خشکید!
۲۰ چون شاگردانش این را دیدند، متعجّب شده، گفتند، چه بسیار زود درخت انجیر خشک شده است!
۲۱ عیسی در جواب ایشان گفت، هرآینه به شما می‌گویم اگر ایمان می‌داشتید و شک نمی‌نمودید، نه همین را که به درخت انجیر
شد می‌کردید، بلکه هر گاه بدین کوه می‌گفتید، منتقل شده به دریا افکنده شو چنین می‌شد.
۲۲ و هر آنچه با ایمان به دعا طلب کنید، خواهید یافت.
۲۳ و چون به هیکل درآمده، تعلیم می‌داد، رؤسای کهنه و مشایخ قوم نزد او آمده، گفتند، به چه قدرت این اعمال را می‌نمایی و
کیست که این قدرت را به تو داده است؟
۲۴ عیسی در جواب ایشان گفت، من نیز از شما سخنی می‌پرسم. اگر آن را به من گویید، من هم به شما گویم که این اعمال را به
چه قدرت می‌نمایم،
۲۵ تعمید یحیی از کجا بود؟ از آسمان یا از انسان؟ ایشان با خود تفکّر کرده، گفتند که اگر گوییم از آسمان بود، هرآینه گوید پس
چرا به وی ایمان نیاوردید.
۲۶ و اگر گوییم از انسان بود، از مردم می‌ترسیم زیرا همه یحیی را نبی می‌دانند.
۲۷ پس در جواب عیسی گفتند، نمی‌دانیم. بدیشان گفت، من هم شما را نمی‌گویم که به چه قدرت این کارها را می‌کنم.
۲۸ لیکن چه گمان دارید؟ شخصی را دو پسر بود. نزد نخستین آمده، گفت، ای فرزند امروز به تاکستان من رفته، به کار مشغول شو.

۲۹ در جواب گفت، نخواهم رفت. امّا بعد پشیمان گشته، برفت.

۳۰ و به دوّمین نیز همچنین گفت. او در جواب گفت، ای آقا من می‌روم. ولی نرفت.

۳۱ کدام یک از این دو خواهش پدر را بجا آورد؟ گفتند، اوّلی. عیسی بدیشان گفت، هرآینه به شما می‌گویم که باجگیران و فاحشه‌ها قبل از شما داخل ملکوت خدا می‌گردند،

۳۲ زانرو که یحیی از راه عدالت نزد شما آمد و بدو ایمان نیاوردید، امّا باجگیران و فاحشه‌ها بدو ایمان آوردند و شما چون دیدید، آخر هم پشیمان نشدید تا بدو ایمان آورید.

۳۳ و مَثَلی دیگر بشنوید، صاحب خانه‌ای بود که تاکستانی غَرْس نموده، خطیرهای گردش کشید و چَرْخُشتی در آن کند و برجی بنا نمود. پس آن را به دهقانان سپرده، عازم سفر شد.

۳۴ و چون موسم میوه نزدیک شد، غلامان خود را نزد دهقانان فرستاد تا میوه‌های او را بردارند.

۳۵ امّا دهقانان غلامانش را گرفته، بعضی را زدند و بعضی را کُشتند و بعضی را سنگسار نمودند.

۳۶ باز غلامان دیگر، بیشتر از اوّلین فرستاده، بدیشان نیز به همانطور سلوک نمودند.

۳۷ بالاخره پسر خود را نزد ایشان فرستاده، گفت، پسر مراحرمت خواهند داشت.

۳۸ امّا دهقانان چون پسر را دیدند با خود گفتند، این وارث است. بیایید او را بکشیم و میراثش را ببریم.

۳۹ آنگاه او را گرفته، بیرون تاکستان افکنده، کشتند.

۴۰ پس چون مالک تاکستان آید، به آن دهقانان چه خواهد کرد؟

۴۱ گفتند، البتّه آن بدکاران را به سختی هلاک خواهد کرد و باغ را به باغبانان دیگر خواهد سپرد که میوه‌هایش را در موسم بدو دهند.

۴۲ عیسی بدیشان گفت، مگر در کتب هرگز نخوانده‌اید این که سنگی را که معمارانش ردّ نمودند، همان سر زاویه شده است. این از جانب خداوند آمد و در نظر ما عجیب است.

۴۳ از این جهت شما را می‌گویم که ملکوت خدا از شما گرفته شده، به امّتی که میوهاش را بیاورند، عطا خواهد شد.

۴۴ و هر که بر آن سنگ افتد، منکسر شود و اگر آن بر کسی افتد، نرمش سازد.

۴۵ و چون رؤسای کَهَنه و فریسیان مثلهایش را شنیدند، دریافتند که دربارهٔ ایشان می‌گوید.

۴۶ و چون خواستند او را گرفتار کنند، از مردم ترسیدند زیرا که او را نبی می‌دانستند.

۲۳

و عیسی توجّه نموده، باز به مَثَلها ایشان را خطاب کرده، گفت،

۲ ملکوت آسمان پادشاهی را ماند که برای پسر خویش عروسی کرد.

۳ و غلامان خود را فرستاد تا دعوتشدگان را به عروسی بخوانند و نخواستند بیایند.

۴ باز غلامان دیگر روانه نموده، فرمود، دعوتشدگان را بگویید که، اینک، خوان خود راحاضر ساختهام و گاوان و پرواریهای من کشته شده و همه‌چیز آماده است، به عروسی بیایید.

۵ ولی ایشان بی‌اعتنایی نموده، راه خود را گرفتند، یکی به مزرعه خود و دیگری به تجارت خویش رفت.

۶ و دیگران غلامان او را گرفته، دشنام داده، کشتند.

۷ پادشاه چون شنید، غضب نموده، لشکریان خود را فرستاده، آن قاتلان را به قتل رسانید و شهر ایشان را بسوخت.

۸ آنگاه غلامان خود را فرمود، عروسی حاضر است؛ لیکن دعوت شدگان لیاقت نداشتند.

۹ الآن به شوارع عامّه بروید و هر که را بیابید به عروسی بطلبید.

۱۰ پس آن غلامان به سر راه‌ها رفته، نیک و بد هر که را یافتند جمع کردند، چنانکه خانهٔ عروسی از مجلسیان مملّو گشت.

۱۱ آنگاه پادشاه بجهت دیدن اهل مجلس داخل شده، شخصی را در آنجا دید که جامه عروسی در بر ندارد.

۱۲ بدو گفت، ای عزیز چطور در اینجا آمدی و حال آنکه جامه عروسی در بر نداری؟ او خاموش شد.

۱۳ آنگاه پادشاه خادمان خود را فرمود، این شخص را دست و پا بسته بردارید و در ظلمت خارجی اندازید، جایی که گریه و فشار دندان باشد.

۱۴ زیرا طلبیدگان بسیارند و برگزیدگان کم.

۱۵ پس فریسیان رفته، شورا نمودند که چطور او را در گفتگو گرفتار سازند.

۱۶ و شاگردان خود را با هیرودیان نزد وی فرستاده، گفتند، استادا می‌دانیم که صادق هستی و طریق خدا را بهراستی تعلیم می‌نمایی و از کسی باک نداری زیرا که به ظاهر خلق نمی‌نگری.

۱۷ پس به ما بگو رأی تو چیست. آیا جزیه دادن به قیصر رواست یا نه؟

۱۸ عیسی شرارت ایشان را درک کرده، گفت، ای ریاکاران، چرا مرا تجربه می‌کنید؟

۱۹ سکّهٔ جزیه را به من بنمایید. ایشان دیناری نزد وی آوردند.

۲۰ بدیشان گفت، این صورت و رقم از آن کیست؟

۲۱ بدو گفتند، از آنِ قیصر. بدیشان گفت، مال قیصر را به قیصر ادا کنید و مال خدا را به خدا!

۲۲ چون ایشان شنیدند، متعجّب شدند و او را واگذارده، برفتند.

۲۳ و در همان روز، صدّوقیان که منکر قیامت هستند نزد او آمده، سؤال نموده،

۲۴ گفتند، ای استاد، موسی گفت، اگر کسی بی‌اولاد بمیرد، می‌باید برادرش زن او را نکاح کند تا نسلی برای برادر خود پیدا نماید.

۲۵ باری در میان ما هفت برادر بودند که اوّل زنی گرفته، بمرد و چون اولادی نداشت زن را به برادر خود ترک کرد.

۲۶ و همچنین دوّمین و سوّمین تا هفتمین.

۲۷ و آخر از همه آن زن نیز مرد.

۲۸ پس او در قیامت، زن کدام یک از آن هفت خواهد بود زیرا که همه او را داشتند؟

۲۹ عیسی در جواب ایشان گفت، گمراه هستید از این رو که کتاب و قوّت خدا را در نیافته‌اید،

۳۰ زیرا که در قیامت، نه نکاح می‌کنند و نه نکاح کرده می‌شوند، بلکه مثل ملائکه خدا در آسمان می‌باشند.

۳۱ امّا درباره قیامت مردگان، آیا نخوانده‌اید کلامی را که خدا به شما گفته است،

۳۲ من هستم خدای ابراهیم و خدای اسحاق و خدای یعقوب؟ خدا، خدای مردگان نیست، بلکه خدای زندگان است.

۳۳ و آن گروه چون شنیدند، از تعلیم وی متحیّر شدند.

۳۴ امّا چون فریسیان شنیدند که صدّوقیان را مجاب نموده است، با هم جمع شدند.

۳۵ و یکی از ایشان که فقیه بود، از وی به طریق امتحان سؤال کرده، گفت،

۳۶ ای استاد، کدام حکم در شریعت بزرگتر است؟

۳۷ عیسی وی را گفت، اینکه خداوند خدای خود را به همهٔ دل و تمامی نفس و تمامی فکر خود محبّت نما.

۳۸ این است حکم اوّل و اعظم.

۳۹ و دوّم مثل آن است، یعنی همسایه خود را مثل خود محبّت نما.

۴۰ بدین دو حکم، تمام تورات و صُحُف انبیا متعلّق است.

۴۱ و چون فریسیان جمع بودند، عیسی از ایشان پرسیده،

۴۲ گفت، درباره مسیح چه گمان می‌برید؟ او پسر کیست؟ بدو گفتند، پسر داود.

۴۳ ایشان را گفت، پس چطور داود در روح، او را خداوند می‌خواند؟ چنانکه می‌گوید،

۴۴ خداوند به خداوند من گفت، به دست راست من بنشین تا دشمنان تو را پای‌انداز تو سازم.

۴۵ پس هرگاهداود او را خداوند می‌خواند، چگونه پسرش می‌باشد؟

۴۶ و هیچ‌کس قدرت جواب وی هرگز نداشت و نه کسی از آن روز دیگر جرأت سؤال کردن از او نمود.

۲۴

آنگاه عیسی آن جماعت و شاگردان خود را خطاب کرده،

۲ گفت، کاتبان و فریسیان بر کرسی موسی نشسته‌اند.

۳ پس آنچه به شما گویند، نگاه دارید و بجا آورید، لیکن مثل اعمال ایشان مکنید زیرا می‌گویند و نمی‌کنند.

۴ زیرا بارهای گران و دشوار را می‌بندند و بر دوش مردم می‌نهند و خود نمی‌خواهند آنها را به یک انگشت حرکت دهند.

۵ و همه کارهای خود را می‌کنند تا مردم، ایشان را ببینند. حمایلهای خود را عریض و دامنهای قبای خود را پهن می‌سازند،

۶ و بالا نشستن در ضیافت‌ها و کرسیهای صدر در کنایس را دوست می‌دارند،

۷ و تعظیم در کوچه‌ها را و اینکه مردم ایشان را آقا آقا بخوانند.

۸ لیکن شما آقا خوانده مشوید، زیرا استاد شما یکی است، یعنی مسیح و جمیع شما برادرانید.

۹ و هیچ کس را بر زمین، پدر خود مخوانید زیرا پدر شما یکی است که در آسمان است.

۱۰ و پیشوا خوانده مشوید، زیرا پیشوای شما یکی است، یعنی مسیح.

۱۱ و هر که از شما بزرگتر باشد، خادم شما بُوَد.

۱۲ و هر که خود را بلند کند، پست گردد و هر که خود را فروتن سازد سرافراز گردد.

۱۳ وای بر شما ای کاتبان و فریسیان ریاکار که درِ ملکوت آسمان را به روی مردم می‌بندید، زیرا خود داخل آن نمی‌شوید و داخل شوندگان را از دخول مانع می‌شوید.

۱۴ وای بر شما ای کاتبان و فریسیان ریاکار، زیرا خانه‌های بیوه‌زنان را می‌بلعید و از روی ریا نماز را طویل می‌کنید؛ از آنرو عذاب شدیدتر خواهید یافت.

۱۵ وای بر شما ای کاتبان و فریسیان ریاکار، زیرا که برّ و بحر را می‌گردید تا مریدی پیدا کنید و چون پیدا شد او را دو مرتبه پست‌تر از خود، پسر جهنّم می‌سازید!

۱۶ وای بر شما ای راهنمایان کور که می‌گویید، هر که به هیکل قسم خورد باکی نیست لیکن هر که به طلای هیکل قسم خورد باید وفا کند.

۱۷ ای نادانان و نابینایان، آیا کدام افضل است؟ طلا یا هیکلی که طلا را مقدّس می‌سازد؟

۱۸ و هر که به مذبح قسم خورد باکی نیست لیکن هر که به هدیه‌ای که بر آن است قسم خورد، باید ادا کند.

۱۹ ای جهّال و کوران، کدام افضل است؟ هدیه یا مذبح که هدیه را تقدیس می‌نماید؟

۲۰ پس هر که به مذبح قسم خورد، به آن و به هر چه بر آن است قسم خورده است؛

۲۱ و هر که به هیکل قسم خورد، به آن و به او که در آن ساکن است، قسم خورده است؛

۲۲ و هر که به آسمان قسم خورد، به کرسی خدا و به او که بر آن نشسته است، قسم خورده باشد.

۲۳ وای بر شما ای کاتبان و فریسیان ریاکار که نعناع و شبت و زیره را عشر می‌دهید و اعظم احکام شریعت، یعنی عدالت و رحمت و ایمان را ترک کرده‌اید! می‌بایست آنها را بجا آورده، اینها را نیز ترک نکرده باشید.

۲۴ ای رهنمایان کور که پشه را صافی می‌کنید و شتر را فرو می‌برید!

۲۵ وای بر شما ای کاتبان و فریسیان ریاکار، از آن رو که بیرون پیاله و بشقاب را پاک می‌نمایید و درون آنها مملّو از جبر و ظلم است.

۲۶ ای فریسی کور، اوّل درون پیاله و بشقاب را طاهر ساز تا بیرونش نیز طاهر شود!

۲۷ وای بر شما ای کاتبان و فریسیان ریاکار که چون قبور سفید شده می‌باشید که از بیرون، نیکو می‌نماید لیکن درون آنها از استخوانهای مردگان و سایر نجاسات پر است!

۲۸ همچنین شما نیز ظاهراً به مردم عادل می‌نمایید، لیکن باطناً از ریاکاری و شرارت مملّو هستید.

۲۹ وای بر شما ای کاتبان و فریسیان ریاکار که قبرهای انبیا را بنا می‌کنید و مدفنهای صادقان را زینت می‌دهید،

۳۰ و می‌گویید، اگر در ایّام پدران خود می‌بودیم، در ریختن خون انبیا با ایشان شریک نمی‌شدیم!

۳۱ پس بر خود شهادت می‌دهید که فرزندان قاتلان انبیا هستید.

۳۲ پس شما پیمانه پدران خود را لبریز کنید!

۳۳ ای ماران و افعی‌زادگان! چگونه از عذاب جهنّم فرار خواهید کرد؟

۳۴ لهذا الحال انبیا و حکماء و کاتبان نزد شما می‌فرستم و بعضی را خواهید کشت و به دار خواهید کشید و بعضی را در کنایس خود تازیانه زده، از شهر به شهر خواهید راند،

۳۵ تا همه خونهای صادقان که بر زمین ریخته شد بر شما وارد آید، از خون هابیل صدیقتا خون زکریّا ابن برخیا که او را در میان هیکل و مذبح کشتید.

۳۶ هرآینه به شما می‌گویم که این همه بر این طایفه خواهد آمد!

۳۷ ای اورشلیم، اورشلیم، قاتل انبیا و سنگسار کننده مرسلان خود! چند مرتبه خواستم فرزندان تو را جمع کنم، مثل مرغی که جوجه‌های خود را زیر بال خود جمع می‌کند و نخواستید!

۳۸ اینک، خانه شما برای شما ویران گذارده می‌شود.

۳۹ زیرا به شما می‌گویم از این پس مرا نخواهید دید تا بگویید مبارک است او که به نام خداوند می‌آید.

۲۵

پس عیسی از هیکل بیرون شده، برفت. و شاگردانش پیش آمدند تا عمارتهای هیکل را بدو نشان دهند.

۲ عیسی ایشان را گفت، آیا همهٔ این چیزها را نمی‌بینید؟ هرآینه به شما می‌گویم در اینجا سنگی بر سنگی گذارده نخواهد شد که به زیر افکنده نشود!

۳ و چون به کوه زیتون نشسته بود، شاگردانش در خلوت نزد وی آمده، گفتند، به ما بگو که این امور کی واقع می‌شود و نشان آمدن تو و انقضای عالم چیست.

۴ عیسی در جواب ایشان گفت، زنهار کسی شما را گمراه نکند!

۵ زآنرو که بسا به نام من آمده خواهند گفت که، من مسیح هستم و بسیاری را گمراه خواهند کرد.

۶ و جنگها و اخبار جنگها را خواهید شنید. زنهار مضطرب مشوید زیرا که وقوع این همه لازم است، لیکن انتها هنوز نیست.

۷ زیرا قومی با قومی و مملکتی با مملکتی مقاومت خواهند نمود و قحطیها و وباها و زلزله‌ها در جایها پدید آید.

۸ امّا همهٔ اینها آغاز دردهای زه است.

۹ آنگاه شما را به مصیبت سپرده، خواهند کشت و جمیع امّت‌ها بجهت اسم من از شما نفرت کنند.

۱۰ و در آن زمان، بسیاری لغزش خورده، یکدیگر را تسلیم کنند و از یکدیگر نفرت گیرند.

۱۱ و بسا انبیای کَذَبه ظاهر شده، بسیاری را گمراه کنند.

۱۲ و بجهت افزونی گناه محبّت بسیاری سرد خواهد شد.

۱۳ لیکن هر که تا به انتها صبر کند، نجات یابد.

۱۴ و به این بشارتِ ملکوت در تمام عالم موعظه خواهد شد تا بر جمیع امّت‌ها شهادتی شود؛ آنگاه انتها خواهد رسید.

۱۵ پس چون مکروهِ ویرانی را که به زبان دانیال نبی گفته شده است، در مقام مقدّس بر پا شده بینید هر که خوانَد دریافت کند

۱۶ آنگاه هر که در یهودیّه باشد به کوهستان بگریزد؛

۱۷ و هر که بر بام باشد، بجهت برداشتن چیزی از خانه به زیر نیاید؛

۱۸ و هر که در مزرعه است، بجهت برداشتن رخت خود برنگردد.

۱۹ لیکن وای بر آبستنان و شیردهندگان در آن ایّام!

۲۰ پس دعا کنید تا فرار شما در زمستان یا در سَبّت نشود،

۲۱ زیرا که در آن زمان چنان مصیبت عظیمی ظاهر می‌شود که از ابتدای عالم تا کنون نشده و نخواهد شد!

۲۲ و اگر آن ایّام کوتاه نشدی، هیچ‌بشری نجات نیافتی، لیکن بخاطر برگزیدگان، آن روزها کوتاه خواهد شد.

۲۳ آنگاه اگر کسی به شما گوید، اینک، مسیح در اینجا یا در آنجا است باور مکنید،

۲۴ زیرا که مسیحان کاذب و انبیا کَذَبَه ظاهر شده، علامات و معجزات عظیمه چنان خواهند نمود که اگر ممکن بودی برگزیدگان را نیز گمراه کردندی.

۲۵ اینک، شما را پیش خبر دادم.

۲۶ پس اگر شما را گویند، اینک، در صحراست، بیرون مروید یا آنکه در خلوت است، باور مکنید،

۲۷ زیرا همچنان که برق از مشرق ساطع شده، تا به مغرب ظاهر می‌شود، ظهور پسر انسان نیز چنین خواهد شد.

۲۸ و هر جا که مرداری باشد، کرکسان در آنجا جمع شوند.

۲۹ و فوراً بعد از مصیبت آن ایّام، آفتاب تاریک گردد و ماه نور خود را ندهد و ستارگان از آسمان فرو ریزند و قوّتهای افلاک متزلزل گردد.

۳۰ آنگاه علامت پسر انسان در آسمان پدید گردد و در آن وقت، جمیع طوایف زمین سینه‌زنی کنند و پسر انسان را بینند که بر ابرهای آسمان، با قوّت و جلال عظیم می‌آید؛

۳۱ و فرشتگان خود را با صور بلند آواز فرستاده، برگزیدگان او را از بادهای اربعه از کران تا بکران فلک فراهم خواهند آورد.

۳۲ پس از درخت انجیر مثلش را فرا گیرید که چون شاخهاش نازک شده، برگها می‌آورد، می‌فهمید که تابستان نزدیک است.

۳۳ همچنین شما نیز چون این همه را بینید، بفهمید که نزدیک بلکه بر در است.

۳۴ هرآینه به شما می‌گویم تا این همه واقع نشود، این طایفه نخواهد گذشت.

۳۵ آسمان و زمین زایل خواهد شد، لیکن سخنان من هرگز زایل نخواهد شد.

۳۶ امّا از آن روز و ساعت هیچ کس اطّلاع ندارد، حَتّی ملائکه آسمان جز پدر من و بس.

۳۷ لیکن چنانکه ایّام نوح بود، ظهور پسر انسان نیز چنان خواهد بود.

۳۸ زیرا همچنان که در ایّام قبل از طوفان می‌خوردند و می‌آشامیدند و نکاح می‌کردند و منکوحه می‌شدند تا روزی که نوح داخل کشتی گشت،

۳۹ و نفهمیدند تا طوفان آمده، همه را ببرد، همچنین ظهور پسر انسان نیز خواهد بود.

۴۰ آنگاه دو نفری که در مزرعهای میباشند، یکی گرفته و دیگری واگذارده شود.

۴۱ و دو زن که دستآس میکنند، یکی گرفته و دیگری رها شود.

۴۲ پس بیدار باشید زیرا که نمیدانید در کدام ساعت خداوند شما میآید.

۴۳ لیکن این را بدانید که اگر صاحب خانه میدانست در چه پاس از شب دزد میآید، بیدار میماند و نمیگذاشت که به خانهاش نقب زند.

۴۴ لهذا شما نیز حاضر باشید، زیرا در ساعتی که گمان نبرید، پسر انسان میآید.

۴۵ پس آن غلام امین و دانا کیست که آقایش او را بر اهل خانهٔ خود بگمارد تا ایشان را در وقتمعیّن خوراک دهد؟

۴۶ خوشابحال آن غلامی که چون آقایش آید، او را در چنین کار مشغول یابد.

۴۷ هرآینه به شما میگویم که او را بر تمام مایملک خود خواهد گماشت.

۴۸ لیکن هرگاه آن غلام شریر با خود گوید که آقای من در آمدن تأخیر مینماید،

۴۹ و شروع کند به زدن همقطاران خود و خوردن و نوشیدن با میگساران،

۵۰ هرآینه آقای آن غلام آید، در روزی که منتظر نباشد و در ساعتی که نداند،

۵۱ و او را دو پاره کرده، نصیبش را با ریاکاران قرار دهد در مکانی که گریه و فشار دندان خواهد بود.

۲۶

در آن زمان ملکوت آسمان مثل ده باکره خواهد بود که مشعلهای خود را برداشته، به استقبال داماد بیرون رفتند.

۲ و از ایشان پنج دانا و پنج نادان بودند.

۳ امّا نادانان مشعلهای خود را برداشته، هیچ روغن با خود نبردند.

۴ لیکن دانایان، روغن در ظروف خود با مشعلهای خویش برداشتند.

۵ و چون آمدن داماد بطول انجامید، همه پینکی زده، خفتند.

۶ و در نصف شب صدایی بلند شد که، اینک، داماد میآید. به استقبال وی بشتابید.

۷ پس تمامی آن باکرهها برخاسته، مشعلهای خود را اصلاح نمودند.

۸ و نادانان، دانایان را گفتند، از روغن خود به ما دهید زیرا مشعلهای ما خاموش میشود.

۹ امّا دانایان در جواب گفتند، نمیشود، مبادا ما و شما را کفاف ندهد. بلکه نزد فروشندگان رفته، برای خود بخرید.

۱۰ و در حینی که ایشان بجهت خرید میرفتند، دامادبرسید، و آنانی که حاضر بودند، با وی به عروسی داخل شده، در بسته گردید.

۱۱ بعد از آن، باکرههای دیگر نیز آمده، گفتند، خداوندا برای ما باز کن.

۱۲ او در جواب گفت، هرآینه به شما میگویم شما را نمیشناسم.

۱۳ پس بیدار باشید زیرا که آن روز و ساعت را نمی‌دانید.

۱۴ زیرا چنانکه مردی عازم سفر شده، غلامان خود را طلبید و اموال خود را بدیشان سپرد،

۱۵ یکی را پنج قنطار و دیگری را دو و سومی را یک داد؛ هر یک را بحسب استعدادش. و بی‌درنگ متوجّه سفر شد.

۱۶ پس آنکه پنج قنطار یافته بود، رفته و با آنها تجارت نموده، پنج قنطار دیگر سود کرد.

۱۷ و همچنین صاحب دو قنطار نیز دو قنطار دیگر سود گرفت.

۱۸ امّا آنکه یک قنطار گرفته بود، رفته زمین را کند و نقد آقای خود را پنهان نمود.

۱۹ و بعد از مدّت مدیدی، آقای آن غلامان آمده، از ایشان حساب خواست.

۲۰ پس آنکه پنج قنطار یافته بود، پیش آمده، پنج قنطار دیگر آورده، گفت، خداوندا پنج قنطار به من سپردی، اینک، پنج قنطار دیگر سود کردم.

۲۱ آقای او به وی گفت، آفرین ای غلامِ نیکِ متدیّن! بر چیزهای اندک امین بودی، تو را بر چیزهای بسیار خواهم گماشت. به شادی خداوند خود داخل شو!

۲۲ و صاحب دو قنطار نیز آمده، گفت، ای آقا دو قنطار تسلیم من نمودی، اینک، دو قنطار دیگر سود یافته‌ام.

۲۳ آقایش وی را گفت، آفرین ای غلام نیکِ متدیّن! بر چیزهای کم امین بودی، تو را بر چیزهای بسیار می‌گمارم. در خوشی خداوند خود داخل شو!

۲۴ پس آنکه یک قنطار گرفته بود، پیش آمده، گفت، ای آقا چون تو را می‌شناختم که مرد درشت خویی می‌باشی، از جایی که نکاشته‌ای می‌دروی و از جایی که نیفشانده‌ای جمع می‌کنی،

۲۵ پس ترسان شده، رفتم و قنطار تو را زیر زمین نهفتم. اینک، مال تو موجود است.

۲۶ آقایش در جواب وی گفت، ای غلامِ شریرِ بیکاره! دانسته‌ای که از جایی که نکاشته‌ام می‌دروم و از مکانی که نپاشیده‌ام، جمع می‌کنم.

۲۷ از همین جهت تو را می‌بایست نقد مرا به صرّافان بدهی تا وقتی که بیایم مال خود را با سود بیابم.

۲۸ الحال آن قنطار را از او گرفته، به صاحب ده قنطار بدهید.

۲۹ زیرا به هر که دارد داده شود و افزونی یابد و از آنکه ندارد آنچه دارد نیز گرفته شود.

۳۰ و آن غلام بی‌نفع را در ظلمت خارجی اندازید، جایی که گریه و فشار دندان خواهد بود.

۳۱ امّا چون پسر انسان در جلال خود با جمیع ملائکه مقدّس خویش آید، آنگاه بر کرسی جلال خود خواهد نشست،

۳۲ و جمیع امّت‌ها در حضور او جمع شوند و آنها را از همدیگر جدا می‌کند، به قسمی که شبان میش‌ها را از بزها جدا می‌کند.

۳۳ و میش‌ها را بر دست راست و بزها را بر چپ خود قرار دهد.

۳۴ آنگاه پادشاه به اصحاب طرف راست گوید، بیایید ای برکت یافتگان از پدر من و ملکوتی را که از ابتدای عالم برای شما آماده شده است، به میراث گیرید.

۳۵ زیرا چون گرسنه بودم مرا طعام دادید، تشنه بودم سیرآبم نمودید، غریب بودم مرا جا دادید،

۳۶ عریان بودم مرا پوشانیدید، مریض بودم عیادتم کردید، در حبس بودم دیدن من آمدید.

۳۷ آنگاه عادلان به پاسخ گویند، ای خداوند، کی گرسنهات دیدیم تا طعامت دهیم، یا تشنهات یافتیم تا سیرآبت نماییم،

۳۸ یا کی تو را غریب یافتیم تا تو را جا دهیم یا عریان تا بپوشانیم،

۳۹ و کی تو را مریض یا محبوس یافتیم تا عیادتت کنیم؟

۴۰ پادشاه در جواب ایشان گوید، هرآینه به شما می‌گویم، آنچه به یکی از این برادران کوچکترین من کردید، به من کرده‌اید.

۴۱ پس اصحاب طرف چپ را گوید، ای ملعونان، از من دور شوید در آتش جاودانی که برای ابلیس و فرشتگان او مهیّا شده است.

۴۲ زیرا گرسنه بودم مرا خوراک ندادید، تشنه بودم مرا آب ندادید،

۴۳ غریب بودم مرا جا ندادید، عریان بودم مرا نپوشانیدید، مریض و محبوس بودم عیادتم ننمودید.

۴۴ پس ایشان نیز به پاسخ گویند، ای خداوند، کی تو را گرسنه یا تشنه یا غریب یا برهنه یا مریض یا محبوس دیده، خدمتت نکردیم؟

۴۵ آنگاه در جواب ایشان گوید، هرآینه به شما می‌گویم، آنچه به یکی از این کوچکان نکردید، به من نکرده‌اید.

۴۶ و ایشان در عذاب جاودانی خواهند رفت، امّا عادلان در حیات جاودانی.

۲۷

۱ و چون عیسی همه این سخنان را به اتمام رسانید، به شاگردان خود گفت،

۲ می‌دانید که بعد از دو روز عید فصح است که پسر انسان تسلیم کرده می‌شود تا مصلوب گردد.

۳ آنگاه رؤسای کَهَنَه و کاتبان و مشایخ قوم در دیوانخانه رئیس کَهَنَه که قیافا نام داشت جمع شده،

۴ شورا نمودند تا عیسی را به حیله گرفتار ساخته، به قتل رسانند.

۵ امّا گفتند، نه در وقت عید مبادا آشوبی در قوم بر پا شود.

۶ و هنگامی که عیسی در بیت عَنْیا در خانه شمعون ابرص شد،

۷ زنی با شیشهای عطر گرانبها نزد او آمده، چون بنشست بر سر وی ریخت.

۸ امّا شاگردانش چون این را دیدند، غضب نموده، گفتند، چرا این اسراف شده است؟

۹ زیرا ممکن بود این عطر به قیمت گران فروخته و به فقرا داده شود.

۱۰ عیسی این را درک کرده، بدیشان گفت، چرا بدین زن زحمت می‌دهید؟ زیرا کار نیکو به من کرده است.

۱۱ زیرا که فقرا را همیشه نزد خود دارید امّا مرا همیشه ندارید.

۱۲ و این زن که این عطر را بر بدنم مالید، بجهت دفن من کرده است.

۱۳ هرآینه به شما می‌گویم هر جایی که در تمام عالم بدین بشارت موعظه کرده شود، کار این زن نیز بجهت یادگاری او مذکور خواهد شد.

۱۴ آنگاه یکی از آن دوازده که به یهودای اسخریوطی مسمّی بود، نزد رؤسای کهنه رفته،
۱۵ گفت، مرا چند خواهید داد تا او را به شما تسلیم کنم؟ ایشان سی پاره نقره با وی قرار دادند.
۱۶ و از آن وقت در صدد فرصت شد تا او را بدیشان تسلیم کند.
۱۷ پس در روز اوّل عید فطیر، شاگردان نزد عیسی آمده، گفتند، کجا می‌خواهی فصح را آماده کنیم تا بخوری؟
۱۸ گفت، به شهر، نزد فلان کس رفته، بدو گویید، استاد می‌گوید وقت من نزدیک شد و فصح را در خانه تو با شاگردان خود صرف می‌نمایم.
۱۹ شاگردان چنانکه عیسی ایشان را امر فرمود کردند و فصح را مهیا ساختند.
۲۰ چون وقت شام رسید با آن دوازده بنشست.
۲۱ و وقتی که ایشان غذا می‌خوردند، او گفت، هرآینه به شما می‌گویم که یکی از شما مرا تسلیم می‌کند!
۲۲ پس بغایت غمگین شده، هر یک از ایشان به وی سخن آغاز کردند که خداوندا آیا من آنم؟
۲۳ او در جواب گفت، آنکه دست با من در قاب فرو برد، همان کس مراتسلیم نماید!
۲۴ هرآینه پسر انسان به همانطور که درباره او مکتوب است رحلت می‌کند. لیکن وای بر آنکسی که پسر انسان بدست او تسلیم شود! آن شخص را بهتر بودی که تولّد نیافتی!
۲۵ و یهودا که تسلیم کننده وی بود، به جواب گفت، ای استاد آیا من آنم؟ به وی گفت، تو خود گفتی!
۲۶ و چون ایشان غذا می‌خوردند، عیسی نان را گرفته، برکت داد و پاره کرده، به شاگردان داد و گفت، بگیرید و بخورید، این است بدن من.
۲۷ و پیاله را گرفته، شکر نمود و بدیشان داده، گفت، همه شما از این بنوشید،
۲۸ زیرا که این است خون من در عهد جدید که در راه بسیاری بجهت آمرزش گناهان ریخته می‌شود.
۲۹ امّا به شما می‌گویم که بعد از این از میوه مَوْ دیگر نخواهم نوشید تا روزی که آن را با شما در ملکوت پدر خود، تازه آشامم.
۳۰ پس تسبیح خواندند و به سوی کوه زیتون روانه شدند.
۳۱ آنگاه عیسی بدیشان گفت، همه شما امشب درباره من لغزش می‌خورید چنانکه مکتوب است که شبان را می‌زنم و گوسفندان گله پراکنده می‌شوند.
۳۲ لیکن بعد از برخاستنم، پیش از شما به جلیل خواهم رفت.
۳۳ پطرس در جواب وی گفت، هر گاه همه درباره تو لغزش خورند، من هرگز نخورم.
۳۴ عیسی به وی گفت، هرآینه به تو می‌گویم که در همین شب قبل از بانگ زدن خروس، سه مرتبه مرا انکار خواهی کرد!
۳۵ پطرس به وی گفت، هرگاه مردنم با تولازم شود، هرگز تو را انکار نکنم! و سایر شاگردان نیز همچنان گفتند.
۳۶ آنگاه عیسی با ایشان به موضعی که مسمّی به جتسیمانی بود رسیده، به شاگردان خود گفت، در اینجا بنشینید تا من رفته، در آنجا دعا کنم.
۳۷ و پطرس و دو پسر زِبِدی را برداشته، بی‌نهایت غمگین و دردناک شد.

۳۸ پس بدیشان گفت، نَفْسِ من از غایت الم مشرف به موت شده است. در اینجا مانده با من بیدار باشید.

۳۹ پس قدری پیش رفته، به روی در افتاد و دعا کرده، گفت، ای پدر من، اگر ممکن باشد این پیاله از من بگذرد؛ لیکن نه به خواهش من، بلکه به اراده تو.

۴۰ و نزد شاگردان خود آمده، ایشان را در خواب یافت. و به پطرس گفت، آیا همچنین نمی‌توانستید یک ساعت با من بیدار باشید؟

۴۱ بیدار باشید و دعا کنید تا در معرض آزمایش نیفتید! روح راغب است، لیکن جسم ناتوان.

۴۲ و بار دیگر رفته، باز دعا نموده، گفت، ای پدر من، اگر ممکن نباشد که این پیاله بدون نوشیدن از من بگذرد، آنچه اراده تو است بشود.

۴۳ و آمده، باز ایشان را در خواب یافت زیرا که چشمان ایشان سنگین شده بود.

۴۴ پس ایشان را ترک کرده، رفت و دفعه سوم به همان کلام دعا کرد.

۴۵ آنگاه نزد شاگردان آمده، بدیشان گفت، مابقی را بخوابید و استراحت کنید. الحال ساعت رسیده است که پسر انسان به دست گناهکاران تسلیم شود.

۴۶ برخیزید برویم. اینک، تسلیم کننده مننزدیک است!

۴۷ و هنوز سخن می‌گفت، که ناگاه یهودا که یکی از آن دوازده بود با جمعی کثیر با شمشیرها و چوبها از جانب رؤساء کَهَنه و مشایخ قوم آمدند.

۴۸ و تسلیم کننده او بدیشان نشانی داده، گفته بود، هر که را بوسه زنم، همان است. او را محکم بگیرید.

۴۹ در ساعت نزد عیسی آمده، گفت، سلام یا سیّدی! و او را بوسید.

۵۰ عیسی وی را گفت، ای رفیق، از بهر چه آمدی؟ آنگاه پیش آمده، دست بر عیسی انداخته، او را گرفتند.

۵۱ و ناگاه یکی از همراهان عیسی دست آورده، شمشیر خود را از غلاف کشیده، بر غلام رئیس کهنه زد و گوشش را از تن جدا کرد.

۵۲ آنگاه عیسی وی را گفت، شمشیر خود را غلاف کن، زیرا هر که شمشیر گیرد، به شمشیر هلاک گردد.

۵۳ آیا گمان می‌بری که نمی‌توانم الحال از پدر خود درخواست کنم که زیاده از دوازده فوج از ملائکه برای من حاضر سازد؟

۵۴ لیکن در این صورت کتب چگونه تمام گردد که همچنین می‌بایست بشود؟

۵۵ در آن ساعت، به آن گروه گفت، گویا بر دزد بجهت گرفتن من با تیغها و چوبها بیرون آمدید! هر روز با شما در هیکل نشسته، تعلیم می‌دادم و مرا نگرفتید.

۵۶ لیکن این همه شد تا کتب انبیا تمام شود. در آن وقت جمیع شاگردان او را واگذارده، بگریختند.

۵۷ و آنانی که عیسی را گرفته بودند، او را نزد قیافا رئیس کَهَنه جایی که کاتبان و مشایخ جمع بودند، بردند.

۵۸ امّا پطرس از دور در عقب او آمده، به خانه رئیس کهنه در آمد و با خادمان بنشست تا انجام کار را ببیند.

۵۹ پس رؤسای کهنه و مشایخ و تمامی اهل شورا طلب شهادت دروغ بر عیسی می‌کردند تا او را بقتل رسانند،

۶۰ لیکن نیافتند. با آنکه چند شاهد دروغ پیش آمدند، هیچ نیافتند. آخر دو نفر آمده،

۶۱ گفتند، این شخص گفت، می‌توانم هیکل خدا را خراب کنم و در سه روزش بنا نمایم.

۶۲ پس رئیس کهنه برخاسته، بدو گفت، هیچ جواب نمی‌دهی؟ چیست که اینها بر تو شهادت می‌دهند؟
۶۳ امّا عیسی خاموش ماند! تا آنکه رئیس کهنه روی به وی کرده، گفت، تو را به خدای حّی قسم می‌دهم ما را بگو که تو مسیح پسر خدا هستی یا نه؟
۶۴ عیسی به وی گفت، تو گفتی! و نیز شما را می‌گویم بعد از این پسر انسان را خواهید دید که بر دست راست قوّت نشسته، بر ابرهای آسمان می‌آید!
۶۵ در ساعت رئیس کهنه رخت خود را چاک زده، گفت، کفر گفت! دیگر ما را چه حاجت به شهود است؟ الحال کفرش را شنیدید!
۶۶ چه مصلحت می‌بینید؟ ایشان در جواب گفتند، مستوجب قتل است!
۶۷ آنگاه آب دهان بر رویش انداخته، او را طپانچه میزدند و بعضی سیلی زده،
۶۸ می‌گفتند، ای مسیح، به ما نبوّت کن! کیست که تو را زده است؟
۶۹ امّا پطرس در ایوان بیرون نشسته بود که ناگاه کنیزکی نزد وی آمده، گفت، تو هم با عیسی جلیلی بودی!
۷۰ او روبروی همه انکارنموده، گفت، نمی‌دانم چه می‌گویی!
۷۱ و چون به دهلیز بیرون رفت، کنیزی دیگر او را دیده، به حاضرین گفت، این شخص نیز از رفقای عیسی ناصری است!
۷۲ باز قسم خورده، انکار نمود که این مرد را نمی‌شناسم.
۷۳ بعد از چندی، آنانی که ایستاده بودند پیش آمده، پطرس را گفتند، البتّه تو هم از اینها هستی زیرا که لهجه تو بر تو دلالت می‌نماید!
۷۴ پس آغاز لعن کردن و قسم خوردن نمود که این شخص را نمی‌شناسم. و در ساعت خروس بانگ زد.
۷۵ آنگاه پطرس سخن عیسی را به یاد آورد که گفته بود، قبل از بانگ زدن خروس، سه مرتبه مرا انکار خواهی کرد. پس بیرون رفته زار زار بگریست.

۲۸

و چون صبح شد، همه رؤسای کهنه و مشایخ قوم بر عیسی شورا کردند که او را هلاک سازند.
۲ پس او را بند نهاده، بردند و به پنطیوس پیلاطس والی تسلیم نمودند.
۳ در آن هنگام، چون یهودا تسلیم کننده اودید که بر او فتوا دادند، پشیمان شده، سی پاره نقره را به رؤسای کهنه و مشایخ ردّ کرده،
۴ گفت، گناه کردم که خون بی‌گناهی را تسلیم نمودم. گفتند، ما را چه، خود دانی!
۵ پس آن نقره را در هیکل انداخته، روانه شد و رفته خود را خفه نمود.
۶ امّا روسای کهنه نقره را برداشته، گفتند، انداختن این در بیتالمال جایز نیست زیرا خونبها است.
۷ پس شورا نموده، به آن مبلغ، مزرعه کوزه‌گر را بجهت مقبره غُرباء خریدند.
۸ از آن جهت، آن مزرعه تا امروز بحَقْلُالدّم مشهور است.

۹ آنگاه سخنی که به زبان ارمیای نبی گفته شده بود تمام گشت که سی پاره نقره را برداشتند، بهای آن قیمت کرده شده‌ای که بعضی از بنی‌اسرائیل بر او قیمت گذاردند.

۱۰ و آنها را بجهت مزرعه کوزهگر دادند، چنانکه خداوند به من گفت.

۱۱ امّا عیسی در حضور والی ایستاده بود. پس والی از او پرسیده، گفت، آیا تو پادشاه یهود هستی؟ عیسی بدو گفت، تو می‌گویی!

۱۲ و چون رؤسای کهنه و مشایخ از او شکایت می‌کردند، هیچ جواب نمی‌داد.

۱۳ پس پیلاطس وی را گفت، نمی‌شنوی چقدر بر تو شهادت می‌دهند؟

۱۴ امّا در جواب وی، یک سخن هم نگفت، بقسمی که والی بسیار متعجّب شد.

۱۵ و در هر عیدی، رسم والی این بود که یک زندانی، هر که را می‌خواستند، برای جماعت آزاد می‌کرد.

۱۶ و در آن وقت، زندانی مشهور، بَرآبّا نام داشت.

۱۷ پس چون مردم جمع شدند، پیلاطُس ایشان را گفت، که را می‌خواهید برای شما آزاد کنم؟ برآبّا یا عیسی مشهور به مسیح را؟

۱۸ زیرا که دانست او را از حسد تسلیم کرده بودند.

۱۹ چون بر مسند نشسته بود، زنش نزد او فرستاده، گفت، با این مرد عادل تو را کاری نباشد، زیرا که امروز در خواب درباره‌ٌٌ او زحمت بسیار بردم.

۲۰ امّا رؤسای کهنه و مشایخ، قوم را بر این ترغیب نمودند که بَرآبّا را بخواهند و عیسی را هلاک سازند.

۲۱ پس والی بدیشان متوجّه شده، گفت، کدام یک از این دو نفر را می‌خواهید بجهت شما رها کنم؟ گفتند، برابّا را.

۲۲ پیلاطُس بدیشان گفت، پس با عیسی مشهور به مسیح چه کنم؟ جمیعاً گفتند، مصلوب شود!

۲۳ والی گفت، چرا؟ چه بدی کرده است؟ ایشان بیشتر فریاد زده، گفتند، مصلوب شود!

۲۴ چون پیلاطُس دید که ثمری ندارد بلکه آشوب زیاده می‌گردد، آب طلبیده، پیش مردم دست خود را شسته گفت، من بریّ هستم از خون این شخص عادل. شما ببینید.

۲۵ تمام قوم در جواب گفتند، خون او بر ما و فرزندان ما باد!

۲۶ آنگاه بَرآبّا را برای ایشان آزاد کرد و عیسی راتازیانه زده، سپرد تا او را مصلوب کنند.

۲۷ آنگاه سپاهیان والی، عیسی را به دیوانخانه برده، تمامی فوج را گرد وی فراهم آوردند.

۲۸ و او را عریان ساخته، لباس قرمزی بدو پوشانیدند،

۲۹ و تاجی از خار بافته، بر سرش گذاردند و نی بدست راست او دادند و پیش وی زانو زده، استهزاکنان او را می‌گفتند، سلام ای پادشاه یهود!

۳۰ و آب دهان بر وی افکنده، نی را گرفته بر سرش میزدند.

۳۱ و بعد از آنکه او را استهزا کرده بودند، آن لباس را از وی کنده، جامه خودش را پوشانیدند و او را بجهت مصلوب نمودن بیرون بردند.

۳۲ و چون بیرون می‌رفتند، شخصی قیروانی شمعون نام را یافته، او را بجهت بردن صلیب مجبور کردند.

۳۳ و چون به موضعی که به جُلْجُتا، یعنی کاسهٔ سر مسمّیٰ بود رسیدند،

۳۴ سرکه ممزوج به مّر بجهت نوشیدن بدو دادند. امّا چون چشید، نخواست که بنوشد.

۳۵ پس او را مصلوب نموده، رخت او را تقسیم نمودند و بر آنها قرعه انداختند تا آنچه بهزبان نبی گفته شده بود تمام شود که رخت مرا در میان خود تقسیم کردند و بر لباس من قرعه انداختند.

۳۶ و در آنجا به نگاهبانی او نشستند.

۳۷ و تقصیر نامه او را نوشته، بالای سرش آویختند که این است عیسی، پادشاه یهود!

۳۸ آنگاه دو دزد یکی بر دست راست و دیگری بر چپش با وی مصلوب شدند.

۳۹ و راه‌گذران سرهای خود را جنبانیده، کفر گویان

۴۰ می‌گفتند، ای کسی که هیکل را خراب می‌کنی و در سه روز آن را می‌سازی، خود را نجات ده. اگر پسر خدا هستی، از صلیب فرود بیا!

۴۱ همچنین نیز رؤسای کهنه با کاتبان و مشایخ استهزاکنان می‌گفتند،

۴۲ دیگران را نجات داد، امّا نمی‌تواند خود را برهاند. اگر پادشاه اسرائیل است، اکنون از صلیب فرود آید تا بدو ایمان آوریم!

۴۳ بر خدا توکّل نمود، اکنون او را نجات دهد، اگر بدو رغبت دارد زیرا گفت، پسر خدا هستم!

۴۴ و همچنین آن دو دزد نیز که با وی مصلوب بودند، او را دشنام می‌دادند.

۴۵ و از ساعت ششم تا ساعت نهم، تاریکی تمام زمین را فرو گرفت.

۴۶ و نزدیک به ساعت نهم، عیسی به آواز بلند صدا زده گفت، ایلی ایلی لَما سَبَقْتِنی. یعنی الٰهی الٰهی مرا چرا ترک کردی.

۴۷ امّا بعضی از حاضرین چون این را شنیدند، گفتند که او الیاس را می‌خواند.

۴۸ در ساعت یکیاز آن میان دویده، اسفنجی را گرفت و آن را پُر از سرکه کرده، بر سر نی گذارد و نزد او داشت تا بنوشد.

۴۹ و دیگران گفتند، بگذار تا ببینیم که آیا الیاس می‌آید او را برهاند.

۵۰ عیسی باز به آواز بلند صیحه زده، روح را تسلیم نمود.

۵۱ که ناگاه پرده هیکل از سر تا پا دو پاره شد و زمین متزلزل و سنگها شکافته گردید،

۵۲ و قبرها گشاده شد و بسیاری از بدنهای مقدّسین که آرامیده بودند برخاستند،

۵۳ و بعد از برخاستن وی، از قبور برآمده، به شهر مقدّس رفتند و بر بسیاری ظاهر شدند.

۵۴ امّا یوزباشی و رفقایش که عیسی را نگاهبانی می‌کردند، چون زلزله و این وقایع را دیدند، بی‌نهایت ترسان شده، گفتند، فی‌الواقع این شخص پسر خدا بود.

۵۵ و در آنجا زنان بسیاری که از جلیل در عقب عیسی آمده بودند تا او را خدمت کنند، از دور نظاره می‌کردند،

۵۶ که از آن جمله، مریم مَجْدَلیّه بود و مریم مادر یعقوب و یوشاء و مادر پسران زِبدی.

۵۷ امّا چون وقت عصر رسید، شخصی دولتمند از اهل رامه، یوسف نام که او نیز از شاگردان عیسی بود آمد،

۵۸ و نزد پیلاطس رفته، جسد عیسی را خواست. آنگاه پیلاطس فرمان داد که داده شود.

۵۹ پس یوسف جسد را برداشته، آن را در کتانِ پاک پیچیده،

۶۰ او را در قبری نو کهبرای خود از سنگ تراشیده بود، گذارد و سنگی بزرگ بر سر آن غلطانیده، برفت.

۶۱ و مریم مَجْدلیّه و مریم دیگر در آنجا، در مقابل قبر نشسته بودند.

۶۲ و در فردای آن روز که بعد از روز تهیّه بود، رؤسای کهنه و فریسیان نزد پیلاطس جمع شده،

۶۳ گفتند، ای آقا ما را یاد است که آن گمراهکننده وقتی که زنده بود گفت، بعد از سه روز برمی‌خیزم.

۶۴ پس بفرما قبر را تا سه روز نگاهبانی کنند مبادا شاگردانش در شب آمده، او را بدزدند و به مردم گویند که از مردگان برخاسته است و گمراهی آخر، از اوّل بدتر شود.

۶۵ پیلاطس بدیشان فرمود، شما کشیکچیان دارید. بروید چنانکه دانید، محافظت کنید.

۶۶ پس رفتند و سنگ را مختوم ساخته، قبر را با کشیکچیان محافظت نمودند.

۲۹

۱ و بعد از سَبّت، هنگام فجرِ روز اوّل هفته، مریم مَجْدَلیّه و مریم دیگر بجهت دیدن قبر آمدند.

۲ که ناگاه زلزلهای عظیم حادث شد از آنرو که فرشته خداوند از آسمان نزول کرده، آمد و سنگ را از درِ قبر غلطانیده، بر آن بنشست.

۳ و صورت او مثل برق و لباسش چون برف سفید بود.

۴ و از ترس او کشیکچیان به لرزه درآمده، مثل مرده گردیدند.

۵ امّا فرشته به زنان متوجّه شده، گفت، شما ترسان مباشید!می‌دانم که عیسای مصلوب را می‌طلبید.

۶ در اینجا نیست زیرا چنانکه گفته بود برخاسته است. بیایید جایی که خداوند خفته بود ملاحظه کنید،

۷ و به زودی رفته شاگردانش را خبر دهید که از مردگان برخاسته است. اینک، پیش از شما به جلیل می‌رود. در آنجا او را خواهید دید. اینک، شما را گفتم.

۸ پس، از قبر با ترس و خوشی عظیم به زودی روانه شده، رفتند تا شاگردان او را اطّلاع دهند.

۹ و در هنگامی که بجهت اِخبار شاگردان او می‌رفتند، ناگاه عیسی بدیشان برخورده، گفت، سلام بر شما باد! پس پیش آمده، به قدمهای او چسبیده، او را پرستش کردند.

۱۰ آنگاه عیسی بدیشان گفت، مترسید! رفته، برادرانم را بگویید که به جلیل بروند که در آنجا مرا خواهند دید.

۱۱ و چون ایشان می‌رفتند، ناگاه بعضی از کشیکچیان به شهر شده، رؤسای کهنه را از همه این وقایع مطلّع ساختند.

۱۲ ایشان با مشایخ جمع شده، شورا نمودند و نقره بسیار به سپاهیان داده،

۱۳ گفتند، بگویید که شبانگاه شاگردانش آمده، وقتی که ما در خواب بودیم او را دزدیدند.

۱۴ و هرگاه این سخن گوشزد والی شود، همانا ما او را برگردانیم و شما را مطمئن سازیم.

۱۵ ایشان پول را گرفته، چنانکه تعلیم یافتند کردند و این سخن تا امروز در میان یهود منتشر است.

۱۶ امّا یازده رسول به جلیل، بر کوهی که عیسی ایشان را نشان داده بود رفتند.

۱۷ و چون او را دیدند، پرستش نمودند. لیکن بعضی شکّ کردند.

۱۸ پس عیسی پیش آمده، بدیشان خطاب کرده، گفت، تمامی قدرت درآسمان و بر زمین به من داده شده است.

۱۹ پس رفته، همه امّتها را شاگرد سازید و ایشان را به اسمِ اب و ابن و روح‌القدس تعمید دهید.

۲۰ و ایشان را تعلیم دهید که همه اموری را که به شما حکم کرده‌ام حفظ کنند. و اینک، من هر روزه تا انقضای عالم همراه شما می‌باشم. آمین.

با سپاس فراوان از خانم حدیث علیپور که با مشاوره و رهنمودهای ایشان این کتاب جهت آموزش و فراگیری مسیحیت به اتمام رسید.